교회와 목회를 위한
이단·사이비 대책 지침서

신천지와
이슬람을
정확히
꿰뚫어 보는
질문들

이단사이비대책위원회 편

기독교대한성결교회

신천지와 이슬람을
정확히 꿰뚫어 보는 질문들

발행일 _ 1판 1쇄 2019년 4월 30일
발행인 _ 김진호
지은이 _ 이단사이비대책위원회 편
편집인 _ 송우진
책임편집 _ 전영욱
기획/ 편집 _ 강영아 장주한
디자인/일러스트 _ 권미경 하수진
마케팅/ 홍보 _ 고석재
행정지원 _ 조미정 신문섭

펴낸곳 _ 기독교대한성결교회 출판부
서울시 강남구 테헤란로 64길 17(대치동)

대표전화 TEL (02) 3459-1051~2/ FAX (02) 3459-1070
홈페이지 http://www.eholynet.org, http://www.ibcm.kr
등록/ 1962년 9월 21일 등록번호/ 제16-21호
ISBN 978-89-7591-341-9 03230
가격 12,000원

교회와 목회를 위한
이단·사이비 대책 지침서

신천지와
이슬람을
정확히
꿰뚫어 보는
질문들

이단사이비대책위원회 편

목지

책을 발간하면서

"그 때에 사람이 너희에게 말하되 보라 그리스도가 여기 있다 혹은 저기 있다 하여도 믿지 말라 거짓 그리스도들과 거짓 선지자들이 일어나 큰 표적과 기사를 보여 할 수만 있으면 택하신 자들도 미혹하리라" (마태복음 24:23-24)

에덴동산에서 부터 하나님의 말씀을 왜곡하고 미혹하는 영이 활동을 했습니다. 모세 때에도, 예언자들의 시대에도, 그리고 예수님의 사역하시던 시대에도, 사도 바울이 전도하던 때에도, 미혹의 영이 역사했습니다. 우리 주님이 다시 오실 때가 가까울수록 거짓 영들의 역사는 더욱 활개를 칠 것입니다. 한국교회 교회역사를 보아도, 그리스도인들을 거짓된 말로 속이고 미혹함으로, 교회를 무너뜨리려는 종교 사상들이 끊임없이 나타났다 사라지기를 반복해오고 있습니다. 그 중 최근, 한국교회를 가장 위협하고 있는 두 가지 이슈를 꼽자면, 바로 신천지와 이슬람교일 것입니다. 특히 신천지는 암암리에 많은 교회로 '추수꾼'을 보내어 사람들이 상상하지 못했던 다양한 방법으로 그리스도인들을 교묘하게 미혹하는 일들을 하고 있습니다.

얼마 전 우리 교회 청년부 담당 교역자가 제 방으로 찾아와 심방 보고를 하던 중, 신천지가 교회 내부에서 활동하고 있는 것 같다는 이야기를 듣게 되었습니다. 이야기의 내용은 이렇습니다. 청년 담당 교역자가 장기 결석하는 청년을 만나 이런저런 이야기들을 나누었는데, 우리교회에 한 번도 나와 보지도 않은 자기 친구가 우리 교회에서 일어난 일들에 대해 비교적 자세히 이야기 하며 우리 교회에 대한 부정적인 인상들을 심으려고 했다는 것입니다. 그와 동시에 자기네 교회에 가자는 식으로 이야기 하더라는 것입니다.

이를 계기로 먼저 청년부에서 〈이단예방세미나〉를 진행했습니다. 저도 시간을 내서 참석하여 강의를 듣다가 충격적인 이야기를 듣게 되었습니다. 해마다 약 4만 명이 신천지 성경공부를 접하고 있고, 이들 중 교육을 수료한 1만 명 정도가 신천지의 정식 교인이 된다고 합니다.

이렇게 거짓에 세뇌당하고 미혹된 사람들을 제자리로 돌려놓기란 정말 어렵고 힘든 일입니다. 교회가 자체적으로 '추수꾼'을 색출해 내는 것 역시 결코 쉬운 일이 아닙니다. 그렇기 때문에 각 교회에서는 이런 일이 발생하기 전에 교인들에게 교육과 세미나 등을 통해 예방을 하는 것이 이단으로부터 교인들을 지키는 최선의 대응방법이 될 것입니다.

또한 세계 3대 종교 중 하나라 불리는 이슬람교는, 최근 우리나라에서도 신자 수가 점차 증가하고 있습니다. 한국에 들어 온 외국인근로자 등을 통해 무슬림(이슬람교도)의 신앙과 문화의 세력이 점차 커져가고 있는 것입니다. 혹자는 '기독교인들이 무슬림을 배척하는 것이 '종교밥그릇 싸움' 때문이 아니냐?' 라 묻기도 합니다. 이것은 단순한 '밥그릇 싸움'이 아닙니다. 이미 무슬림의 유입시 받아신 유님을 보십시오. 무슬림의 수가 늘어난 지역은 '치외법권화' 되어가고 있고, 그곳에서 벌어지는 폭력사태엔 정부의 공권력조차 개입이 어렵습니다. 그럼에도 불구하고 대한민국 정부에서는 이를 간과하고, 무슬림들의 영향력을 과소평가하고 있습니다. 심지어 무슬림 관광객, 유학생, 투자자 등을 유치하려 하고, 관련 사업 정책들을 무분별하게 세워나가고 있습니다.

금 번 이단사이비대책위원회가 발행하는 자료가 신천지와 이슬람교에 올바른 정보를 알림으로써, 교인들에게 경각심을 갖게 하고, 그들의 영혼을 지키는데 유익한 자료가 되길 바랍니다. 더불어, 무엇보다도 각 교회에서는 기록된 하나님의 말씀을 성도들에게 '바르게' 가르쳐, 성도들의 근본적인 '신앙체질'을 개선해 나가는데 힘써주시기 바랍니다. 임마누엘!

2019년 4월 30일
기독교대한성결교회 이단사이비대책위원회
위원장 안용식 목사

교회와 목회를 위한
이단·사이비 대책 지침서

신천지와 이슬람을 정확히 꿰뚫어 보는 질문들

1부

이단 신천지에 관한 7가지 사실

신천지 최근 동향

신천지란 종말의 날에 임할 "새 하늘과 새 땅"(계 21:1)을 지칭하는데, 결국 자신들이 종말의 도피처요 지상천국이라는 뜻이다. 1990년, 신천지는 동작구 방배동에 무료성경신학원을 설립하여 "성경 전체를 3개월 만에 무료로 가르쳐준다"고 선전하며 기성교회 신자들을 미혹하던 단체였다.

신천지는 한때 박태선의 전도관에서 머물던 교주가 전도관을 이탈하여 전도관에서 나온 과천의 장막성전(교주 유재열)의 한 분파에 불과했다. 그러나 2000년대에 들어 정통교회에 비밀리 추수꾼을 침투시켜 열성적인 신자들을 미혹하더니 교회를 통째로 신천지로 만드는 "산 옮기기" 전략을 전개하다가, 2015년, 법정소송 중에 교주의 불륜생활(청평 수련원)이 노출되면서 내부단속을 위해 공격적 포교전략으로 전환하였다. 또한 전략적으로 정치세력 포섭에 나서는 등 정치지향 단체로 변신하고 있다.

그런데, 지상 영생불사를 강조하던 교주가 급격한 노화현상을 보이자 후계구도를 모색하였는데, 바로 불륜관계인 압구정신학원장 김남희(본래 가톨릭 신자)를 공개적으로 "만민의 어머니"로 높이게 되었다. 지난 2017년에 이만희 교주는 후계자인 김남희와 그녀를 추종하는 이들의 모종의 움직임을 파악하고 귀신들린 배교자로 낙인찍어 축출하였다. 2019년, 이만희와 김남희는 쌍방 소송제기로 법정 싸움을 벌이고 있다.

2018년 통계로는 신천지 교세는 국내 18만6천 명, 해외 1만6천 명의 등록신자와 재산보유 5,200억 원이라고 주장한다. 국내 본부 12개소, 지교회 57개소, 선교센터 266개소, 기타 940개소를 보유하고 있다고 한다. 해외 포교를 주력하고 있는데 유럽 8개국, 오세아니아 2개국, 아프리카 5개국, 아시아 12개국, 북미 2개국, 남미 6개국에 33개의 교회 및 개척지 113곳을 두어 포교하고 있다고 한다.

우선 신천지의 최근 동향을 살펴보자.

첫째, 포교방식을 전환하였다. 교주(1931년생)의 건강 이상으로 병원에 비밀리 출입하면서 모략 포교방식(비밀침투)에서 공격적 포교방식(신분공개, 교회방문, 길거리포교 등)으로 전환하였다. 심지어 각 정통교단의 교회나 총회본부에 찾아와 매주일 항의시위를 하는 데 다수 신도들을 동원하였다. 왜냐하면 교주가 사망하면 신천지의 핵심교리인 영생불사(죽지 않고 지상에서 영생한다) 교리가 거짓 계시인 것이 드러나게 되므로, 관심을 돌리려는 내부단속의 술책에 불과하다. 영생불사의 교리가 거짓이라는 사실은 후계자를 내세우는 등 교주의 사후대책을 수립하고 있다는 사실에서 입증되며, 지난 2012년 2월 부산 야고보 지파의 교육강사 지명한 씨가 영생불사의 모델로 강조되던 교주의 최측근의 장례식에 참석한 후 회의를 품고 탈퇴하였던 사실로 알 수 있다.

둘째, 종말 구원을 위한 목표인원을 수정하였다. 신천지 교적부가 어린양의 생명책(계 3:5; 20:15, 27)이라고 전제하고, 구원자의 상징수인 14만 4천 명(계 7:4; 14:3)이 자신들의 교적부에 등록될 때 종말이 성취된다고 강조하였으며, 전국을 12지파로 나누고 각각 1만2천 명씩 채우도록 책임 분담하여 왔는데, 2012년 이후로 목표 인원을 넘길 것으로 추정되자 14만4천 명 이외에 셀 수 없는 흰옷 입은 무리(계 7:9)가 신천지에 몰려 올 것이라고 강조하며, 신천지 신자들에게 흰옷을 입히는 현상이 목격되고 있다. 교주의 거짓말은 신천지가 초기부터 14만4천을 말하지 않았고, 셀 수 없는 흰옷 입은 무리를 구원자의 수로 말했다는 억지 주장은 전적으로 거짓이다. 그 이유는 신천지에서 벗어난 여러 신자들의 증언들과 전국을 12지파로 구분하고 각각 1만 2천 명씩 목표인원을 정했다는 사실이 있음을 볼 때 명백한 증거가 되고, 따라서 신천지의 주장은 비진리인 것이 자증된다. 왜냐하면, 그들의 교리가 상황에 따라 변경된다면 그것은 진리의 고유한 속성인 영원불변성을 상실하는 것이기 때문이다.

셋째, 상황에 따라 지상천국 장소를 변경하고 있다. 주는 강론을 통하여 경기 과천이 성경에 나오는 "동방"(東邦, 종말의 재림장소, 사 41:9, 25; 59:19)이며, 과천의 청계산(淸溪山)이 모세가 율법을 받은 시내산(溪, 시내 계)이라 엉뚱하게 주장하고, 신천지교회가 시작된 청계산이야말로 말세심판을 면할 도피처(마 24:15-16, 격암유록-조선 후기 비밀예언서)로서 시온산이라고 주장하여 신천지의 성지로 삼았다. 그런데 신천지가 과천 청계산에 신천지본부교회를 신축하려고 했으나 과천의 신천지대책기독교연합회(회장 김철원 목사)의 강력한 반대가 있어 무산되자, 인천시 부평구에 본부교회를 설립하려고 시도하였으나 역시 부평시기독교연합회도 강력히 반대시위를 하고 있다. 과천이 동방이라거나 청계산을 시내산으로 해석하는 것은 무지함을 드러내는 것이요, 사사로이 풀이하는 억지 해석이며(벧후 1:20), 도피처 주장은 성경의 말씀(마 24:15-16)을 왜곡하는 알레고리적 해석법이다.

넷째, 신천지는 교주 신격화에 매달리고 있다. 나같이 이단은 교주를 위해서만 존재한다. 신천지 교리에 따르면 하나님은 부패하여 타락한 바벨론과 같은 기성교회를 심판하고 새로운 구원시대를 열고자 "시대사명자"를 세우시는데, 그가 바로 이만희 교주이고, 1984년 3월 14일(신천지 창립일)을 기점으로 초림 예수 시대는 끝나고 재림 예수 시대가 도래하였고, 신천지가 사용하는 달력에는 올해(2019년)는 신천기 35년에 해당하며, 부활하신 예수님은 육이 아니라 영으로 부활한 것이며, 시대사명자에게는 예수님의 약속대로 보혜사 성령이 강림한 것이고, 사도 요한 격인 시대사명자는 말세에 심판과 구원의 권세를 가진 "이긴 자"의 사명을 가지고 있다고 주장한다. 교주는 자신이 이긴 자라는 증거로서 흰 말을 탄 자(계 6:2, 용산 전쟁기념관에서 백마를 탔음) 행세를 하였다. 이단은 성경을 자기중심적으로 해석하여 스스로 신격화하고, 역사이해에 있어서는 극단적인 세대주의 종말론을 적용하여 신천지 중심의 역사로 해석하고 있다(망향의 동산 기념탑, 세계에서 가장 큰 태극기 손도장, 태극기의 문양은 신천지의 음양이론 곧 영육합일 이론을 상징, 지상천국의 옥쇄 제작 등). 신천지는 교주가 총회장이지 신적 존재가 아니라고 변명하지만, 신자들은 신적 존재로 인식하고 있으며 그렇게 가르친다는 점, 달력을 신천기로 표기한다는 사실, 자신의 호칭을 보혜사 성령이라거나 말세의 심판과 구원을 결정하는 이긴 자라며 백마를 타는 행위가 이 사실을 입증한다.

1 신천지 포교방법

1. 질문접근식 포교방법

01 간증문을 받습니다.

가가호호 전도활동을 하다가 너무 급해 화장실이 가고싶어 문을 두드렸다고 말하고 접근한다. 방문 시 선교지에 보내 줄 물품을 후원 받고자 하는데 후원할 물품이 없다고 하면서 간증문을 요청한다.

포교대상자에게 전도의 어려움과 선교활동의 고충을 설명하며 접근한다. 그 다음에 간증문이 채택되면 책으로 만들어진다면서 믿지 않는 사람들을 전도하는 데 효과적이라고 강조한다. "집사님께서 간증문을 작성해 주신다면 선교 일을 하는 것과 다르지 않다"고 부추긴다. 포교대상자는 간증문을 제출하고 나면 마음 문을 쉽게 열기 때문에 포섭하는 데 훨씬 유리해지는 것이다.

02 중보기도를 받습니다.

포교대상자에게 접근하여 오늘 아침 새벽기도할 때 부드러운 음성으로 "너는 오늘 만나는 사람들을 위해 기도하라"는 말씀을 뚜렷하게 들었다고 말한다. 포교대상자에게 "선교회에서 다니엘 중보기도 회원을 접수 받고 있다"면서 "세계선교사들을 위해 기도할 때마다 한마디만 해주신다면 선교사들의 사역에 큰 힘이 될 것이다"라고 말한다. 자신도 "집사님의 기도제목을 위해서도 기도하겠다."면서 과잉친절을 베푼다. 뿐만 아니라 "천만인 큐티운동에 이어 천만인 중보기도자를 찾는다."라고 말한다.

03 이 상가에서 가장 믿음이 좋으신 분이 누구신가요?

어떤 가게든지 들어가서 설문지나 선교사 평가지를 제시하며 "이 상가 안에서 가장 신앙이 좋으신 분이 누구십니까?"하며 묻는다. 정보를 알아낸 다음에는 바로 그 가게를 찾아가서 "이 상가 입주민 중 가장 신앙이 좋은 분이라고 추천해 주어서 찾아왔다"고 하며 "저는 선교사 후보생으로 현장실습 중에 도움을 구하고자 찾아왔다"고 한다. 선교지에 대한 비전과 여러 정보를 제시하면서 후원을 요청한다.

04 이사 오려고 하는데 목사님 말씀이 가장 좋은 교회가 어디인가요?

주일이나 수요일에 교회가 밀집되어 있는 사거리에서 교회 가는 듯한 인상 좋은 포교대상자(섭외자)에게 다가가 "이곳에 이사 오려고 하는데 어느 교회 목사님의 말씀이 은혜스러운가요?"라고 묻는다. 이 경우 섭외자의 대부분은 자신이 섬기는 교회의 목사님의 말씀이 좋다고 답하게 된다. 그들은 섭외자를 따라 예배를 드리고 전화번호를 주고받은 뒤 "이사 기간이 아직 남았다"고 여운을 남기며 그 기간 동안 섭외자와의 인간적인 관계를 형성한다. 섭외자에 대해 지속적인 관리를 한 후 복음방에 연결한다.

05 중국 선교사 훈련생입니다.

그들은 섭외자에게 신뢰감을 주기 위해 "중국 ○○○에서 선교사로 활동하고 있다"고 거짓말을 한다. 혹은 "신학을 마치고 논문을 준비하고 있는데 간증에 대한 자료가 필요하다"든가 "총회신학을 하다가 논문 쓰기 위해 휴학 중인데 간증을 부탁한다."고 하면 섭외자 대부분은 성실하게 응대하게 된 다. 이때 그들은 자신의 간증을 하기도 한다. 기도의 은사가 무엇이며 말씀을 깨닫게 해주시고 응답해 주신다는 점에 대해 강조한다. 이러한 대화는 첫 만남이라고 하더라도 30분 이상 이어지게 마련이다. 섭외자의 상황을 들으면서 말씀으로 위로한 다음 "간증에 응해 주셔서 감사하는 마음으로 100명을 위한 중보기도를 하고 있는데 기도제목을 주시면 기도해 드리겠다."고 마무리한다. 더불어 "중보기도를 하다 보면 응답을 주시는데 그때마다 연락처가 없어서 알려줄 수 없어서 안타깝다. 응답이 있을 때 연락드리겠다."고 하면서 연락처를 요구한다.

06 논문 때문에 설문조사를 하고 있어요.

신천지 신도들은 대학가나 길거리에서 "대학원생인데 학술대회에 제출할 논문을 준비하고 있다" "심리학과에 다니는데 심리주제 연구 표본조사를 하러 나왔다", "홍대에서 인디밴드를 하는데 앨범제작 마지막 곡의 삽입을 위해 설문조사를 하고 있다"며 도형심리상담, 스피치 평가, 애니어그램 검사, 20대의 진로와 만족도, 좋아하는 음악장르 등을 조사한다. 설문지에는 대부분 종교와 연락처를 기록하게 되어 있는데 나이와 직업, 거주 지역, 하루 일과 등도 함께 지재하게 되어 있다. 이렇게 수집된 개인정보는 훗날 신천지 추수꾼에게 전달되어 우연을 가장한 포교의 기초자료가 된다. 신천지는 며칠 후 설문에 응한 포교대상자에게 전화를 걸어 "축하한다. 설문에 응했던 사람 중 특별히 선발되었으니 한 번 만날 수 있겠느냐"며 유인해 심리테스트, 인생그래프 작성을 권한다. 과도한 친절을 베풀며 "카페에서 만나자"고 하고, "심리상담 교수님이 바쁘셔서 대신 조교가 와서 1주일에 2번 무료로 상담을 해 준다"며 기독교 상담이나 심리치료를 권한다. 이때 신천지는 "상담을 받고 있다는 사실을 가족이나 친구들에게 말하면 변화속도가 늦어질 수 있으니 비밀로 하라"고 신신당부를 한다.

심리상담 전공자, 심리치료사, 상담기관 인턴 등으로 신분을 위장한 신천지는 특유의 친화력을 앞세워 상담 프로그램을 진행한다. 어느 정도 친분관계가 쌓이면 "지금 배우는 치료 프로그램을 5개월 만에 가르쳐주는 곳이 있다.", "이전의 상담보다 기독교 상담으로 배우는 것이 좋겠다.", "상담치료보다 신앙의 근본적인 치료가 필요하다.", "아무나 할 수 있는 프로그램이 아니다."라며 은근슬쩍 신천지 복음방 교육을 추천한다. 교육은 1주일에 4회(월, 화, 목, 금) 오전 10시부터 오후 1시, 오후 7시부터 10시까지 진행된다. 이때 신천지는 복음방 교육을 효과적으로 진행하기 위해 상담선생 강사 등의 제3의 인물을 투입한다. 한편 신천지는 설문조사 말고도 대학 강의실을 빌려 "아프니까 청춘이다", "나를 알고 바꾸는 힘" 등 자기계발 세미나, 연애특강을 열어 젊은이들의 포교에 주력한다. 또 힐링 연주회, 힐링 카페, 힐링 바이블 세미나, 바이블 코칭 세미나, 선교후원 아카펠라 공연, 커피나 칵테일 시음회, 토크 콘서트 등 다양한 위장 행사를 개최하고 포교대상자를 찾는다.

07 환상 중에 집사님에게 빛이 들어가더라니까요.

신천지가 기도원, 영성훈련원, 수양관, 세미나 등에서 사용하는 포교방법이다. 섭외자에게 다가가 "뒤에 앉아 있는데 환상 중에 집사님에게 빛이 들어가더라"며 말을 걸기도 하고, "멀리서 걸어오는데 머플러가 무지개로 보이더라, 무지개가 무엇인지 아는가?"하며 접근한다. 그리고 "무지개는 너무 좋은 뜻이 있는데 지금은 바빠서 모두 설명할 수 있으니 연락처를 주시면 자세히 알려 드리겠다."고 말한다. 섭외자에게 다급하게 다가가 "집사님, 어제 밤 꿈에 큰 태양을 보았는데 방금 집사님의 모자가 태양으로 보였어요. 태양이 무엇인지 아세요? 너무 좋은 뜻인데 집사님을 하나님이 크게 쓰시려나 봅니다. 지금은 시간이 안 되고 전화번호를 주시면 연락드릴게요?"라고 말한다. 섭외자가 기도에 집중해 말 붙이기가 어려우면 쪽지를 이용한다. 쪽지에는 "집사님, 기도 중에 집사님에게 빛이 들어가는 것을 환상으로 보았습니다. 시간이 없어서 먼저 내려가니 전화하세요. 드릴 말씀이 있습니다."라고 적었다.

섭외자를 향해 깜짝 놀라며 "어머! 어디서 많이 본 분이라고 생각했더니 어제 밤 꿈에 본 그 얼굴이네요. 너무너무 신기하다. 하나님께서 인도해 주셨네요."라고 말한다. 그리고 "꿈에 이렇게 똑같은 옷을 입은 집사님과 둘이 팔짱을 끼고 예수님을 만났거든요"라면서 상황에 따라 꿈 이야기를 한다.(신천지대책전국연합 제공)

2. 전략적인 포교방법

신천지의 포교전략은 매우 세밀하고 계획적이다. 또 다양한 방법으로 기성교회 교인에게 접근한다. 포교방법을 교육하는 책도 200여 쪽에 달할 정도로 치밀하고 조직적이다. 신천지는 수단과 방법, 장소를 가리지 않고 신도들을 미혹한다. 최근에는 성경세미나 등의 위장집회를 통한 방법이나 기성교회에 추수꾼(기성교회에 잠입한 신천지 성도)으로 잠입하여 신자들을 포섭하거나 기성교회 전체를 집어 삼키려는 "산 옮기기"(정통교회를 신천지 교회로 만듦) 방법까지 등장하고 있는 실정이다. 특히 젊은이들을 대상으로 인터넷 포교방법까지 동원되고 있다.

01 설문지 포교방법

설문지로 포교하려고 할 때 동원되는 설문지들은 인적상황을 기재하도록 유도하거나 실제로 존재하지 않는 유령단체 이름을 사용하거나 아니면 공신력 있는 단체명을 도용하기도 한다. 이들의 목적은 포교대상과의 지속적인 접촉을 위한 연락처 확보이다. 신천지가 사용하는 설문지 이름은 Christian Research, 기도원용, 대학가용, 병원용, 부흥회용, 직장인용, 장로교용, 매일성경QT 리서치, 내 마음에 심는 나무, 중국선교, CBS창사 50년 라디오방송 리서치 등이다.

02 인터넷 동영상 포교방법

신천지는 비밀리 성경공부를 진행한다. 처음에는 1대1로 카페나 가정집 등 조용한 곳에서 만나 성경공부를 한다. 어느 정도 진행되면 강의하는 장소로 데려가 교육을 받게 하는데 신천지 이름은 절대 사옮기기 않는다. "빛과 사랑 선교회, 크리스천아카데미, 열린성경신학원, 성서연구원, 사랑하는 사람들, 세계비전센터" 등 다양한 이름들을 사용한다. 사무실을 빌려 간판 없이 공부하는 경우도 있다. 최근, 신천지 방송(http://scjtv.com/)에 신천지 강의 동영상이 올라와 논란이 되었다. 특히 MNCAST는 신천지 외의 네티즌들도 쉽게 동영상을 접할 수 있어서 보름 만에 조회수가 15만을 넘었고, 한 달이 채 되지 않아 댓글도 450여 개까지 올라왔다. SCJ파워특강이란 제목 하에 시온교회 박OO목사의 "예수님이 비유로 말씀하신 이유", "거듭난 자의 천국", "씨 뿌리는 비유", "하나님의 계명과 사람의 계명", "봉한 책과 계시" 등의 강의가 게시되어 있다. 특별히 주의해야 한다.

03 위장집회 포교방법

신천지는 자신의 정체를 감추고 신앙집회를 개최한다. 2007년 4월, 경기도 일산의 한 웨딩홀에서 신천지 교육장 윤OO씨가 신천지 교리를 강의했다. 그는 미국 풀러신학대학원에서 목회학박사, 철학박사를 받았다고 주장하지만 현대종교의 확인에 따르면 허위사실이었다. 신천지 위장집회 강의방법은 기성교회에서 하지 않는 설교와 새로운 해석으로 신도들의 호기심을 자극한다. 성경에 나오는 밭이 교회를 의미하고, 환란의 때에 화가 있다는 아이 밴 자는 타락한 목회자라고 하니 이런 해석에 미혹되는 경우가 발생한다. 위장집회는 신천지 교리를 조금씩 보여주므로 듣는 이들의 호기심을 자극한다. 자세한 것은 성경공부를 통해서 가르쳐 주겠다고 미혹하여 장기적으로는 신천지 신도가 되게 만든다.

신천지의 성경해석은 1) 성경은 성경으로 해석한다. 2) 요한계시록은 문자적으로 알 수 없다. 3) 성경을 문자적으로 보는 것은 잘못이다. 비유적으로 감추어진 비밀을 풀이해서 보아야 한다. 4) 본문은 한 구절 한 구절 풀어가면서 알아 보아야 한다. 5) 말씀에 짝이 있어서 풀어가는 공식이 있다.

성결교회의 성경해석은 1) 성경은 성경으로 해석한다. 2) 성경은 본문의 앞뒤 흐름을 따라 해석한다. 3) 본문의 원어의 뜻과 용법을 고려하여 해석한다. 4) 성경의 해석은 그리스도 중심의 구속사적이고 모형론적인 입장에서 해석한다.

성결교회의 성경해석은 1) 성경은 성경으로 해석한다. 2) 성경은 본문의 앞뒤 흐름을 따라 해석한다. 3) 본문의 원어의 뜻과 용법을 고려하여 해석한다. 4) 성경의 해석은 그리스도 중심의 구속사적이고 모형론적인 입장에서 해석한다.

04 추수꾼 포교방법

신천지의 포교방법은 불특정다수를 향해 포교하던 기존의 이단단체와는 다르다. 교회 내부로 들어와 '특정한 소수'에게 집중하는 포교방법이다. 이들의 방법은 교활하게도 "모략"을 사용한다. 정통교회 신자들을 미혹하기 위해 외국에서 온 선교사, 정통교회에서 양성된 전문사역자 행세를 한다. 혹은 이사를 온 초신자처럼 연기도 한다. 2-3인이 짝이 되어 신자들을 미혹하기 위해 철저히 역할을 분담한다. 추수꾼에게 섭외당했던 신자는 교회 초신자를 통해 사역자라는 사람을 소개받은 적이 있는데 그가 나를 보고 "하나님께서 너무도 크고 귀하게 사용하실 그릇", "하나님께서 참 사랑하시는 자매"라고 칭찬하는 것을 듣고 눈물까지 흘렸다고 한다. 복음방 교육을 받는 가운데 성경공부 내용이 신천지 교육이라는 것을 깨닫고 나왔다고 한다. 신천지는 "모략"(롬 3:7)이라는 이름으로 철저히 자기 신분을 감추고 위장하며 교회 내의 정보를 제3자 신천지인에게 빼돌리는 역할을 한다.

05 산 옮기기 포교방법

신천지 동영상 "신임사명자교육-추수밭 운영"에서는 정통교단에 속한 교회를 신천지로 옮긴다는 뜻의 "산 옮기기 포교방법"을 소개하고 있다. 산 옮기기 전략은 주로 신자 수 50명 이하의 작은 교회가 표적이 된다. 목회자가 직접 개척한 교회는 제외하고 이미 세워진 교회에 다른 목사가 청빙되어 있는 교회를 선정한다. 이 교회에 신천지 신도가 전도사로 위장해 들어간다. 먼저 잠입해 있던 신자는 담임목사에게 "사례비도 받지 않고 무료로 봉사한다."고 소개한다. 이때 전도사는 해당 정통교단의 신학을 공부한 사람이어야 한다. 전도사로 들어가는 이유는 "꼬리"로 들어가지 않고 "머리"로 들어가야 성도파악이 쉽고, 상담 및 심방으로 신자들에게 접근하기 쉬우며, 의심을 덜 받기 때문이다. 심방전도사로 들어간 후 신천지 신자들을 채워간다. 기존 전도사들을 내쫓고 신천지 사람들로 교회의 요직을 장악해간다. 미리 친분을 두텁게 다져놓은 장로를 설득해 담임목사를 내쫓고 정통교단의 신학을 공부하고 목사안수를 받은 신천지 교역자를 세운다.

3. 실제 사례로 본 포교방법

01 미션스쿨에 입학한 후 포교활동을 하였다.

H대학은 미션스쿨로서 특성상 한 교수가 30명의 학생들을 담당하여 팀을 이룬다. 그 팀 안에 신천지 학생이 있어서 다른 학생이 섭외당했다. 기숙사도 함께 사용하므로 쉽게 친해질 수 있었다. 6명의 학생이 신천지 성경공부에 다니고 이 사실이 드러나자 목사님은 포교하던 학생과 대화를 하여 회심하게 하였다. 그러나 그 학생은 학교를 졸업한 후 다시 S대학에 들어가 교수들을 포교했다. 해당 대학의 교목이 이 사실을 알게 되어 그 신천지 학생은 자퇴하고 말았다.

02 성경을 해석해 준다며 유인하였다.

아시는 분이 성경을 잘 해석한다고 하여 부모님이 먼저 발을 들여놓았다. 신앙생활을 오래 하신 분들이었지만 성경을 더 배우고 싶어했고, 성경을 똑 떨어지게 해석하는 것에 목말라 했다. 친분이 있던 사람이 전화를 통해 성경공부를 소개했다. 부모님은 그 뒤로 신천지 성경공부에 빠졌고 꾸준히 나가고 있다. 다시 나오시도록 하려고 전문 상담기관을 통해 노력해 보았지만 아직까지도 완강하게 거부하고 있다.

03 가까운 친인척을 포교대상으로 삼는다.

이모 가족들과는 1년 정도 함께 살았다. 이모가 성경공부하는 곳에 "한 번만 같이 가자"고 계속 설득하여 1주일만 가보고 판단해서 계속 다닐지 여부를 결정하겠다고 하였다. 1주일을 다녀 본 결과 인

더넷에 나온 신천지였다는 사실을 깨닫고 중단하기로 했다. 결국 이모와는 싸우고 따로 살고 있지만 이모를 통해 이고 가족들은 무두 신천지에 다니고 있다.

04 교회 초신자로 잠입하여 비밀리 포교활동을 하고 있다.

출석하는 교회에 초신자라고 자신을 소개한 한 형이 왔다. 그 형은 유독 한 친구와 자주 연락을 주고 받았다. 형과 시내에서 만나면 만날 때마다 꼭 어떤 사람을 만났다고 한다. 형이 가자고 하는 길에는 항상 어떤 분이 기다리고 있어서 설문조사도 하고, 선교사님을 만나기도 했다. 그러다가 형은 "어떤 선교사님으로부터 말씀을 들었는데 정말 좋다."며 같이 성경공부를 하자고 했다. 그 형은 교회에서 말씀을 들을 때에는 대충 듣고 잠을 잤는데 그곳에서 말씀을 들을 때에는 눈빛도 달라지고 그 사람을 챙겨주기까지 했다.

05 신분을 속이고 설문조사 한 후 성경공부로 유인한다.

지하철에서 성경을 보고 있는데 한 사람이 접근해서 설문조사를 해 달라고 했다. 아무 생각이 없이 설문조사에 성실하게 임했고 연락처 주소 등의 신상명세를 모두 적어 주었다. 이후로 핸드폰으로 지속적인 연락이 왔고, 처음에는 그냥 받았으나 나중에는 그 번호가 뜨면 받지 않았다. 그러자 다른 번호로도 끈질기게 전화를 했다.

06 기도응답을 빙자하여 성경공부로 유인한다.

다른 교회에서 오셨다는 집사님 한 분을 교회에서 우연히 알게 되었다. 그 집사님은 다른 교회 목사님을 통해서 성경공부를 하게 되었다. 그런데 그 목사님은 여자 목사였고 가르치는 내용이 이상하여 성경공부를 보류하였다. 얼마 후 J교회 부목사의 전화가 왔다. 나를 어떻게 알고 전화했느냐 했더니 "기도원에서 어떤 여자 집사님이 이름과 전화번호를 말씀하시면서 저를 위해서 기도해 달라고 했다"며 기도하다가 응답을 받아 전화했다고 하였다. 궁금해서 무슨 응답이냐 했더니 "성경공부를 안 해서 하나님이 당신에게 등을 돌리고 계신다."고 말하며 말씀공부를 꼭 해야 한다고 했다. 지금은 그 전화를 받지 않는다. 성경공부를 가르치던 여자 목사와 J교회 부목사는 서로 잘 알고 있는 사이이고 신천지가 확실하다.

07 대학생이나 청년들에게 적극적으로 포교한다.

① 신실한 신앙인인 것처럼 접근한다. 평소에 청년회 임원이었던 신실한 믿음을 가진 청년이 신학대학에 재학하고 있는 여자 청년에게 접근하여 가까워지게 되었다. 얼마 후 그 여자 청년은 신학대학을 자퇴하게 되었고 두 사람은 결혼까지 약속하게 되었는데, 그 남자 청년은 나중에 알고 보니 신천지 소속이었다. 이런 경우는 처음부터 자신의 신분을 속이고 전략적으로 접근하였던 경우이다. 결국 그 여자 청년의 부모들이 이 사실을 알고 결혼을 반대하여 깨어지므로 마음의 상처를 입게 되었다.

- 목사님에게 성경공부 한다면 싫어하고 괜히 오해하니까 아무에게도 알리지 말라.
- 중세 가톨릭처럼 지금 교회도 썩었어, 문제가 많지?
- 내 꿈에 당신이 힘들어 하는 것을 보았어! 하나님이 알려주신 것 같아.
- 성경에 대해 궁금하지? 나랑 일주일에 한 번씩 공부하자!
- 주여 주여 하는 자마다 천국에 갈 수 없어, 자신 있어?
- 계시록이 궁금하지 않아? 세상의 종말이 어떻게?
- 열 처녀 비유를 어떻게 생각해? 준비한다는 것이…
- 아담 이전에도 사람이 있었다는 것을 알아?
- 무료로 성경공부를? 설문조사, 강의 아르바이트 하지 않겠니?
- 나 힘들고 외로워, 친구가 되어줄래? 이 책을 보았어?
- 성경을 잘 가르치는 선교사님, 교수님, 전도사님이 계시는데 만나보지 않겠어?
- 이사를 왔는데 말씀이 좋은 교회를 찾고 있었어. 이 교회는 말씀이 참 좋네.

② 설문지 혹은 강의 알바를 통해서 접근한다. 고등학교 3학년이었던 한 여학생이 11월에 수학능력 시험을 치르고 K대학에 개설된 영어학습 과정에 등록하게 되었는데 교내에서 설문지 조사를 하는 어떤 언니를 만나게 되었다. 대학교 안에서 만난 언니라서 별로 의심을 품지 않고 친절하게 답변을 해 주었다. 설문지 마지막에 신상을 묻는 난이 있어서 이름과 전화번호, 그리고 주소를 적어 주었다. 그런데 며칠 후 전화가 왔는데 그날 설문지 조사를 한 언니였고, 만나자고 하여 학교 앞 빵집에서 만나게 되었다. 그런데 그 언니는 신천지에서 나와 포교활동을 하는 사람이었다. 다행스럽게도 그 여학생은 상황을 판단하고 이후의 만남을 거절하였지만 끈질기게 연락을 하고 있

다고 한다. 어떤 경우는 OO선교회에서 나왔으며 QT에 관한 설문조사라고 접근하였고, 어떤 경우는 방학 중 대리 수강 아르바이트를 할 수 있다고 속여 신천지 사상을 접하게 만들기도 한다.

③ 자신의 신분을 가장하여 접근한다. 어떤 사람이 다가와 건네준 명함에는 GMF, WEM(세계복음선교연합회) 소속이며 "선교사로 임명받아 파송되었다"는 내용이 들어있었다. 어느 경우에는 성경을 탁월하게 해석하는 분이며 외국에서 활동하는 신학교수 혹은 선교사라고 소개하고 성경공부나 세미나를 위한 만남을 주선하기도 한다. 이런 경우들이 신천지가 즐겨 사용하는 포교전략이다. 2004년 전남대학교에서는 신천지 소속 학생들이 동아리연합회를 장악한 후 역사가 오래 된 정통 기독교 동아리인 C.C.C. 예수전도단, ESF, SFC, IVF 등을 제명시키는 놀라운 사건이 벌어졌다. 결국 신천지 소속이라는 신분이 드러나 쫓겨났지만 얼마나 치밀하게 신분을 위장하는 전략을 구사하는지 잘 알 수 있다.

④ 신천지는 텔레마케팅(TM)을 통해서 포교활동을 한다. 이미 정보를 파악한 대상자에게 전화를 걸어 관심사에 맞는 TM으로 접근하는 것이다. 주 대상자는 신천지 청년의 친구나 선후배이다. 잘 아는 사람에게 전화를 걸어 신천지 센터로 유도하는 것이 목적이므로 달콤한 말로 직접 만날 가능성을 높인다. 목소리가 예쁘고 남자들이 좋아할만한 여자청년이나 중후하고 신뢰감이 드는 남자청년이 전화를 걸어 온다. 심지어 카카오톡을 잘 보낸 것처럼 말을 걸고, 애교 있는 귀여운 말투나 이모티콘을 사용해 대화하다가 만남을 이룬다. 신천지 탈퇴자는 TM을 통해 70-80%는 직접 만나는 것까지 성사되었다고 밝힌다.

⑥ 인터넷 카페를 이용한 포교활동을 한다. "공무원을 꿈꾸는 사람들"이란 인터넷 카페를 활용해 스터디 모임을 하는 공시생들에게 신천지가 접근하였다. 이름과 연락처, 종교는 물론이고 취미, 좋아하는 영화, 거주지, 학원 등을 확인했다. 그리고 "지인 중에 무료로 독서실을 개방해 주는 분이 있어 자리를 하나 구해주겠다", "공무원 시험에 합격한 선배에게 영어를 배우고 있는데, 사정을 이야기하니 무료로 과외를 해 주겠다는 약속을 받았다. 함께 공부하러 가자"며 달콤한 말로 호의를 베풀었다. 교회 전도사라는 사람을 만났고 성경공부를 시작했다. 신천지 내용임을 알고 즉시로 관계를 끊었다.

08 가장 열심 있는 신자들을 목표로 삼아 접근한다.

교회에서 기도대장으로 알려진 어떤 여 집사님은 어딘가 성경공부를 하러 다니다가 교회를 떠나고 두 자녀와 남편마저 버리고 가출하였다. 어느 날 남편 앞에 나타난 그 집사님은 남편에게 이제는 신앙이 다르므로 이혼해 줄 것을 요구하였다고 한다. 이 경우는 신천지로 인해 가정이 파괴된 경우라고 할 수 있다. 어떤 자매는 이단으로 규정된 교회에 가족들 몰래 출석한 사실이 밝혀지자 부모가 자신의 종교를 이해해 주지 않는다고 하며 가출하더니 지금은 아예 행방불명이 된 일도 있다.

09 위장교회를 통해 신자들을 유인하고 교회를 떠나게 만든다.

어떤 순진하고 착한 여동생이 친구의 권유로 교회간판은 없지만 상가 2층 건물에서 하는 성경공부에 다녀온 뒤 기성교회는 구원이 없다고 비판하다 진짜 구원이 있는 교회에서 신앙생활을 하겠다고 주장하므로 가족들과 갈등을 빚게 되었다. 이와 같이 이단사이비는 신자들을 미혹하고 정통교회를 파괴하며, 젊은이들을 포섭하여 세력을 확장하고 가정과 교회에서 불화와 갈등을 조장하기도 한다. 이런 행태들이 발생하는 것은 이단사이비 집단과 교주가 신자 개인과 가정, 그리고 교회공동체의 행복을 목적으로 하지 않기 때문이다.

10 기타 포교방법

신천지는 장소나 대상을 불문하고 미혹하기 위한 포교지침서를 마련하여 교육하고 있다. 즉 기도원, 교회 집회, 병원, 신학교, 대학생, 열차, 버스, 전철, 비행기, 길거리, 좌판, 일가친척, 직장, 다락방 등의 다양한 포교방법들이 있다. 따라서 정통교회는 긴장의 끈을 놓지말아야 하겠다. 다음은 신천지 포교지침서에 있는 설명되어 있는 포교방법이다.

① 교회 포교방법

교회전도팀은 전도할 교회를 선정하고 그 교회에 대해 알아본다. 2인 1조로 그 교회에 가서 1-2주 정도 전도할 사람을 택하고 호의와 친절을 베푼다. 2인 1조는 서로 아는 사이라는 것을 교인들이 전혀 모르게 한다. 한 사람이 말을 하면 나머지 사람이 들어주는 입장에서 유도한다. 사귄 사람의 주소와 전화번호를 서로 교환하고 항시 안부를 전한다. 자신을 상대에게 소개할 때는 직장 또는 가정형편상 수요일 또는 주일 저녁만 교회에 출석할 수 있다고 말한다. 며칠 후 "이 교회 목사님은 성경말씀을 어떻게 해석하십니까?"하고 묻는다. 그 후 자신이 "다락방"(신천지 교리를 배우는 장소)에서 공부한 내용이라며 "비유풀이"로 새, 나무, 어부, 배, 그물 등과 같이 쉬운 말씀

중 한두 가지만 소개하고 같이 가서 공부하자고 청한다. 같은 팀의 한 사람은 "어디에서 이런 말씀을 가르쳐주냐?"하며 함께 가볼 것을 유도한다.

② 일가친척, 친구 포교방법

전도자는 자신이 현 기독교가 부패한 것에 고민하며 참 신앙과 말씀을 찾으려고 노력하던 중 신천지신학원에 대해 알게 되었음을 다음과 같이 말한다. "제가 평소 의문을 가졌던 성구에 대해 물어보았지만 아는 사람이 하나도 없었습니다. 신학박사 학위를 가진 목사님께 지금이라도 가서 이 말씀을 아는가 물어보세요. 심지어 저는 신앙을 포기할 생각까지 하였습니다. 그러나 하나님께서는 제 기도를 들으시고 다락방을 하나 알게 하셨어요. 그곳에서 말씀을 듣는 순간 눈과 귀가 열렸고, 마치 잠에서 깨는 기분이 들었답니다." 신천지 교리교육 장소를 소개하면서 하나님 말씀을 듣고 깨달아야 참 믿음과 소망 안에 거할 수 있다고 설명한다. 즉각 반응을 보이지 않아도 언젠가는 들어보기를 원할 것이다.

③ 직장 포교방법

직장 안에서 전도하기 좋은 신자를 선정하여 이메일 주소, 전화번호 등을 알아두고 가깝게 지낸다. 일정 시간이 지나면 말씀 몇 가지를 가르쳐 달라고 부탁하고, 모르면 목사님께 물어봐 달라고 부탁한다. 그 후 말씀을 잘 해석해 주는 곳을 찾았으니 한 번 같이 가보자고 한다. 여건에 따라 소그룹 신천지 교리교육을 받거나 신학원 개강 때 초청장을 준다.

◆ 캠퍼스 이단예방 대책

1. 주요 이단의 공식명칭이나 대표자의 이름을 꼭 알아두라.
2. 공식적으로 동아리를 운영하는 이단의 이름들을 파악하라.
3. 학원복음화협회를 통해서 캠퍼스에서 활동하는 이단에 대처하는 데 도움을 받아야 한다.
4. 이단에 빠지는 첫 걸음은 은밀한 성경공부이다.
5. 이단이 대학생들에게 접근하는 포교방법을 알아두어야 한다.
6. 가능하다면 주관 단체가 분명한 행사에 참여해야 한다.
7. 이단 체크리스트를 꼭 활용하라.
8. 이단에 빠진 친구나 가족이 있다면 이단전문 상담소를 찾아야 한다.

2 신천지 형성과정

■ 신천지 형성과정

01 교주 이만희는 1931년(현 86세) 경북 청도에서 태어났고, 본명은 이희재다(가득찰 滿과 빛날 熙). 그의 학력은 초등학교를 다닌 기억이 전부다. 1948년, 17세 때 그는 성동구 금호동의 형님 집에서 건축일을 배우다가 동네의 한 여전도사에게 이끌려 창경원 앞 천막교회에서 침례를 받았다. 1957년, 고향에 돌아온 그는 풍각장로교회에서 신앙생활을 시작했다. 그때 그는 『박군의 심령(요한복음)』과 『학생 문창독본』 등의 전도용 문서를 탐독했다고 한다.

02 이만희는 다른 이단 교주들처럼 극적인 신비체험을 주장한다. 1957년, 들판에서 하늘을 향해 눈을 뜨고 기도하던 중 별이 머리 위만큼 내려와 헬리콥터와 같이 돌고 있어서 놀랐으며, 이 별들은 3일 동안이나 같은 현상을 보였다고 한다. 얼마 후, 그는 집안에 닥친 환란으로 자살을 결심하여 산으로 가던 중 환상을 보았는데 흰 옷을 입은 건장한 사내가 나타나 "오늘부터 내가 너를 인도할 것이다. 나를 따르라"고 말하므로 자살을 포기하고 하산했다고 한다.

03 그는 계시를 따라 박태선의 신앙촌에 들어가 약 10년간 머물다가, 1967년 당시 18세의 부천 시온고등학생으로서 설교를 잘한다고 소문났던 장막성전 유재열의 집회에 참석하게 되었다. 그는 유재열의 설교에 탄복하고 거의 식음을 전폐하며 성경을 통독했는데, 이때 "진리를 좇아가라"는 하나님의 음성이 들려와 신앙촌을 떠나 장막성전에 들어가게 되었다고 주장한다.

04 그런데, 예언실패와 이성문제 등으로 정부의 압박을 받고 있던 장막성전의 교주 유재열이 장막성전을 떠나자, 그의 제자였던 '7천사들'(계 15:5-9)은 각각 교주가 되어 장막성전과 유사한 집단들을 만들었다. 이들은 모두 유재열이 주장하던 교리를 그대로 답습하며 자칭 '보혜사 성령' 또는 '재림 예수'가 되었다(구인회, 김풍일(김노아), 백만봉, 이만희, 홍종효, 심재권, 최총일).

05 1970년 초, 유재열과 불화하다가 여러 신도들과 함께 탈퇴하여 목영득(실로, 하나님 노릇함)의 12사도 중 6번째 사도로 있었다. 1971년 9월, 자기 재산을 빼앗겼다면 유재열과 신도 김창도를 40가지의 사기죄 항목으로 고소해 법정에 세우기도 했다.

06 1978년, 과천 문원리에 나타나 자기 몸 속에 들어온 영이 솔로몬이라는 백만봉이 자신을 하나님이라 주장하자 이에 동조하였다. 그가 세운 재창조교회의 12사도 중 11번째 사도로 있었던 이만희는 1980년 3월 13일에 천국이 임한다는 백만봉의 예언이 불발되자, 바로 다음 날, 안양시 비산 2동의 자기 집에서 홍종효, 김종택, 이만

춘 등과 함께 '시천지 안양교회'를 세웠다.

07 1980년 10월 이만희는 자신이 한때 신봉하던 유재열(현재 스포츠용품 사업과 철강회사를 운영함)을 비판했다가 명예훼손 혐의로 구속되기도 했다(성북구치소에서 98일 간 수감, 3년 6개월 집행유예 처분). 1984년, 이만희는 충남 천태산 앞 국사봉에 입산해 하나님으로부터 말씀을 받았다고 주장하며 신천지를 공식 창립하였다(후일 이만희는 3년 6개월 형기가 계시록 11장 11절의 삼일 반, 다니엘 7장 25절의 한 때, 두 때, 반 때를 뜻한다며 자신이 증거의 실상이라고 주장함).

08 그런데, 신천지교회 24장로의 한 사람이었던 김종철 씨는 "이만희가 충남 계룡산에 거주하는 차소녀라는 무당의 암자인 '구룡정사'에서 40일 기도 중 신내림을 받고 신천지교회를 창립했다"고 증언하였다.

09 1981년 2월, 선고유예로 풀려난 이만희는 추종자들(이창선, 이만희, 홍종효, 이창엽, 김종택, 장희문, 신문배, 이창호)과 함께 청계산과 비산동의 관악산을 다니며 주로 산에서 모임을 가졌다. 이만희는 과거 유재열의 장막성전을 답습하였다. 피로 세운 새 언약이라며 자신의 피를 뽑아 "새 언약"(새 언약서 뒷면에 피로 그은 십자가가 있음)을 맺고, 이를 통해서 영적 새 이스라엘 나라의 선민이 된다며 추종자들에게 "사령장"을 주기도 하였다.

10 1984년 2월 7일 선고유예 기간이 끝나자 본격적인 활동을 시작했는데, 6월 3일에는 비산동 동산아파트 지하실에 예배처소를 만들고 9월 24일에는 성헌을 발표했다고 한다. 1985년 4월 5일에는 안양 비산 2동으로 이전하였다. 1987년 8월 16일에는 비산동에서 관양동으로 다시 이사하였다.

11 이만희는 홍종효와 함께 "두 증인, 모세와 아론"으로 서로 지칭하며 이만희가 설교를 담당하고 홍종효가 예배를 인도하며 교회를 이끌었다. 1987년, 두 사람은 싸움이 벌어져 서로 결별하고 말았다. 홍종효는 자신이 "진짜 예수"라고 주장하며 서울 홍제동에 "증거장막성전"을 세워 활동하다가 지난 2012년에 사망하였다.

12 신천지가 1997년에 발행한 『신천지 발전사』에서 신천지의 창립에 대해 다음과 같이 설명하였다. "성경의 약속대로 해 돋는 아침의 나라 한반도에 보혜사 성령을 보내사 신천지 새 빛의 나라가 창조되었으니 이는 선천 심판의 기간 마흔두 달이 지난 1984년 3월 14일이다. 이때부터 신천지 증거장막성전이 열리게 되었다." 신천지는 1984년을 인류역사의 재출발 원년으로 기념하고 있다. 그래서 서기 2019년은 신천기 35년에 해당한다. 신천지 중심의 역사를 주장하는 것이다.

13 이만희는 이단을 전전하면서 그들의 교리를 차용하여 신천지 교리를 형성하였다. 박태선의 전도관에서는 "동방, 이긴 자, 천년왕국, 두 증인, 두 감람나무, 신인합일, 육체 영생"을 배웠고, 유재열

이 장막성저에서는 "비유풀이, 말씀의 짝, 성경론, 요한계시록 해설"을 가져왔으며, 백만봉의 재창조교회에서는 "칭그의 개상수의 느낌 순리"를 받아들였다.

14 그러나 신천지의 핵심교리는 통일교와 그 아류인 생령교회 강사 출신인 김건남과 김병화에게서 나왔다. 특히 이만희 자신을 신격화하고 신천지 집단을 말세의 도피처로 강조하려는 의도에서 통일교 이탈자들로 하여금 『신탄』을 저술하게 하였고, 예수와 천사로부터 받았다는 하늘의 직접계시라는 『요한계시록의 진상』(저자 이름을 "보혜사·이만희"라고 표현함)이라는 책자를 발행하여 장막성전의 유재열을 배도자로 신랄하게 비난하고, 요한계시록을 자기에게 유리하게 해석하였다.

15 2000년대에 들어서 이만희의 건강이 급격히 악화되자 후계자를 내세우게 되었다. 2004년 서울과 계룡을 오가며 개인사업을 하던 김남희(가톨릭신자였음)가 신천지에 포교 당하였다. 그녀는 강남구 신사동에 위치한 압구정신학원 건물을 마련하고 원장으로 활동하며 포교에 큰 성과를 보였다. 신천지 위장봉사단체인 사단법인 만남의 대표가 되어 신천지 내부에서 막강한 영향력을 행사했다. 2012년 9월 16일 제6회 하늘문화예술체전에서 이만희와 김남희는 나란히 왕복을 입고 왕관을 쓴 채 카퍼레이드를 벌였다. 심지어 이만희는 설교 도중에 김남희를 "영적 배필"이라고 부르기도 했다. 경기 가평의 통일교 타운 건너편 김남희 소유의 집에서 함께 생활하는 불륜행각이 드러나고 말았다. 그러던 2017년 11월, 이만희는 "김남희가

우상을 만들었다.", "마귀의 영을 받았다."며 배도자로 낙인찍어 퇴출시켰다.

16 이만희 이름으로 출판된 책들은 다음과 같다. 1984년 12월 25일에 문화재단을 창설하고 도서출판 신천지를 발족했다. 1985년 6월 5일 신천지 교리서인 신탄을 출간했고, 12월 12일에 요한계시록의 진상을 출간하고 집회를 시작했다. 1986년 12월 11일에는 계시록 완전해설을, 1988년 2월 25일에는 성도와 천국이란 소책자를 발행하고, 5월 31일에 계시록의 진상Ⅱ를 출간했고 8월 1일에는 성도와 천국Ⅱ를 출간했다. 1989년 4월 15일에는 성도와 천국Ⅲ를 출간했다. 1990년 6월 12일 서울 방배동에 신천지 신학교육원을 설립한 것이 무료성경신학원의 시초가 되었다. 1992년에는 전국에 21개의 무료성경신학원을 설립하고 초등/중등/고등 교재로 가르쳤고, 전국에 45개 신학원이 설립되었다. 1995년 3월 14일, 신천지 창립일에 본부 7교육장, 12지파장, 24장로 등의 보좌조직을 완성했다. 이 시기에 성도와 천국Ⅴ가 출간되었고 1996년 5월 31일에는 영핵을 출간했다. 2018년 신도 수는 약 18만 6천 명이고 해외 1만 6천 명으로 알려진다. 국내에 1,275개 시설을 가지고 있으며 총 5,200억 원의 재산을 보유하고 있다.

〈신천지 도서목록〉

"신천지 도서목록"은 교회와 신앙 2008년 3월 21일자 인터넷판 amennews.com 정윤석 기자의
글(신천지측 책자 "예수는 영으로 부활")에서 얻었습니다.

http://www.amennews.com/news/quickViewArticleView.html?idxno=8502

3 신천지 핵심교리

■ 신천지 핵심교리

01 신천지 교리는 하늘의 계시가 아니라 다른 〈이단들의 교리를 짜깁기〉한 것이다.

박태선의 전도관에서는 "동방, 이긴 자, 천년왕국, 두 증인, 두 감람나무, 신인합일, 육체영생"의 개념을 받아들였고, 유재열의 장막성전을 통해서는 "비유풀이, 말씀의 짝, 성경론, 요한계시록 해설" 등의 교리를 받아들였으며, 백만봉의 재창조교회에서는 "창조와 재창조의 노정순리"를, 그리고 통일교로부터 여러 교리들을 차용하였다.

02 신천지 성경해석은 본문의 영적 의미를 찾는 〈비유풀이〉와 본문의 배경이나 흐름에 상관없이 〈성경말씀의 짝〉을 찾는 방식이다.

예를 들어, 씨는 말씀, 나무는 사람, 물과 불과 양식은 말씀, 그릇은 사람의 마음, 도장과 나팔은 사람, 말은 육체, 새는 영, 왕과 소와 돌은 목자, 우상은 진리의 말씀이 없는 목자, 무덤과 바벨론은 진리가 없는 교회라고 가르치는데 이것들을 일관성 없이 적용한다. 이런 해석을 "알레고리적(우화적) 성경해석"이라고 부른다.

03 〈배도-멸망-구원 교리〉로서 유재열의 장막성전은 배도하여 멸망했으므로 첫 장막을 회복하고 계시록의 예언을 성취하도록 하나님이 〈한 목자를 시대의 구원자로 세우신다〉고 주장한다.

이만희의 주장에 따르면, "성경에 담긴 4가지 내용은 '목자의 선택, 선민과의 언약과 배도, 이방에 의한 선민의 멸망, 새 목자에 의한 구원'이다. 하나님은 언약한 선민이 배도하고 타락하면 새 목자를 택하여 이전 세계를 멸하시고 새로운 세계를 창조하신다."(천지창조, 18-19)라고 말했다. 이런 "시대구원의 논리"에 따르면, 아담이나 노아, 아브라함이나 모세도 다 구원자이고, 이만희 자신도 구원자가 된다. 그러나 성경은 〈오직 예수만이 유일한 구원자〉라고 선포한다(행 4:11-12; 창 3:15; 요 14:6).

04 예수님이 보내시겠다는 약속에 따라 "다른 보혜사"인 성령이 한 목자에게 임한다고 주장한다.

이만희는 요한복음 14장 16-17절 해석에서 "한 보혜사는 예수님이고(요일 2:1) 다른 보혜사는 예수님과는 다른 존재이다."(천지창조, 415). "보냄을 받은 보혜사 성령은 이 땅에서 역사할 한 사람(목자)을 택한다. 보혜사 성령이 함께하는 이 목자가 신약성경에 약속된 목자이며 이 땅의 보혜사이다."(천지창조, 417). 즉, 예수가 약속하신 보혜사 성령은 재림 때에 약속의 한 목자(사람)에게 임하는데, 그 목자도 보혜사가 된다는 것이다. 그러나 ① 사도행전 2장에서는 "다른 보혜사"인 성령의 강림은 약속의 목자 한 사람에게만이 아니라 함께 모였던 120명의 제자들에게 임했다. ② "다른 보혜사"인 성령은 살과 뼈가 없는 영이신데, 곧 이만희의 육체에 임하여 삼위일체를 완성한다는 주장은 신인합일의 신비주의 사상이다. ③ 요한복음 15장 26절에서 보내실 보혜사 성령은 예수를 증거한다고 말씀했으니 예수가 아닌 이만희를 보혜사요 구원자로 증거함은 성경을 벗어난 이단사상이다.

05 '구름타고 오시리라'는 구절을 통해 〈재림교리〉를 주장한다.

이만희는 "하나님께서 임하실 때마다 동반된 구름은 성령의 강림하심을 뜻한다. 따라서 주께서 구름을 타고 오신다는 것은 영으로 오신다는 뜻이다"(천국비밀 요한계시록의 실상, 55)라고 주장한다. 그러나 ① 예수가 초림하실 것에 관한 구약의 예언이 모두 문자적으로 성취되었으므로, 예수의 재림도 성경의 약속대로 문자적으로 "예수 자신이 오셔야 한다."(행 1:10). ② 신약성경에서 예수의 부활은 영의 부활이 아니라 신령한 몸(신체)의 부활이다(고전 15:35-58). 따라서 부활하신 예수는 몸의 부활로 나타나시는 것이다.

06 신천지의 핵심교리로서 종말에 신인합일이 이루어져 육체가 영생불사 한다는 〈신인합일의 신비주의〉를 주장한다.

신천지는 "말세에 시온산인 신천지에 인 맞아 생명책에 녹명된 자 14만 4천명이 차게 되면, 영계의 14만 4천 명의 순교자들의 영혼이 신천지의 14만 4천 명의 육체에 임하여 하나 되는 신인합일, 즉 영적 결혼과 같은 첫째 부활이 이루어지고, 순교된 영과 하나 된 신천지 교인 14만 4천 명은 영생불사체로 변화 받아 지상에서 천 년 동안 왕노릇 한다."고 주장한다. 이런 주장에 따르면, ① 신천지 교적부가 "어린 양의 생명책"(계 13:8)이라는 주장인데 전혀 타당한 근기기 없다. ② "14만4천 명"(계 7:4)은 실제의 숫자가 아닌 이스라엘 12지파를 상징하는, 구원의 완전수를 의미한다. ③ 말세에 순교자의 영혼이 내려와 신천지 교인의 육체와 합일이 된다고 주장함(계 20:4)은 "망령되고 허탄한 신화를 좇는"(딤전 4:7) 신비주의 사상에 불과하다. 계시록 20:4의 본문에는 "순교자의 영혼과 짐승의 표를 받지 않은 자들이"라고 기록되어 있으니 전혀 허용될 수 없다. ④ 영생불사의 주장도 "한 번 죽는 것은 사람에게 정해진 것"(히 9:27)이라는 성경말씀에서 벗어난 이단사상이다.

다시 정리하면, 신천지의 교리는 전혀 독창적인 것이 아니라 그가 추종했던 여러 교주의 이단사상을 짜깁기한 것이다. 지난 2006년 11월에 신천지를 이탈한 신현욱(교육장)씨의 폭로에 따르면 다음과 같이 정리할 수 있다.

① 지금은 말세로서 계시록의 예언들이 실상으로 이루어졌는데 이것을 개봉하도록 주의 성령과 천사로부터 하나님의 말씀을 받아먹은 자신을 통해 성취된다는 실상 계시,

② 성경은 단순히 문자 그대로 받아들일 것이 아니라 영적 의미를 가진 암호이므로 비유풀이를 해야 한다며 말씀의 짝 찾기 성경해석,

③ 삼위일체는 신의 영역에 속한 것이 아니라 하나님의 성령이 예수의 육체에 임하고 다시 예수에게 임한 성령이 시대 사명자인 한 목자의 육체에 강림하여 보혜사 성령이 되므로 완성된다는 신인합일의 신비주의,

④ 순교한 영혼도 성령이며 말세에 짐승의 표 받지 않은 14만 4천 명의 신천지 신자의 육체에 임하여 영생한다는 영생불사의 허탄한

신화,

⑤ 세례 요한이 예수님의 길을 예비한 것처럼 장막성전의 유재열은 하나님의 사명을 배도하고 멸망 받았으며 다만 이만희 교주의 길을 예비한 자에 불과하며 신천지를 통해 구원을 완성한다는 배도-멸망-구원의 교리,

⑥ 자신은 새로운 시대의 사명자이며 예수님이 언급했던 보혜사 성령은 곧 자신이며 하나님의 어린 양이요 심판과 구원의 권세를 가진 '이긴 자'라는 자기 신격화,

⑦ 지상천국은 한국이어야 하며 천국의 도래는 1984년 3월 14일에 신천지 창립 때에 이미 시작되었고, 그 장소는 과천의 청계산으로서 과천의 본 이름이 동방이고 청계산은 한자어로 시내 계(溪)자를 사용하므로 모세가 올랐던 시내산이라는 황당한 혼합주의적인 동방교리,

⑧ 그 무엇보다도 중요한 진리의 왜곡은 자신의 말을 받아먹어야 구원을 얻는다고 주장하므로 예수 그리스도를 통한 구원의 유일성을 부정하는 구원론의 왜곡 등이다.

따라서 신천지의 이단적인 교리들은 교주의 배후에 있는 악한 사탄의 모략이며 술책으로서 성경을 잘 모르는 연약한 성도들의 눈을 멀게 하고 귀를 닫아버리게 만든다. 수많은 성경구절들을 인용하지만 실은 성경을 심각하게 왜곡시키고 있으며, 이만희 교주 자신을 우상화하는 일에 성경이 악용되고 있다.

4 신천지 성경공부의 실체

1. 신천지 성경공부: 입문과정

01 비밀 성경공부에 대한 체크리스트(신현욱 목사 자료)

① 외부에서 볼 때 간판이 없고 내부 출입구에만 힐링센터, 힐링
캠프, 힐링스쿨, 리더십센터, 비전센터, 제자양육센터, 문화센
터, 글로벌센터, 바이블 아카데미, 영성 아카데미, 하늘정원,
쉴만한 물가, 미션커뮤니티, 행복연구소, 소망방 등 다양한 이
름으로 위장한다.

② 입구에 '관계자 외 출입금지', '반사회적이고 폐쇄적인 사이비
이단들의 출입을 엄금합니다.'라는 문구의 표지판을 부착해 놓
은 곳도 있다(서울 강동지역).

③ 소그룹(3-4명)으로 한두 달 가정집이나 복음방에서 교육 후에
센터로 인도한다.

④ 센터 등록 시 면접을 보고 사진·원서·소정의 복사비 납부해야 한
다. 일주일에 "월화목금"(주말반은 토요일과 일요일) 시간은 오
전 10:30 또는 저녁 7:30 중 택일, 약 6~8개월 과정으로 공
부한다.

⑤ 별도의 교육 교재가 없고, 공부하는 것을 절대 타인에게 말하지 말라고 입단속을 시킨다.

⑥ 교육 중 인터넷 검색을 통해 대부분 신천지인 줄 알고 탈락하기 때문에 인터넷을 '선악과'처럼 가르친다(인터넷을 보는 날에는 정녕 죽으리라!).

⑦ 수강생이 필기한 노트를 집에 가져가지 못하게 하고 센터에 보관하도록 유도한다.

⑧ 교육 중 선물로 주는 등 자연스럽게 한글개역 성경만을 가지고 공부하도록 유도한다.

⑨ 주기도문을 할 때 '대개'를 하지 않고, 사도신경을 고백하지 않는다.

⑩ 강의 시 대부분 분필 칠판을 사용하고, 강사는 정통신학을 했다고 하는 등 화려한 이력을 자랑하기도 하고 소속은 초교파라고 하여 신천지에 대한 의혹을 불식시킨다.

⑪ 매일 전날 배운 것을 문제지를 풀며 복습하고, 단계별로 종합시험을 친다.

⑫ 강의한 내용을 CD가 아닌 카세트 테이프로 제작하여 천원에 판매 또는 무료 대여도 한다.

⑬ 교육 중 야외 수업이나 일반교회 가마탐방(비유한 가마솥=교회)과 견학을 시키기도 한다.

⑭ 수강생 상호 간 신상 정보 교류나 사적인 대화를 금한다.

⑮ 함께 공부하는 옆 짝꿍은 반드시 바람잡이 역할을 하는 신천지 신도들이다.

02 신천지 입문과정에서 이루어지는 성경공부 내용은 다음과 같다.

성경의 개요, 종교란?, 지식·믿음·행함, 하나님의 세계와 사단의 세계, 영계와 육계에서의 선악 구분, 시대 구분, 목자 구분, 구약과 신약, 정통과 이단, 신학과 인학, 천국비밀, 비유풀이를 통한 죄 사함, 씨(사람의 씨와 짐승의 씨)·밭·나무·새, 때를 따른 양식, 천국 누룩, 그릇, 저울, 지팡이, 불·향로·가마, 빛과 어둠, 어린 양의 노래와 모세의 노래와 새 노래, 정통과 이단, 물·샘·강, 바다·어부·그물·고기·배, 배도의 짐승과 산·멸망의 짐승과 산·구원의 짐승과 산, 어린 양의 피와 살, 인(印), 나팔, 우상, 죽음·무덤·생기·부활, 천지와 해·달·별

03 입문과정에서 강조하는 핵심성구들

△ 요 1:1 말씀은 곧 하나님이시다.

△ 호 4:6 내 백성이 지식이 없어 망한다.

△ 요 17:3 영생은 참 하나님과 예수님 아는 것이다.

△ 마 11:27 계시를 받아야 하나님을 안다.

△ 고전 2:10 성령은 하나님의 깊은 것이라도 통달한다

△ 출 3:14 하나님은 스스로 있는 자이시다.

△ 요일 4:1 영을 다 믿지 말라

△ 사 14:12 하늘에서 떨어진 아침의 아들 계명성

△ 마 7:21 주여 주여 하는 자마다 다 천국 가는 것 아니다

△ 사 46:10 종말을 처음부터 고함

△ 요 19:30 다 이루었다

△ 요 14:29 미리 말하는 것은 이룰 때 믿으라고

△ 계 21:6 이루었도다

△ 막 4:10-12 천국 비밀을 비유로 감추었기 때문에 비유를 깨달아야 죄 사함 받음

△ 마 13:11 천국의 비밀이 너희에게는 허락되었으나 저희에게는 아니 됨

△ 롬 10:2 지식을 좇는 열심

△ 행 17:11 베뢰아 사람같이 말씀을 듣고 그러한가 하여 날마다 성경을 상고하는 신앙

△ 렘 31:31 새 언약을 세우리라

△ 눅 22:20 이 잔은 내 피로 세우는 새 언약이니

△ 렘 31:27 사람의 씨와 짐승의 씨

△ 마 24:45 때를 따라 양식을 나눠 줄 지혜롭고 충성 된 종

△ 살후 2:3 배도와 멸망 후에 주 재림

△ 살전 5:4 주의 재림이 빛의 자녀들에게는 도적같이 오시지 않음

04 호기심을 유발하는 질문들

① 창 1장, 넷째 날 해달별이 창조되는데 어떻게 첫째 날부터 주야가 있느냐?

② 창 2장, 나무, 열매, 갈빗대가 진짜 육적인 것일까?

③ 창 3장, 뱀이 어떻게 말을 하고, 흙을 먹으라고 하셨는데 왜 흙을 먹지 않느냐?

④ 창 4장, 가인이 아벨을 죽인 후 만나는 사람들을 두려워했는데 그 사람들은 누구였을까? 아담 전에도 사람들이 살고 있었던 것은 아닐까?

⑤ 사 29:11, 단 12:4, 계 5:1 봉한 책이란 무엇일까?

⑥ 막 4:10, 예수님께서 천국비밀을 비유로 말씀하신 이유는?

⑦ 마 7:6, 거룩한 것과 진주를 주지 말라는 개와 돼지는?

⑧ 마 7:21, 예수 믿는다고 다 천국갈 수 있는가?

⑨ 마 13장, 천국의 7가지 비유: 네 가지 밭, 밭의 두 가지 씨, 씨
-밭-나무-새, 보석과 진주, 바다-고기-그물-그릇

⑩ 마태 22장, 천국혼인잔치의 증표인 나의 소와 살진 짐승

⑪ 마태 24장, 기근, 전쟁, 멸망의 가증한 것이 거룩한 곳에 설 때
도망가야 할 산, 아이 밴 자와 젖 먹이는 자, 구름 타고 오시는
주님의 재림, 때를 따라 양식을 나눠 줄 충성된 종

⑫ 마태 25장, 등과 기름과 기름 파는 자는 누구인가?

⑬ 요 14:16, 보혜사와 다른 보혜사는 각각 누구인가?

⑭ 살전 5장, 예수님의 재림은 과연 도둑같이 오시는가?

2. 신천지 복음방 성경공부

신천지는 거짓말 포교전략(모략)에 의해서 「성경을 잘 모르는 사람」이 되어버린 포교대상자들을 복음방(2개월)과 초등과정(2개월) 단계를 거치면서 완전히 신천지 교리에 빠져들게 만든다. 특히 한글 개역판 성경만을 고집하는 68쪽 분량의 '복음방 교육노트'를 살펴보면, ① 기존교회 성도의 구원관을 완전히 바꾸어 버리고 ② 교회와 목회자에 대한 공격 자세를 갖게 만든 후 자신들의 이단교리를 주입시킨다. 신천지 복음방의 커리큘럼은 4단계 24개과로 구성되어 있

다. 복음방 교육과정을 하나씩 살펴보자.

1단계 교육(1-5과)은 신자에게「그동안 성경에 무지했다」는 생각을 갖게 만들고, 동시에 거짓된 신천지 성경공부의 필요성을 극대화시킨다. 이때 신자들은 신천지가 자기 형편에 맞추어 사전에 치밀하게 짜놓은「각본」인 줄도 모르고 성경공부를 하며, 그 과정이 기도응답인 줄로 착각하게 된다. 가짜 목사, 사모, 부목사, 선교사, 간사, 상담사, 신학생 행세를 하는 복음방 교사는 성경구절과 정통교회 신학이론을 교묘하게 섞어 이단에 대한 경계심을 낮추게 만든다.

1과는 '성경의 기본상식'인데 성경 66권의 분류, 총 장 수, 총 절수, 기록자 수 등을 다루고 있어서 이것은 정통교회에서도 가르치는 내용이라고 느끼게 만든다. 그러나 속지 말아야 하는데 그 주요내용들은 정통교리와는 100% 다른 것이다. 신천지는 성경내용을 분류할 때「역사-교훈-예언-성취」로 나누고, 성경역사를「아담부패-노아출현-아담세계 멸망-노아세계/ 가나안부패-모세출현-육적 이스라엘 멸망-예수님의 초림/ 복음시대부패-예수님출현-영적 이스라엘 멸망-보혜사 재림?」등 12시대로 구분되어 있다고 가르친다. 이것은 시대별로 등장한다는 구원자를 내세우기 위한 포석으로서 지금은 마지막 시대이고 다른 이름을 가진 구원자(?)가 왔다는 주장을 펼치는 것이다. 그러나 신구약 성경은「예수만이 유일한 구원자」(행 4:12, 다른 이로서는 구원을 얻을 수 없나니 천하 인간에 구원을 얻을만한 다른 이름을 우리에게 주신 일이 없음이니라; 요 14:6, 내가 곧 길이요 진리요 생명이니 나로 말미암지 않고는 아버지께로 갈 자가 없느니라)라는 분명한 진리를 선포하고 있으므로 신천지의 주새은 성경 말씀과 정면으로 배치된다.

2과는 '시대구분론'이다. 신천지는 성경의 6,000년 역사가 8개 시대로 나누어져 있다고 가르친다. 구약과 신약밖에 없는 시대를 굳이 8개로 쪼갠 것은 요한계시록을 활용해 3시대론을 부각시키기 위함이다. 구약시대와 신약시대 외에「계시록성취시대」를 만들어야 예수님과 동격의 존재로 등장하는 교주를 내세울 수 있기 때문이다. 교리에 약한 성도들은 이때부터 "우리가 지금 계시록 완성시대에 살고 있으며, 신약의 예언(4복음서+요한계시록)은 봉함되어 있기 때문에 예언을 알아야 참 믿음을 가질 수 있다"는 신천지의 덫에 빠져들게 된다.

3과는 '종교론'이다. 불교, 유교, 기독교에는 각각 경전이 있는데 하나님이 시대마다 선지자들을 통해 그 계획을 경서(경전)에 담았다고 주장한다. 여기서 신천지는 "종교 중에서 기독교가 가장 우월하며 말씀은 대언자를 통해서 선포된다."고 가르친다. 그렇다면「대언자」란 누구를 말하겠는가?

4과는 '예수님이 십자가를 져야 할 이유'인데, 여기서 신천지는 일종의 '옵션'을 교묘하게 추가하고 있다. 이들은 "구원은 예수를 믿고 새 언약을 알고 지킬 때 주어진다."면서 "예수는 믿으면서도 새 언약에는 관심이 없는 사람은 진정한 죄 사함이 없다."고 경고하기도 한다. 말하자면 구원의 조건으로서「새 언약」이 추가로 제시되고 있는 것이다.

5과는 '예언과 성취'다. 신천지는 시대별 예언과 성취 사례를 들어가면서 "하나님이 시대마다 예언하고 성취해 왔다."고 하면서 "재림의 때를 사는 우리들은 신약의 예언을 알고 깨닫는 신앙인이 되자."라며 성경공부의 필요성을 집중적으로 강조한다.

신천지의 심각성은 수단과 방법을 가리지 않고 거짓말 전략(모략)도 합리화하면서 정통교회 신자들의 신앙을 뒤엎는 데 있다. 신자들을 미혹하여 정통교회에서의 예배, 기도, 봉사활동을 멈추게 만들고 가족관계도 파괴하여 사람을 정신적으로나 신체적으로 피폐하게 만든다.

2단계에 해당하는 6-10과는 신자들이 갖고 있던 구원관, 신론, 교회론, 삼위일체론, 종말론을 송두리째 부정하게 만드는 세뇌과정이다. 이때 신천지가 써먹는 논리는 「이원론적 세계관」(모든 것을 영과 육, 선과 악으로 분류하는 영지주의 이단사상, 요일 4:1-3)과 「비유풀이」(비유해석은 의도를 가지고 자기 입맛대로 해석할 여지가 있어서 매우 위험한 성경해석법: 벧후 3:16, 그 중에 알기 어려운 것이 더러 있으니 무식한 자들과 굳세지 못한 자들이 다른 성경과 같이 그것도 억지로 풀다가 스스로 멸망에 이르느니라)이다.

6과는 '하나님과 마귀의 존재'이다. 신천지는 모든 세계를 「영계와 육계」로 구분하고 이것을 다시 하나님의 「선의 세계」와 사단 마귀의 「악의 세계」로 구분한다. 그리고 목자도 성령이 함께하는 「참 목자」와 악령이 함께하는 「거짓 목자」로 나눈다. 이때 신천지는 "선과 악의 두 세계는 말씀으로만 분별할 수 있다."고 강조하면서 거짓 성경공부의 당위성을 부각시킨다. 이런 교육을 받은 신자들은 점점 목회자의 설교를 비판하기 시작하고, "비유풀이를 할 줄 모르는 우리 목사님은 거짓 목자"라며 경시하는 이분법적 착각에 빠진다.

7과는 '천국 비밀'이다. 신천지는 "군대에서 적군으로부터 비밀을 시시끼 에게「암호」를 쓰두이 성경에서도 하나님이 사단으로부터 지키고자 하는 비밀이 있다."라고 주장한다. 그리고 "이 비밀을 캠추기 위해 암호를 사용하는데 그것이 바로 비유"라는 조잡한 논리를 편다. 이어서 신천지는 구약시대, 구약성취시대, 신약성취시대 등 3시대론을 다시 들먹이면서 "신약의 성취시대를 살고 있는 지금 비유를 깨닫지 못하면 죄 사함을 받지 못하고 천국에도 갈 수 없다."고 은근히 위협하여 신천지 논리(비유풀이)에 빠져들게 한다.

8과는 '새 포도주와 묵은 포도주'로서 이때부터 비뚤어진 신앙관을 본격적으로 드러낸다. 신천지는 "구약의 약속대로 오신 예수님을 믿으라는 말은 2,000년간 들어 온 묵은 포도주"라며 정통교회의 신앙관을 철저히 배격한다. 그리고 누가복음 5장 37절을 제시하면서 "새 포도주가 되기 위해서는 비 진리를 가르치는 교회와 목회자를 버려야 한다."라고 자기 교회를 떠날 것을 강요한다. 「새 포도주」가 신천지라는 주장이다.

9과는 '낮과 밤, 빛과 어두움'인데, "예언에 대해 무지한 상태가 어두움이며 빛으로 나와야 천국과 구원을 얻을 수 있다."고 강조한다. 신천지는 미혹된 신자에게 지속적으로 비유풀이를 가르쳐 "봉함된 말씀(자기 교회의 설교나 성경공부)만 배우다가는 지옥에 갈 수 있다."는 위기의식을 심어주므로 교회를 떠나게 만든다.

10과는 '새 계명 사랑'이다. 신천지는 "하나님과 예수님이 사랑이신데 오늘날 신앙세계가 다르다고 이단시하고 핍박 정죄하는 모습이 만연해 있다."라고 자극하면서 핍박자는 정통교회이고, 피해자는 신천지라는 「피해의식과 반감」을 미리 심어놓는다(마 13:25, 사람들이 자는 동안에 그의 원수가 와서 밀 가운데 가라지를 덧뿌리고 갔느니라).

이처럼 이원론적 세계관은 지금까지의 모든 이단사이비 집단이 채택하는 이론으로서 신천지도 영과 육, 물질과 정신, 하늘과 땅, 천사와 악마 등으로 세상이 대립관계에 있다고 가정한다. 이런 잘못된 세계관은 신자들이 가지고 있는 구원관을 완전히 뒤엎어 놓고 정통교회 목회자를 거짓 선지자로 매도하는 데 이용되고 있다.

신천지는 거짓말 포교로 한국교회의 신자들을 빼돌리고자 혈안이 되어 있는데 이를 위해 복음방 3단계과정에서 정통교회와 목회자를 경멸하게 만든다. 모든 목회자들을 거짓 목자로 매도하고 한국교회를 부정·부패한 집단으로 몰아가는 것은 더 많은 반사이익을 얻으려는 것이다.

11과는 '주 재림 때의 영적 기근'이다. 신천지는 종말의 때 기근이 온다는 말씀을 영적으로 해석한다. 그리고 "사람이 자의적으로 해석한 양식만 교회에 만연하여 기근에 빠진 것"이라고 엉뚱하게 해석하면서 "기존 목회자들은 악령이 들어 쓰는 목자이기 때문에 신약의 성취된 말씀을 풀지 못하고 있다"며 비판한다. 그 다음 은근히 말세에 있을 「계시의 말씀」이 "때에 따른 양식을 나누어주는 충성되고 지혜 있는 종"에 의해서 전달된다고 가르친다. 자신들의 거짓 교훈을 계시의 말씀이라고 암시한다.

12과는 '아이 밴 자와 젖 먹이는 자의 화'이다. 신천지는 하나님의 백성을 육적 이스라엘(유대교), 영적 이스라엘(기독교), 그리고 영적 새 이스라엘(신천지)로 구분한다. 그리고 영적 이스라엘이 아지도 ㅊ부의 말씀이 「젖」만 먹고 자신들처럼 신약이 성취된 실상인 「단단한 식물」을 먹지 못한다고 비판한다. 그러면서 "새 언약을 깨닫지 못하는 기성교회가 오히려 단단한 식물을 전하는 자를 핍박하고 죽이려 한다."며 "마지막 때에 아이 밴 자와 젖 먹이는 자에게 화가 있다는 말씀처럼 영적으로 몽학선생인 목회자들에게 화가 있을 것"이라고 경고까지 한다(신천지는 이 성경본문의 배경과 역사에 대해 무식하여 왜곡 해석하고 있다. 본문은 AD 70년 로마군대가 이스라엘에 침입하여 위험한 때에 이스라엘 백성 중 아이 밴 자와 젖 먹이는 자가 피하지 못할 정도로 다급함을 묘사한 예수님의 말씀인데 이 본문말씀을 비유풀이로 왜곡하는 것이다.).

13과는 '세 가지 해와 달과 별'이다. 이스라엘 12지파 구성의 배경을 설명하고 하나님의 선민인 영적 새 이스라엘에 속해야 한다고 주장한다. 이들은 "영적 이스라엘이 예언의 내용을 깨닫지 못해 해, 달, 별처럼 어두워지고 떨어지는 심판을 당하게 된다."면서 "이긴 자를 통해 창조되는 영적 새 이스라엘 12지파(신천지)에 속해야 한다."며 위기감을 고조시킨다.

14과에서는 "하나님의 소와 살진 짐승(배도자, 멸망자)을 잡은 혼인잔치(신천지)를 찾아 예복(옳은 행실) 등(말씀) 기름(증거의 말씀)을 준비하고 택함 받은 자가 되자"고 그럴듯하게 독려하기도 한다.

15과는 '목자 구분'이다. 신천지는 정통교회 목회자를 미혹하는 영(사단)과 함께하는 거짓 목자로 지목한다. 그리고 "때에 따른 양식을 주는 충성 되고 지혜 있는 종(마 24:45-47), 감추었던 만나를 주는 이긴 자(계 2:17), 약속한 목자......새 요한(계 10장), 철장으로 만국을 다스릴 아이(계 12:5)가 참 목자이며, 마지막 때 신약의 예언대로 출현하는 약속의 목자가 있다"고 주장한다.

　16-17과는 "약속의 목자를 통해 계시의 말씀이 전해진다."라고
재차 강조한다.

이와 같이 신천지가 정통교회를 비난하고 목회자를 개, 돼지, 거
짓 목자로 경멸하는 진짜 이유는 비난의 강도를 높일수록 자기조직
이 결속되기 때문이다. 성경지식과 교회의 기반이 없는 비신자를 대
상으로 한 포교에서는 신천지가 사실상 성과를 거두지 못하는 이유
가 여기에 있다. 신천지는 복음방 1-3단계를 통해 성경시대를 자의
적으로 나누고 구원관을 뒤엎은 다음, 자신이 속한 교회가 바벨론교
회이며 목회자는 다 거짓 목자라는 착각에 빠져들게 한다.

4단계(18-24과)에서는 마귀에 속한 거짓 목자(목회자), 바벨론
(신천지 외의 모든 교회)을 떠나 신천지에 들어와야 구원을 얻을 수
있다고 강조하면서 배타적인 교리를 주입시킨다. 경기도 과천에서
시작된 신도 수 10만 명의 신천지에만 구원이 있고, 전 세계 22억
명이 속한 기독교에는 구원이 없다는 식이다. 이런 편협하고 배타적
인 교리와 이원론적 세계관, 정통교회에 대한 적대감 등은 시한부종
말론 집단에서 공통적으로 나타나는 특징이다.

　18과는 하나님의 나라와 마귀의 나라이다. 신천지는 영의 세계
를 하나님의 나라와 마귀의 나라로 구분하고 기성교회는 이미 마귀
의 세상이며 신앙세계가 영적 전쟁터라고 주장한다. 그리고 초림 때
유대교와 예수님이 싸웠듯이 재림 때에도 예수교 안에서 하나님과

미 기이 천쟁이 벌어지기 때문에 이긴 자를 중심으로 모인 하나님 나라(신천지)에 들어와야 한다고 강조한다.

19과는 영적 이방과 선민인데, 신천지만이 택함 받은 영적 새 이스라엘(영적 새 선민)임을 강조한다. 그리고 영적 새 선민과 이방인을 이긴 자가 가르쳐 주는 새 언약을 알아보는가 아니면 핍박하고 저주하는가로 구분한다. 이어서 신천지와 하나 되지 못하면 핍박·저주하는 이방인으로 전락한다고 가르친다. 이런 주장은 신천지에서 떨어져 나가지 못하도록 울타리를 치는 셈이다.

20과는 바벨론과 예루살렘과 새 예루살렘이다. 신천지는 자신의 조직 외에 모든 교회를 비진리를 전하는 바벨론이라고 정죄한다. 신천지가 천국이라 가르치는 새 예루살렘은 약속한 목자(이긴 자)와 12지파가 있는 곳이다.

21과는 신약에 약속된 나라이다. 신천지는 하나님이 함께하시는 목자와 성도들이 있는 신천지를 찾아가는 신앙인이 되어야 한다라고 가르친다. 이때 예수님이 아닌 새 요한, 즉 이만희 교주를 지속적으로 부각시킨다.

22과는 인 맞음과 성령이다. 여기서 신천지는 천국백성이 되기 위해서는 거듭나야 하는데 그 방법이 영적 새 이스라엘 12지파(신천지)의 말씀으로 인 맞는 것이라고 강조한다. 요한계시록 7장과 14장을 들어 물과 성령으로 거듭나야 천국 12지파의 가족 인을 맞은 자가 될 수 있다는 것이다. 결국, 신천지에 들어와야만 구원을 받을 수 있다는 아전인수(결국 자기에게 맞추어 해석한다)의 논리이다.

23과는 죄와 용서이고 24과는 핍박과 상인데 이 내용들은 거짓 성경공부한 사실이 가족과 교회에 폭로될 경우에 대비한 것들이다.

신천지는 예수님이 제자들에게 자신이 그리스도임을 말하지 말라고 당부하셨던 것처럼 말씀(신천지 교리)이 완전히 자기 것이 될 때까지는 숨겨두어야 한다고 가르치면서 입막음 교육을 시킨다. 그리고 사단에 소속된 자들은 거짓말을 지어내고 핍박, 저주, 비판하는 일을 한다며 오히려 적반하장으로 기성교회와 목회자를 매도한다. 오히려 신천지가 정통교회와 목회자를 일방적으로 저주하고 비난하고 있지 않은가?

3. 복음방에서 강조하는 성경구절

신천지의 복음방은 성경말씀을 외우게 하고 단답식 문제나 괄호채우기 성경구절 쓰기 등의 주관식 시험을 보면서 서서히 교리를 세뇌시킨다. 신천지가 가르치는 핵심 성경구절 5가지를 미리 숙지하면 잘못된 성경공부에 빠질 위험성이 줄어든다.

첫째, 마태복음 13장 24-25절이다. 신천지는 복음방과 교육센터 초등과정에서 "예수님은 비유가 아니면 아무 것도 말씀하지 않으셨다"(34절)라고 하며「비유풀이」를 가르친다. 비유로 된 말씀 속에 성경의 본래 참 뜻, 실체, 실상이 들어있다고 하며 예언이 성취되는 마지막 실상의 때에는 비유가 풀어진다고 세뇌시킨다.

둘째, 마가복음 4장 13-14절이다. 신천지는 "부리는 자는 말씀을 뿌리는 것"(14절)이라며 "하나님의 씨는 하나님의 말씀이므로 비유한 씨의 참 뜻은 말씀"이라고 주입시킨다. 이 구절을 토대로 하나님의 씨와 사단의 씨가 있다고 구분한다. 하나님의 씨, 말씀의 씨는

니 구기 띠고 그 나무에 새(성령)가 임한다고 가르친다.

셋째, 이사야 34장 16절도 빼놓지 않는다. "제 짝이 없는 것이 없으리니"라는 구절을 내세워 모든 말씀에는 짝이 있다고 주장한다. 이 본문에서 추출한 소위 「말씀의 짝 교리」는 사이비 교주를 만드는 교리라고 불리는데 이것은 신천지 교리의 '마스터키' 역할을 한다.

넷째, 호세아 4장 6절이다. "내 백성이 지식이 없으므로 망하는도다"라는 말씀은 신천지 교리를 꼭 배워야 한다는 주장에 이용한다.

다섯째, 로마서 3장 7절이다. "나의 거짓말로 하나님의 참 되심이 더 풍성하여 그의 영광이 되었다"라는 구절은 모략(거짓말 전도)을 정당화 하는데 써 먹는다.

● 신천지가 강조하는 주요 성경구절의 예

성경구절	신천지 주장	목적
마 13:24-25	예수님이 비유로 말씀하셨다	신천지 비유풀이를 정당화
막 4:13-14	말씀의 씨를 뿌린다	말씀=씨앗 교리 정당화
사 34:16	말씀에는 반드시 짝이 있다	말씀 짝 교리 정당화
호 4:6	성도들이 지식이 없다	신천지 교육의 필요성 제기
롬 3:7	거짓말이 하나님을 영광되게 한다	모략(거짓말 전도)을 정당화

4. 신천지 초등과정에서 가르치는 그림들

"신천지 미혹과정" 그림은 김건우 목사가 운영하는 신천지종교문제상담소홈피에서 얻었습니다. http://www.antiscj114.com/main/sub.html?Mode=view&boardID=www12&num=203&page=&keyfield=&key=&bCate=

　신천지에 미혹된 성도들은 2개월간 복음방교육과 2개월간의 초등과정 성경공부를 하면서도 교육 받는 곳이 신천지라는 사실을 모른다. 대신에 말씀이 신기하게 맞아떨어지는 것에 희열을 느끼면서 성경공부에 몰입한다. 그리고 신천지는 복음방과 초등과정에서 신천지와 이만희 교주를 절대 드러내지 않는다. 자신이 공부하는 곳이 신천지라는 사실을 알고 그대로 남아있을 사람은 없기 때문이다.

　"신천지가 약 4개월 간 가르치는 내용은 소책자 2권 분량이다. 이들은 문답형식으로 비유풀이를 하며, 성경구절을 일일이 찾아가며 가르친다. 이때 칠판에 그림을 그리며 비유풀이 이해를 돕는다. 따라서 교육 받을 때 반드시 가르치는 다음의 비유풀이 그림 18개만 알고 있어도 적지 않은 예방효과를 거둘 수 있다. 아래의 글과 그림들은 국민일보 백상현 기자의 『이단사이비, 신천지를 파헤치다』(국민일보기독교연구소, 2014), 95-104에서 얻은 것이다.

목자구분

　신천지는 이 세상이 영계와 육계, 하나님의 선, 사단의 악으로 구분된다고 가르친다. 따라서 참된 신앙인이 되려면 참 선지자(목자), 진리, 생명을 선택해야 한다고 주장한다. 그들은 선과 악, 진리와 비진리, 참 목자와 거짓 목자를 분별할 수 있는 기준이 성경이기 때문에 성경공부가 무엇보다도 중요하다고 강조한다.

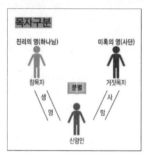

백상현, 『이단사이비, 신천지를 파헤치다』, 95.

예언과 성취

신천지는 구약예언이 초림 때 성취되었으며 신약예언이 다시 재림 때에 성취된다고 주장한다. 그들은 성경이 역사, 교훈, 예언으로 구분되며 예언의 성취(순리)는 「배도-멸망-구원」에 따라 성취된다고 가르친다. 이때 "예언서가 비유, 빙자, 비사, 상징이라는 특징을 가지고 있으며 성경의 예언은 비유로 봉합된 글"이라는 왜곡된 성경관을 주입시킨다.

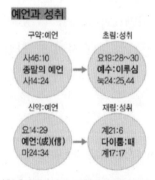

백상현, 『이단사이비, 신천지를 파헤치다』, 96.

성경과 비유

신천지는 비유가 하늘의 영적 이치를 땅의 육적인 것을 들어 설명하는 것이라고 가르친다. "비슷한 성질의 다른 것을 빙자해서 어떤 사실을 설명한다"는 것인데, 비유 안에 천국비밀이 있다고 주장한다. 그들은 비밀은 예언 속에 있고 예언은 비유로 기록되었으며 비유풀이를 통해 예언 속의 비밀을 깨닫고 그 뜻대로 행할 수 있다고 강조한다. 만약 비유를 깨닫지 못한다면 죄사함을 얻지 못해 구원에 이르지 못한다고 위협해 비유풀이를 배우게 한다.

백상현, 『이단사이비, 신천지를 파헤치다』, 96.

비유와 비밀

신천지는 비유풀이의 중요성과 당위성을 포교대상자에게 은연 중에 주입시킨다. 이때 비밀과 비유 그림을 제시하며 "비유 속에 전달하고자 하는 분래의 참 뜻, 실체, 실상이 있다"고 가르친다.

정통교회에서는 비유가 성경말씀을 쉽게 이해하도록 하기 위한 개념이라고 말한다. 하지만 이단사이비 집단인 신천지는 "비유가 감추기 위한 방법이며 비유 속에 전달하고자 하는 본래의 참 뜻, 실체,

밑상이 들어있다"고 하면서 "비유풀이를 통해서만 예언 속의 비밀을
깨닫고 그 뜻대로 행할 수 있다는 황당한 주장을 편다.

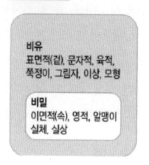

백상현, 『이단사이비, 신천지를 파헤치다』, 97.

씨의 종류

신천지는 세상에 사람의 씨와 짐승의 씨가 있는데 하나님의 씨는
추수 때 곳간(천국)으로 들어간다고 주장한다. 반면에 사단의 씨는
가라지, 쭉정이처럼 심판과 불사름(지옥)을 당한다고 경고한다.

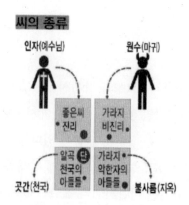

백상현, 『이단사이비, 신천지를 파헤치다』, 97.

비유한 나무

신천지는 하나님의 씨가 말씀이며, 씨가 자라 생명나무를 이룬다고 주장한다. 이때 밭은 마음, 나무는 사람, 가지는 제자, 잎은 전도자, 열매는 성도, 나무에 깃드는 새는 영을 의미한다고 주장한다. 신천지는 어떤 씨로 된 생명나무, 선악나무인가에 따라 임하는 영도 성령과 악령으로 나뉜다고 주장한다.

백상현, 『이단사이비, 신천지를 파헤치다』, 98.

비유한 누룩

신천지는 누룩에는 하나님의 누룩과 사단의 누룩이 있다고 주장한다. 그들은 사두개인, 바리새인의 누룩을 사단의 누룩(교훈주의)이라고 표현하며 경멸한다. 반면에 하나님의 누룩은 마태복음 13장 33절의 말씀을 인용하며 교훈의 말씀이라고 부른다. 여자(참 목자)가 누룩 서 말을 그릇에 담아 부풀게 하듯이 신천지의 말씀이 심령을 변화시키기 때문에 마지막 때에 꼭 먹어야 하는 영의 양식이라고 주장한다.

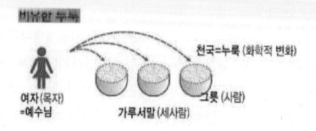

백상현, 『이단사이비, 신천지를 파헤치다』, 98.

비유한 그릇

　신천지는 그릇 속에 들어있는 내용물에 따라 그릇의 용도와 이름이 결정된다면서 "비유한 그릇" 교육을 통해 하나님의 말씀을 받은 사명자가 될 것을 강조한다. 그들은 토기장이(하나님)가 진흙(사람)+물(말씀)+불(말씀)을 통해 그릇(사명자)을 만들어내듯 좋은 그릇, 택함 받은 사명자, 성전이 되어야 한다고 주장한다.

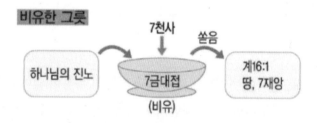

백상현, 『이단사이비, 신천지를 파헤치다』, 99.

비유한 향로

　신천지는 불을 담아 향을 피우는 그릇인 '향로' 비유로 자신들만이 진짜 말씀과 기도가 있는 곳이라고 주장한다. 이때 향로는 사람의 마음을 의미하며, 불은 말씀, 향은 성도의 기도, 향연은 기도의 상달을

의미한다고 주장한다. 그들은 마음에 하나님의 말씀을 담는 기도가
응답 받는 기도이며, 말씀이 없는 기도는 상달되지 않는다면서 말씀
공부의 중요성을 재차 강조한다.

비유한 향로

향연
(기도의 상달)

가루향
(기도)

불
(말씀)

향로
(사람)

백상현, 『이단사이비, 신천지를 파헤치다』, 99.

비유한 가마

신천지는 가마, 솥, 냄비의 비유를 통해 한국교회를 경멸하게 만
든다. 그들은 비유를 풀이할 때 나무를 목자, 불을 말씀(진리, 비진
리), 고기를 성도, 가마를 교회, 성읍이라고 주장한다. 따라서 거짓
목자가 사단의 불, 비진리의 불로 성도들을 끓는 가마에 넣고 삶아
영혼을 죽게 한다며 정죄한다. 반면에 자신들은 참 목자의 인도로 죄
와 더러움이 소멸되고 영이 살아난다고 강조한다.

비유한 가마

양고기(성도)

가마(교회)

나무(목자)

불(사단의 불)

백상현, 『이단사이비, 신천지를 파헤치다』, 100.

신천지는 구약 4,000년간 예언의 말씀이 봉함되어 있었기만 초림 때에 예수님이 나타나 진리의 말씀이 펼쳐졌다고 가르친다. 그들은 신약 2,000년이 다시 예언이 말씀이 봉함되어 어둠에 빠져 있었지만 재림 성취의 때에 밝히 펼쳐진다고 주장한다. 그리고 마지막 때에 신천지만이 비유를 풀 수 있기 때문에 빛의 자녀가 될 수 있으며, 말씀을 가진 자신들만이 어둠을 밝히는 진리의 성읍이라고 강조한다.

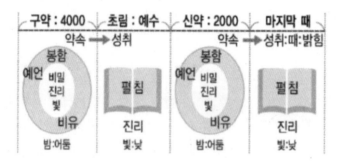

백상현, 『이단사이비, 신천지를 파헤치다』, 100.

초림과 재림의 눈

신천지는 등대와 등불이 어둠을 밝히며, 빛이 오기 전에 사용한다고 가르친다. 그들은 등불과 등대를 켜는 시기가 있으며, 재림 때 7영의 역사가 있을 것이라고 주장한다. 등대, 촛대, 눈은 영, 사명자를 의미하며, 등불은 영이 함께 하는 것을 뜻한다고 강조한다.

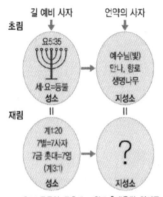

백상현, 『이단사이비, 신천지를 파헤치다』, 101.

비유한 물

신천지는 비유한 물 비유를 통해 생명의 근원이 말씀(물)에 있다고 주장한다. 구름은 성령을 의미하고 말씀이 이슬, 비처럼 내릴 때 하나님의 백성인 채소, 풀, 나무가 자라난다고 주장한다. 그들은 마지막 때에 기근과 기갈이 있을 것인데 말씀(물)을 깨닫고 순종할 때 영혼이 깨끗해지고 죄와 더러움을 씻을 수 있다고 주장한다.

백상현, 『이단사이비, 신천지를 파헤치다』, 101.

비유한 배

신천지는 물 위에 운행하는 배 비유를 통해 지신이 소시에시 활동해야 한다고 세뇌시킨다. 바다는 사단, 마귀가 사는 곳이며 어부는 말씀을 전하는 신천지 목자, 전도자이다. 바다 속의 고기는 천국 말씀의 그물에 잡혀 천국에 담겨질 때 바벨론의 심판을 면할 수 있다고 강조한다.

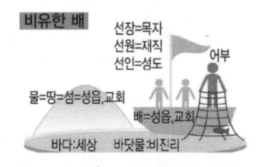

백상현, 『이단사이비, 신천지를 파헤치다』, 102.

비유한 산

신천지는 자신을 예루살렘, 진리의 성읍, 시온 산이라고 주장한다. 작은 산, 만방, 모든 나라와 백성은 멸망하기 때문에 하나님과 예수님이 오시는 시온 산, 예루살렘 성전으로 가야한다고 주장한다. 그들은 정통교회를 심판과 멸망 당하는 배도의 산으로 가르치며, 마지막 때에 구원의 산, 14만 4천 명이 있는 시온 산에 가야한다며 신천지 교회로 유월(이동)할 것을 유도한다.

백상현, 『이단사이비, 신천지를 파헤치다』, 102.

하나님의 보좌 형상도

신천지는 비유한 생물 강의에서 '하나님의 보좌 형상도'를 가르친
다. 계시록 4장에서 세례 요한이 성령의 감동을 받아 올라가 본 하나
님의 보좌 형상도에는 하나님과 24장로, 7영(7눈, 7등불, 7촛대),
네 생물(네 천사장), 유리바다가 있다고 주장한다. 신천지는 14만 4
천 명을 인치고 자신들을 통해 만국이 소성하는 구원의 역사가 이루
어진다고 주장한다.

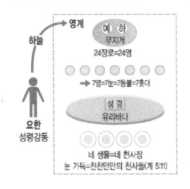

백상현, 『이단사이비, 신천지를 파헤치다』, 103.

장막과 성소, 그리고 지성소

신천지는 첫 장막이 예비 장막, 처음 하늘이며, 둘째 장막이 증거 장막, 둘째 하늘, 새 하늘이라고 주장한다. 그리고 셋째 하늘, 새 하늘과 새 땅, 시온 산이 바로 증거장막성전이라고 가르친다.

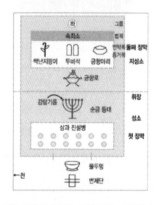

백상현, 「이단사이비, 신천지를 파헤치다」, 103.

구원의 노정 순리

신천지는 구원의 노정 순리가 「배도-멸망-구원」에 따라 진행된다고 가르친다. 그들은 초림 때에 세례 요한이 배도하고 서기관과 바리새인에 의해 멸망을 당했으며, 예수님이 구원의 역사를 펼쳤다고 주장한다. 이어 재림 때에는 일곱 금 촛대 장막이 배도를 했고 재림 때 일곱 머리 열 뿔에 의해 멸망을 당했으며 이긴 자에 의해 구원받는다고 가르친다. 따라서 재림 때에 구원의 역사를 펼치는 이긴 자에게 유월해야 한다고 강요한다.

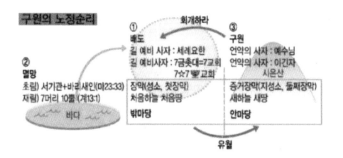

신천지의 거짓 포교전략에 의해 일반신자는 '성경을 잘 모르는 사람'이 되어버린다. 복음방(2개월)과 초등과정(2개월) 단계를 거치면 완전히 신천지 교리에 빠져든다. 다시 요약 정리하면 다음과 같다.

1단계 교육 1-5과는 신자에게 "그동안 성경에 무지했다"는 생각을 갖게 만들고, 동시에 거짓된 신천지 성경공부의 필요성을 극대화시킨다. 이때, 신자들은 신천지가 자기 형편에 맞추어 사전에 치밀하게 짜놓은 「각본」인 줄도 모르고 성경공부를 하며, 그 과정이 기도응답인 줄로 착각한다.

2단계 6-10과는 신자들이 갖고 있던 구원관, 신론, 교회론, 삼위일체론, 종말론을 송두리째 부정하게 만드는 세뇌과정이다. 이때 신천지가 사용하는 논리는 〈이원론적 세계관〉(모든 것을 영과 육, 선과 악으로 분류하는 영지주의 이단사상, 요일 4:1-3)과 〈비유풀이〉(의도를 가지고 자기 입맛대로 해석할 여지가 있어서 매우 위험한 성경해석)로 혼란을 심어준다(벧후 3:16).

신천지 복음방의 교재 1-3단계를 통해 성경시대를 자의적으로 나누고 구원관을 뒤엎어 놓기 때문에 자신이 속한 정통교회는 바벨론교회이며 목회자는 다 거짓 목자라는 착각에 빠져든다.

4단계 18-24과에서는 마귀에 속한 거짓 목자와 바벨론(신천지 외의 모든 교회)을 떠나 신천지에 들어와야 구원을 얻을 수 있음을 강조하면서 배타적인 교리를 주입시킨다. 과천에서 시작된 신천지에만 구원이 있고, 전 세계 22억 명의 기독교에는 구원이 없다는 식이다.

이와 같은 신천지의 성경공부는 하나님의 말씀을 왜곡 해석하는 이단사설의 가르침에 해당한다. 다음과 같이 정리할 수 있다.

첫째, 접근질문을 받은 정통교회 신자로 하여금 스스로 성경지식이 많이 부족하다는 생각이 들게 한다. 그 순간에 신자들은 놀라서 자기점검에 들어가게 되는 것이다.

둘째, 성경적인 질문인 것처럼 위장하지만 실상은 자신들의 주장으로 끌어들이는 데 그 목적이 있다. 결론이 항상 신천지로 귀결되기 때문이다.

셋째, 성경의 궁금증을 다 해결해 주는 것처럼 말하지만 실상은 성경본문의 맥락과 본래 의미와는 전혀 다르게 해석하는 속임수를 쓰고 있다.

따라서 정통교회는 신자들에게 성경을 바르게 가르치는 체계적인 성경교육에 힘써야 하겠다.

5 신천지 예방대책

1. 신천지에 대해 어떻게 대처해야 하나?

01 목회자와 성도들이 신천지의 속성을 충분히 알아야 한다. 기성교회에 대한 강한 비판과 신자들의 성경에 대한 궁금증과 무지를 자극하며 자신들의 활동을 비밀로 하는 속성을 가지고 있다. 특히 교회에서 색다른 용어들 즉 비유, 지식, 성경 보는 법, 실상, 배도 멸망 구원, 모략, 말씀의 짝, 대언 등을 사용하는 경우에는 의심해도 된다. 무엇보다도 신천지는 성경의 궁금증을 자극하므로 보다 체계적이고 직접적인 성경공부를 실시해야 한다. 또한 신천지 교리의 모순점을 가르치고 신자들에게 복음에 대한 확신을 심어주어야 한다.

02 각 교회에 침투한 추수꾼들이 교회 안팎에서 기성교회 신자들에게 어떻게 접근하는지 어떤 피해사례들이 있는지 충분히 알려야 한다. 신천지 추수꾼들은 자기 신상을 공개하기를 꺼리고 사진을 찍지 않으려 하며 심방 받기를 싫어하고 주일 저녁이나 월·화·목·금에 신천지 교육을 받으러 간다. 따라서 교적부 기록을 의무화, 주일 예배나 집회의 모니터링, 탈퇴 교인의 간증, 신천지 추정 신자에 대해서 1년간 직무정지와 이단상담을 받도록 하고, 1년에 2회 정도의 예방대

래세미나 개최, 외부 성경공부 금지, 새가족 등록절차를 철저히 하고, 타 교회나 교단과 연합하여 공동대처를 해야 한다.

03 추수꾼이 발각되었을 때에 저들은 반드시 위장 회개와 눈물을 흘리게 되어 있는데 여기에 쉽게 동정하거나 속지 말아야 한다. 신천지는 기성교회에서 신분이 노출되었을 때 어떻게 대처할지 구체적인 방법과 행동까지도 가르치고 있다.

04 신천지 집단에 빠진 성도들의 회복과 치유는 전문가의 도움이 없이는 불가능하며 오랜 기간이 필요하다. 위장하여 신천지를 벗어난 것처럼 가족이나 주변을 속이기 때문에 신뢰할 수 있을 때까지 최소한 6개월에서 1년 정도 이단상담치료를 받아야 정상적인 교회생활이 가능하다.

05 신천지에 쉽게 노출될 수 있는 신자들의 경우는 다음과 같다. 교회활동에 열성적이지만 성경지식이 부족한 신자, 교회와 목회자에 대한 비판으로 가득한 신자, 교회와 신자로부터 상처를 받아 다른 신자들과 잘 섞이지 못하는 외톨이 신자, 가정이나 사회에서 정서적으로 만족감을 얻지 못한 신자 등의 경우이다. 따라서 목회자와 교회 지도자들은 신자들 가운데 소외된 이들이 없도록 적극적인 돌봄을 실천해야 한다.

06 최근에 공격적인 포교로 인해 피해와 법률적인 문제들이 발생하므로 다음의 법률조항을 참고로 하여 경고문을 부착함으로써 신천

지와의 법률공방에 대비할 수 있다. 신천지 출입금지에 적용할 수 있는 법률 조항이다. 형법 제158조(예배 방해), 제314조(업무 방해), 제319조(주거침입, 퇴거불응) 및 폭력행위 등 처벌에 관한 법률 제5조(단체 등의 이용·지원) 등이다.

2. 교회 안에 있는 추수꾼을 색출하는 방법

01 교적부 활용 및 주일 모니터링(CCTV) 3대의 카메라로 촬영함. 목사님이 신천지를 주의하라 설교하는 데 피식하면서 비웃는 신자가 있었다. 사도신경을 따라 하지 않고, 기도시간에 고개 들고 좌우를 살피던 신자들이 있었다.

> 1) 목사의 설교에 대해 종종 비웃는 표정을 짓는다. 신천지 세뇌에 의해서 목사는 성경도 모르는 사람이라고 가르치기 때문이다.
> 2) 교회봉사는 많이 하지만 헌금을 거의 하지 않거나 명목상의 헌금만 한다. 왜냐하면 신천지 교회와 추수꾼으로 활동하는 교회 양쪽에 헌금을 해야 하기 때문이다.
> 3) 자신의 연락처와 주소를 가르쳐 주지 않는다. 교회봉사는 열심히 하고 목사와 거리를 두고 성도들과 가까이 지내며 개인의 연락처들을 파악하려고 애쓰는 사람이면 가능성이 높다.
> 4) 과거에 출석하던 교회에서 특정 훈련을 잘 받았다고 말하지만 그 훈련 내용을 잘 모르는 경우가 있다. 빠른 기간에 리더의 위치에 올라 성도들을 미혹하려는 전략이다.

5) 기도를 많이 하는 거처럼 보이려고 성경을 읽다가 목사가 나타나면 방언으로 기도하는 것처럼 행동한다. 신천지에서 빙의를 훈련시켜 파송하기 때문인데 영적인 사람은 무미건조한 방언 기도인 것을 바로 분별한다.

6) 담임목사와 성도, 그리고 담임목사와 부교역자 사이를 이간질한다. 교회의 파괴가 목적이므로 이런 전략을 사용한다.

02 신천지 탈퇴 교인들의 간증. 이단상담소로부터 소개받은 탈퇴자의 간증으로 교회에 들어온 신천지 신자들이 떠났다. "말씀혁명세미나"라는 세미나 참석권유 신자는 확실한 추수꾼이다.

03 물증이 발견되면 교회정관을 바꿈. 신자가 신천지로 확인되면 교회를 떠나도록 교회정관의 항목을 추가해야 하는데 이것은 법적인 조치로서 필요하다.

04 신천지 추정신자. 한두 번 성경공부 하러 다녔을 뿐이라고 하면 모든 공직을 내려놓고 1년간 공 예배만 참석하게 하고, 이단상담소의 이단비판 세미나를 참석하게 할 것이다. 그러나 무조건 퇴출하려는 것보다 사랑으로 지켜보고 감싸주는 것이 최선이다.

05 신천지대책 세미나. 1년에 2회 신천지대책 세미나를 실시하여 신천지 집단에 대한 경계심을 풀지 않도록 해야 한다. 이단에 대한 예방이 최선책이다. 구역장이나 리더들을 특별 교육하고, 주보나 책을 통해 정보를 제공해야 한다.

1) 목회자와 담당 구역장이 모르게 새신자가 다른 새신자나 기존신자를 심방하러 다닌다는 소리가 들리면 즉각 교회에 보고한다.

2) 친분관계가 없는 신자가 꿈이나 환상을 통해 하나님이 무언가 보여주셨다고 하면서 다가오고 기도해 주겠다고 하면서 친절을 베풀면 즉시 교회에 보고한다.

3) 평소에 아는 신자가 다른 교회의 선교사, 목사, 전도사를 소개해 준다거나 출석교회가 아닌 다른 곳에서 큐티나 성경공부를 제안하면 즉시 교회에 보고한다.

4) 큐티나 성경공부를 하면서 천국보화 비유(마 13:44-46)를 예로 들면서, 목회자 성도 및 가족 등 주변 사람들에게 절대 알리지 말라고 당부하면 즉시 교회에 보고한다.

5) 새로운 진리를 발견했다고 하거나 요한계시록, 다니엘서, 마태복음 24장 등을 언급하면서 말씀이나 예언을 알아야 한다고 열변을 토하거나 설득하러 다니는 성도가 있으면 즉시 교회에 보고한다.

6) 정통교회나 목회자의 비리 등을 들어 지나치게 비판하거나 교회나 담임목회자에 대해 거짓말이나 유언비어를 퍼뜨리는 성도가 있으면 신천지 추수꾼으로 의심할 수 있다.

7) 교회나 기도원에서 기도하고 있는데 다가와서 기도하는 모습이 아름답다고 하거나 꿈이나 환상으로 주님이 당신을 보여주면서 말씀공부 하라고 보여주셨다고 하면서 접근하는 사람이 있다면 즉시 교회에 보고한다.

8) 출교를 당할 때 전화 및 휴대폰 문자로 "담임목사가 나를 신천지 신도라고 음해한다. 교회에서 너무 많은 일을 시켜서 힘들

어 나갔다. 교회가 나를 아무런 이유 없이 쫓아낸다" 등이 유언비어를 퍼뜨린다. 이런 때에는 신천지의 모략인 것을 깨달아 속지 말아야 한다.

9) 대학에서 선배나 동료가 피아노나 악기 혹은 언어공부 등을 무료로 가르쳐 준다거나 지나친 친절과 만남의 요구에 대해서는 일단 의심해 보아야 한다. 접근한 후에 성경공부로 연결하는 경우는 틀림없이 신천지라고 보아야 한다. 이럴 경우에는 기독 동아리나 학교 교목실에 신고해야 한다.

06 위장 자원봉사단체, 교회와 기도원, 문화단체나 카페, 대학가의 위장 동아리나 위장 카페, 그리고 위장 세미나와 언론들에 속지 말아야 한다. 어떤 단체에 가입할 때에 정체를 꼭 확인하고, 의심이 가는 외부의 행사나 성경공부에는 참여하지 않도록 해야 한다.

07 새 가족이 등록할 때 반드시 검증절차를 밟아야 하고 사진촬영을 해 두어야 한다. 전적 교회로부터 이명증서를 받거나 혹은 신상기록부를 만들어 반드시 신앙이력을 확인해야 한다. 동시에 꼭 사진촬영을 해 두어야 한다.

08 가능하면 교회들이 지방회별, 총회별, 초교파적으로 연합하여 공동 대처하는 것이 바람직하다. 신분이 탄로가 나면 당회 차원에서 신속히 제명하고, 이 사실을 주보에 싣고 이웃교회에 알려주는 것이 바람직하다.

3. 우리가 할 수 있는 적극적인 대처방법은 무엇인가?

신천지가 가장 경계하는 것은 복음방, 센터, 위장교회의 위치가 노출되는 것이다. 시한부종말론을 표방하는 신천지는 자신들의 교육장소가 폭로되는 것을 가장 두려워한다. 따라서 지역교계가 힘을 합쳐 교육장소 및 위장교회 앞에서 꾸준히 1인 시위를 하면 큰 성과를 거둘 수 있다. 대개 신천지에서 교육을 받거나 위장교회에 넘어간 신자들은 자신이 배우러 다니는 곳이 신천지라는 사실을 전혀 인식하지 못한다. 성경공부 사실을 철저히 비밀에 부치고 교육장소에 노래방이나 피시방, 컴퓨터 학원 등의 간판을 달고 있는 것도 이런 이유 때문이다.

이런 상황에서 이단상담 전문가들은 해당 건물 사진과 지도가 담긴 팜플릿을 배부하고 교육장 입구에서 1인 시위를 하는 것만으로도 신천지의 거짓말 포교로부터 신자들을 지키는 데 효과가 있다고 한다. 수천만 원의 임차보증금을 받아내서 단기간에 교육장소를 옮기는 것이 사실상 어렵기 때문이다. 또한, 교회에서 바로 활용할 수 있는 것은 "복음방 접근 여부 체크리스트"이다. 매주 주보와 함께 체크리스트를 신자들에게 배포하고 광고시간에 함께 읽어간다면 최적의 예방효과를 거둘 수 있다. 지역교회가 연합하여 끝까지 신천지 위장교회를 추적해 다시는 발을 붙이지 못하게 하는 것도 필요하다.

01 1인 시위

신천지는 성도를 미혹할 때 써먹는 모략이 워낙 치밀하고 정통교단 심볼 및 마크와 교단명을 도용한 위장교회까지 운영하고 있어서

ㅏ ㄱㅏ 숙아 넘어갈 수 이다 따라서 신천지의 급소를 찌르는 쇠석의 방법은 교육장소 및 위장교회 앞에서 1인 시위를 하는 것이다.

1인 시위를 위해서 신천지대책전국연합 카페인 "바로알자 신천지"(cafe.naver.com/soscj)나 국민일보 미션라이프(mission-life.co.kr)에서 신천지 교육장소를 확인한다. 신천지 측에서 "진짜 바로알자 신천지", "제발 바로알자 신천지" 등의 유사카페를 운영하고 있으니 주의해야 한다. 1인 시위는 '집회 및 시위에 관한 법률'의 적용을 받지 않기 때문에 신고의무가 없는 경우이다. 피켓, 현수막, 어깨띠 등을 두르고 자유롭게 시위할 수 있다. 신천지 교육은 보통 주 4회(월,화,목,금) 오전 10시, 오후 7시 30분에 시작되므로 시위는 시작 전후 30분씩만 하면 된다. 시위를 할 때에는 2인 1조로 움직여야 한다. 1명은 "이 건물에 신천지 교육장소가 있습니다."라는 팻말을 들고, 1명은 시위자 보호를 위해 동영상 및 사진 촬영을 한다. 신천지의 위협이 예상되므로 미리 관할지구대를 찾아가 시위 목적을 밝히고 경찰의 도움을 받는 것도 좋다.

02 팜플릿 제작 및 배포

전국 각지에서 신천지 건물 사진과 지도가 게재된 팜플릿을 제작하여 배포하는 것이 효과적이다. 대표적으로 한국기독교이단상담소협회 광주상담소와 광주 양림교회가 공동제작한 "신천지를 위해 가정을 파괴하는 신천지"라는 인쇄물을 만들어 광주지역 신천지 복음방 5개와 센터(신학원) 13곳, 교회 2곳, 위장교회 4곳의 위치를 알렸다. 신천지의 접근방법, 복음방과 센터 교육내용 등을 명시하여 신자들이 거짓포교에 빠지지 않도록 홍보하고 있다.

03 신천지 복음방 여부 체크리스트 활용하기

신천지의 포교 수법이나 복음방 교육 여부를 판별할 수 있는 가장 손쉬운 방법은 체크리스트의 활용이다. 총 16개 문항으로 구성된 체크리스트에는 신천지가 실제 포교할 때 써 먹는 방법과 복음방의 핵심 교육내용이 들어 있다. 1-4번 문항은 설문조사, 우울증, 스트레스 테스트, 힐링스쿨 5분 스피치 평가 등을 발판 삼아서 접근한 뒤, 꿈 이야기를 하고 신앙상담과 성경공부를 제안하는 신천지 수법이 명시되었다. 5-16번 문항에는 구원관을 뒤집고 교회와 목회자를 경멸하게 하는 복음방 교육내용이 들어있다.

신천지 접근 및 복음방 체크리스트
항목
1. 성격·행동 유형검사, 미술심리치료, 도형그리기, 우울증·스트레스 테스트, 애니어그램, MBTI 검사, 힐링 스쿨, 각종 설문, 5분 스피치 평가 등에 참여한 적이 있다.
2. 누군가 나에 대한 꿈을 꾸었다며 신앙이야기를 하며 접근한 적이 있다.
3. 주변에서 "신앙상담, 신유, 영적능력이 탁월한 사람이 있다"는 제안을 받았다.
4. 교회 밖에서 성경공부, 큐티모임, 영성훈련 등의 신앙모임을 해보자는 권유를 받았다.
5. 교회 밖 성경공부를 인도하는 교사가 목사, 전도사, 사모, 신대원생, 간사, 선교사 등이다.
6. 성경공부 교사가 "성경공부 하는 것을 다른 사람에게 알리지 말라"고 말했다.
7. 성경공부 교사가 성경 내용을 역사, 교훈, 예언, 성취로 구분했다.
8. 성경공부 교사가 "성경이 '계시록 시대' 등 8개 시대로 구분되며 반드시 예언을 깨달아야 한다"고 강조했다.
9. 성경공부 교사가 "죄 사함이 예수를 믿고 비유를 깨달으며 새언약을 지킬 때 가능하다"고 가르쳤다.
10. 성경공부 교사가 "사단이 성전에 앉아 하나님으로 가장해 신앙인들을 미혹 한다"고 말했다.
11. 성경공부 때 '천국 비밀이 감춰져 있으며 비유로 된 계시의 말씀을 깨달아야 한다'고 배웠다.
12. 성경공부 교사가 "시대별 예언과 성취가 있으며, 일반교회에서 봉함된 말씀을 계속 배우다간 구원받을 수 없다"고 충고했다.
13. 성경공부에서 육적 이스라엘, 영적 이스라엘, 영적 새 이스라엘(영적 새 신민)에 대해 배웠다.
14. 성경공부 교사가 "재림의 때 출현하는 약속의 목자, 이긴자가 있다"고 강조했다.
15. 성경공부를 시작한 뒤 주일 설교가 잘 들리지 않고 목사님이 거짓목자처럼 느껴진다.
16. 성경공부 후 현재 다니는 교회가 바벨론교회라는 느낌이 들어 떠나고 싶은 생각이 든다.
● 1~4번 문항 중 '예'가 1개 이상이면 신천지 추수꾼이 접근했을 가능성이 큼.   5~16번 문항 중 '예'가 2개 이상이면 복음방 교육 초반부, 4개 이상이면 복음방 교육 중반부, 7개 이상이면 복음방 교육 후반부

신천지 위장교회는 겉으로는 정통교회의 교단명칭과 로고를 사칭하여 꾸며 놓았지만 실제로는 신천지인들의 모임장소다. 신천지 신도가 자신의 정체가 드러났을 때 가족들에게 "다시는 신천지에 가지 않을 테니 제3의 교회에서 새롭게 신앙생활을 하자"고 하며 회유하는 공간으로 활용되기도 한다.

위장교회는 2004년부터 시작되어 2010년부터는 본격화되어 지금 전국에 150여 곳으로 추정된다 (신천지대책전국연합 신현욱 목사). 과거 정통교회 자리에 새 교회가 들어와 옛 교회간판을 그대로 두거나 교회 내부의 교회명칭이 다를 경우는 위장교회의 가능성이 높다(한국기독교이단상담소협회장 진용식 목사). 신천지는 자신들의 정체가 드러나면 교회명을 수시로 바꾸거나 교육장소를 옮기므로 교계가 힘을 합해 끝까지 추적해야 한다.

6 신천지 법률대처

1. 법률 이해

　신천지와의 법률소송이 제기되면 당황하기 쉬우나 당황하지 말고 차분하게 대처하면 얼마든지 승소할 수 있다. 대한민국은 법치국가이며, 법을 지키고 공동체를 지키려는 사람들을 보호하는 법이 있기 때문이다.

　형법 제307조 제1항에는 "공연히 사실을 적시하여 사람의 명예를 훼손한자는 2년 이하의 징역이나 금고 또는 60만 원 이하의 벌금에 처한다."라고 규정하고, 제2항에서는 "공연히 허위 사실을 적시하여 사람의 명예를 훼손한 자는 5년 이하의 징역 또는 10년 이하의 자격정지에 처한다."라고 규정하고 있다. 여기에서 제1항의 규정은 어떤 사람의 명예를 훼손하는 내용이 비록 진정한 사실일지라도 처벌한다는 것이며, 제2항의 규정은 어떤 사람의 명예를 훼손하는 내용이 허위의 사실인 경우에 일반적인 명예훼손보다 더 중하게 처벌한다는 취지이다.

　그러나 명예훼손죄가 성립하려면 첫째로『공연성』이 있어야 한다. 공연성이라고 함은 한정되지 않은 범위의 사람이나 다수의 사람들이 듣거나 볼 수 있는 상황을 말한다. 둘째로는『사실의 적시』가 있어야 안나 여기서 말하는「사실」은「사람의 사회적 평가를 떨어뜨릴 만한 것」이면 족하다. 과거의 사실이든 현재의 사실이든 관계없다. 그러나 행위자에 의해서 적시되는 것은「사실」이어야 하므로 단순히 자신의「가치 판단」또는「의견」을 표시하는 것이나 추상적 욕설에 불과한 것은 명예훼손죄가 되지 않고 단순히『모욕죄』가 될 뿐이다. 셋째로『명예』라 함은『사람의 인격적 가치에 대한 사회적 평가』를 말한다. 사회적 평가의 소재가 되는 것은 성격, 혈통, 용모, 지식, 건강, 능력, 직업, 신분, 행동 등 여러 가지가 있다. 이 명예가 실제로 침해되어야 죄가 성립되는 것은 아니고 단지 사람의 명예를 해할 우려가 있는 행위를 함으로써 충분하다. 그러므로 예를 들어 자기와 반대편에 있는 사람을 모함하기 위하여 다수의 교인들이 모인 자리에서 "김 아무개 집사는 전에 다니던 교회에서 1,000만 원을 사기쳐 먹고 도망 온 사실이 있다고 하더라"고 말한다면, 이는「공연성」과「사실의 적시」와「명예의 손상」이 있었으므로「명예훼손죄」가 될 수 있을 것이다. 단순히 "김 집사는 사기꾼이야"라고만 말했다면 구체적 사실의 적시가 있다고 보기 어려우므로「모욕죄」가 될 뿐이다.

이와 같은 명예훼손 죄에는 사자(死者)의 명예훼손죄도 있고, 출판물에 의한 명예훼손죄도 있는데 중요한 것은「반의사 불벌죄」라는 것이다. 다시 말하면「반의사 불벌죄」란 '그 명예가 훼손된 자의 명시한 의사에 반하여 처벌할 수 없는 죄'라는 말이다. 그런데 형법 제310조는 "형법 제307조 제1항의 행위가 진실한 사실로서 오로지 공공의 이익에 관한 때에는 처벌하지 아니한다."라고 규정하고 있다는 점이 특이 하다고 볼 수 있다.

2. 이단의 명예훼손에 대한 판결사례

사례 1

종교 교단이 특정 교파 집단을 '이단'으로 규정하고 이를 신도들에게 공표하는 것은 '종교적 비판의 표현 행위'로서 정당하다는 법원 판결이 나왔다. 서울중앙지법 민사항소7부(곽OO 부장판사)는 12일 예수교 장로회에 의해 이단으로 규정된 S교회가 장로회를 상대로 낸 손해배상 소송에서 원심대로 "장로회 측이 S교회의 명예를 훼손하는 불법행위를 했다고 볼 수 없다"며 원고 패소 판결했다.

재판부는 판결문에서 "장로회는 S교회가 발행한 책을 연구한 끝에 S교회를 이단으로 규정하는 내용의 보고서를 작성해 배포했다"며 "이는 신앙의 본질적 내용으로서 최대한 보장돼야 할 '종교적 비판의 표현 행위'에 해당하며, 교단의 교리와 신앙 생활을 보호하기 위한 것으로 볼 수 있기 때문에 합법적"이라고 판시했다. 재판부는 "헌법에 '표현의 자유' 조항이 있음에도 '종교의 자유' 조항이 따로 있는 것은 종교의 자유를 특별히 규정하기 위한 것"이라며, "종교적 목적을 위한 언론 출판의 자유는 일반적인 언론 출판의 자유보다 폭넓게 보장돼야 하고 따라서 다른 종교 집단을 비판할 권리는 최대한 보장돼야 한다"고 설명했다.

사례 2

한국기독교총연합회가 출간한 「이단사이비 종합자료 2004」와 관련하여 Y 목사로부터 1억 원 손해배상 청구소송을 당했던 최삼경 목사가 1심에서 승소했다. 또 '출판물에 의한 명예훼손'에서도 검찰로부터 '혐의없음' 처분을 받았다. Y목사가 "이단 사이비 종합 자료 2004」로 인하여 명예가 훼손되었으니 1억 원을 손해배상 하라"며 동 책자의 편집책임을 맡았던 최 목사를 상대로 의정부지방법원에 제기한 민사소송(2004가단25758 손해배상〈기〉)에서 '원고의 청구를 기각한다.'는 '원고 패소, 피고 승소 판결'이 내려졌다(선고일 2004년 12월 3일).

최삼경 목사는 한국기독교총연합회(한기총·대표회장 길자연 목사) 이단사이비문제상담소장으로서 한기총 이단사이비대책위원회의 결의에 따라 한기총과 주요교단들의 이단 사이비 관련 결의와 연구보고서를 모아「이단사이비 종합자료 2004」(이하 이 사건 자료집)를 발간했었다. Y목사는 이 책이 '허위 사실 적시'로 '명예가 훼손되고 있다.'며 손해배상 청구와 별도로 '출판물에 의한 명예훼손'으로 고소장을 제출했었다. Y목사는 "이 사건 자료집에서 원고가 주장하지 아니한 내용으로 원고가 이단적인 신앙노선에 서 있는 것으로 매도하여 원고의 신앙적 인격을 파괴하는 행위를 함부로 하고 있어서 그로 인하여 원고가 입은 정신적 고통을 배상할 책임이 있다."며 지난 7월 2일 의정부지방법원에 최 목사를 상대로 1억 원의 손해배상을 청구하는 소송을 제기했다.

이 사건 심리를 맡은 의정부지방법원 민사2단독 김대성 판사는 판결문에서 "피고가 이 사건 자료집에서 이 사건 책자의 원전을 허위의 인용이라고 할 정도로 그릇되게 요약하였다거나, 그 내용을 왜곡하여 발췌하였다고 단정하기 어렵다."며 "피고의 공표행위는 신앙의 본질적인 내용으로서 최대한 보장받아야할 종교적 비판의 표현행위"라고 밝혔다. 김 판사는 "원문에 없는 용어를 사용하거나 논리적인 분석과정이 생략된 채 단정적인 표현을 사용하였을지라도 피고 측 교단입장에서는 어느 정도 진실한 것으로 판단할 수 있는 점이 있을 뿐만 아니라 피고 측 교단의 교리 보호와 그 산하 지도자들 및 신자들의 신앙 보호를 위하여 주로 그들을 상대로 주의를 촉구하는 취지에서 공표한 것인 점에 비추어 보면 위법성이 없다."고 판시했다.

사례 3

대법원 판례를 본다면, "헌법 제20조 제1항은 '모든 국민은 종교의 자유를 가진다.'라고 규정하고 있는데, 종교의 자유에는 자기가 신봉하는 종교를 선전하고 새로운 신자를 규합하기 위한 선교의 자유가 포함되고, 선교의 자유에는 다른 종교를 비판하거나 다른 종교의 신자에 대하여 개종을 권고하는 자유도 포함되는바 종교적 선전, 타종교에 대한 비판 등은 동시에 표현의 자유의 보호의 대상이 되는 것."이라는 대법원의 판결(대법원 제2부 96다 19246 본소. 96다 19253 반소)을 기억하고 교단 이대위는 이단비판에 성의를 다하여 산하 교인들을 이단으로부터 보호하는 일에 분발하기를 기대하여 마지 않습니다. 한편 이단자나 그 시비에 걸린 자들을 신중한 연구가 없이 이상 없다고 받아들이는 것은 면죄부 행위일 뿐 아니라, 한국교회를 이단의 사상으로 물들게 하는 기만 행위는 엄중히 권징하여 각 교단과 교회의 기강을 바로 세워야 할 것입니다(기독교 이단사이비 연구대책협의회).

사례 4

예수교장로회 총회는 본 교단이 이단으로 규정한 바 있는 이른바

'신천지예수교회'(이만희 집단)와의 손해배상 청구소송에서 최종 승소했다. 대법원 제3부(주심: 강OO)는 지난달 28일 이만희집단이 총회를 상대로 5천만 원의 손해배상과 이단으로 규정지은 연구 자료집의 폐기 및 회수를 청구한 상고심에서 "모두 이유 없어 기각한다."고 선고한 원심을 확정했다. 이로써 이만희 집단과의 2년여간에 걸친 법리적 공방이 승소로 일단락 되어 향후 총회가 추진하는 이단사이비 집단의 연구가 보다 힘을 얻을 전망이다. 재판부는 판결문에서 "사건 기록과 원심판결 및 상고이유서를 모두 살펴보았으나, 상고인의 상고 이유에 관한 주장은 상고심 절차에 관한 특례법 제4조에 해당, 이유 없음이 명백하므로 상고를 기각하기로 관여 대법관의 의견이 일치됐다."고 밝혔다.

이만희 집단은 지난 2003년 "(총회가) 이단으로 규정해 교회의 명예가 훼손됐다."며, 손해배상을 청구했으나, 기각된 후 항소심에서 추가적으로 이단사이비 연구집의 회수 및 폐기를 청구했지만 이 역시 기각돼 대법원에 상고했었다. 원심에서 당시 재판부는 총회의 연구 결과와 연구집 제작에 대해 "교리상의 혼란으로부터 교단의 교리를 보호하고 신자들의 신앙상의 혼란을 방지해 신앙생활을 보호하기 위해 이루어진 것"이라는 판결을 내려 종교적 목적을 위해 타 종교를 비판할 권리는 비판 행위로 얻어지는 이익이나 가치 등을 감안해 법의 테두리 안에서 보호받을 수 있음을 확인시켜 줬다.

사례5

구체적인 교리에 대한 나름대로의 분석에 근거하여 특정 종교인을 사이비로 기술한 출판물을 출판한 사안에서, 그와 같은 분석 및 그

분석의 결과가 사실과 다르다거나 사실을 왜곡하였는가 여부를 과학적으로 입증하기는 불가능하고, 오히려 이러한 종교·교리적 분석은 하나의 '의견'에 불과하여 명예훼손이 성립하기 위한 '사실의 적시'라고 보기 어려우므로, 그 출판물에서 그 종교인을 단정적·반복적으로 그리스도교의 사이비라고 표현하고 있다거나 이와 유사한 내용으로 표현한 것만으로는 그 종교인의 인격권·명예권이 침해되었다고 볼 수 없고, 또한 우리 헌법은 제20조 제2항에서 국가의 종교적 중립성을 요구하고 있는바, 특정 종교의 이단이나 사이비 여부로 인하여 발생하는 분쟁에 법원이 개입하여 어떠한 특정 종교나 교리가 옳고 이에 대한 비난이 위법하다고 선언할 수는 없다(서울지법 서부지원 1996. 4. 19. 선고 95카합4745 판결).

종교적 목적을 위한 언론·출판의 경우에는 그 밖의 일반적인 언론·출판에 비하여 보다 고도의 보장을 받게 된다. 종교의 자유 보장과 개인의 명예보호라는 두 법익을 어떻게 조정할 것인가가 문제가 된다. 이에 일단 사실의 문제가 아니라 교리의 문제라면 법원이 개입하지 않는다. 사실의 문제에서도 허위의 사실이 아니라면 다소 과장되거나 부적절한 표현을 사용한 바 있다 하더라도 그 행위는 근본적으로 종교적 비판의 표현행위에 해당되어 위법성이 없다고 보는 것이 우리 법원의 태도인 것 같습니다.

▶참조: 판례대법원 1990. 4. 27. 선고 89도1467 판결(공1990, 1200), 대법원 1993. 6. 22. 선고 92도3160 판결(공1993하, 2188), 대법원 1995. 3. 17. 선고 93도923 판결(공1995상, 1778), 대법원 1995. 11. 10. 선고 94도1942 판결(공1995하, 3961), 대법원 1996. 4. 12. 선고 94도3309 판결.

아무리 공공의 이익에 관한 내용이라 하더라도, 허위 사실이라든가, 악의적인 표현이라든가 비방을 위한 내용이라면 공공의 이익으로 보지 않고 공공의 이익을 빙자한 '명예훼손 행위'로 판정될 수밖에 없다는 점을 언제나 명심해야 할 것이다.

실제로 통합 측의 『사이비 이단연구(2) 상담소 자료집』에 대한 서울 민사지방법원의 판결문(94카합8358, 1994. 10. 26일 판결)에서는 "신청인의 주장처럼 우리 헌법상 보장되는 종교의 자유 가운데 이단 비판의 자유가 있고, 이단 비판의 결과 발생하는 명예훼손이 부득이한 것이라고 하더라도, 이단 비판의 자유는 최소한 비판 내용의 진실성을 전제로 하는 것"이라 명시하였다.

신천지 회복상담

1. 신천지 피해사례

사례 1 학교 동아리에서 신천지에 빠진 딸

대학교에서 친구를 따라 동아리에 간다고 했던 딸. 다른 교회에서 신앙생활을 하겠다며 장문의 편지까지 썼다. 연락이 안 됐던 어느 주일 저녁, 귀가한 딸의 가방에서 설교가 요약된 종이를 발견했다. A씨는 딸에게 뭐냐고 물었고 딸은 그저 다른 교회의 예배 설교 내용이라고 말했다. 그때부터 딸과의 갈등이 시작됐다. 이상한 느낌을 받은 A씨는 인터넷을 뒤졌고, 이단 상담소를 찾았다. 애교 많고 살가운 성격이었던 딸은 점점 짜증이 많아지고 가족들과 싸우는 일도 잦아졌다. 신천지에 빠진 딸과 이단 상담소를 찾았지만 신천지 측의 방해에 상담을 제대로 진행하지 못했다. 보호자라는 사람들이 딸을 데려가겠다고 경찰을 불렀고, 사람이 감금됐다며 소방차를 부르기도 했다. A씨는 딸이 휴학 중 전공 관련 연수를 가겠다고 하고 부산 어느 고시원에 살고 있었던 것을 뒤늦게 알았다면서 그때 신천지로부터 집중교육을 받은 것 같다고 말했다.

현재 A씨의 딸은 주일 오전에는 A씨와 함께 교회를 나가고 오후에는 신천지 측 교회를 간다고 한다. 예배 중에 울면서 가지 말라고 붙잡있게만 맡은 A씨에게 화장지를 건네고 나가버렸나. A씨는 지금은 딸과 휴전상태라고 했다. 직장을 다니는 딸이 부모에게 응근을 수기도 하고 언니와 동생과도 잘 지낸다고 한다. 하지만 보이지 않는 선이 있어 예전처럼 허물없이 지내지 못한다며 안타까워했다. A씨는 무엇보다 딸이 자기 신앙이 아닌 껍데기만 있는 상황이라면서 그것이 가장 힘들다고 말했다. 그리고 교계도 신천지의 위험을 알지만 체감하지는 못하는 것 같다고 말했다. 딸을 위해 이단 상담 과정을 공부했다는 A씨는 사람의 힘으로는 할 수 없다면서 신앙으로 무장되어 있어야 한다고 말했다.

사례 2 직장생활에서 신천지에 빠진 동생

A씨가 남동생이 신천지에 빠져 있다는 사실을 알게 된 것은 2006년 6월경이었다. 서울에서 직장생활을 하던 동생의 가방을 우연히 열어보면서 신천지로 의심했고, 설마 했던 그 의심은 결국 사실이 되었다. 동생을 다시 회심시키기 위해 많은 노력을 했지만, 당시에는 큰 힘이 되지 못했다. 오히려 동생과 거리감만 만드는 계기가 됐다. A씨 부모님이 믿음으로 키운 아들이었고, 항상 동생을 위해 기도했기 때문에 신천지에 빠질 것이라고는 생각지도 못했다. 동생이 신천지에서 돌아오기를 기도하면서도 강압적으로 회심을 시도하지는 않았다. 서로 연락하면서 조금씩 동생을 설득할 생각이었다. 하지만 더 큰 문제가 발생했다. A씨와 동생이 공동으로 부과하던 적금에 동생이 손을 댄 것이었다. 또 동생이 사채도 끌어들이고, 잠시 다니던 직장에서는 횡령으로 어려운 상황에 직면한 것이다.

처음에는 신천지에 빠진 뒤 변변한 직장생활을 못하고, 항상 아르

바이트나 직장을 자주 옮겨 다니면서 생활고에 빠진 것으로 생각했다. 하지만 이 모든 일이 일시에 이뤄졌고, 수천만 원이나 되는 많은 돈이 사라진 것이 의심스러워 조사를 해 본 결과, 당시 동생이 출석하던 신천지 요한지파의 건축이 이뤄졌던 시기와 일치했다. A씨와 부모는 신천지 요한지파를 찾아가 항의했다. 요한지파 측은 처음에는 돈을 돌려주겠다고 약속했다가 이후 "돌려줄 수 없다"고 말을 바꿨다. 동생도 침묵으로 일관했다. 결국 모든 부담은 A씨와 부모의 몫이 됐다. A씨는 "착한 동생이었는데, 신천지에 빠지면서 모든 상황이 변했다. 우리 가족은 동생이 벌인 일들을 수습하느라 정신이 없다. 동생이 빨리 신천지에서 벗어났으면 좋겠다."고 말했다.

사례 3 신천지 며느리로 인해 신천지에 빠진 아들

신앙이 좋은 A씨의 소원은 믿음을 가진 며느리를 맞이하는 것이었다. 다행히 소원이 이뤄져 믿음의 며느리가 들어왔고, 2004년 아들 가정이 다니는 B교회로 옮겨 아들 내외와 함께 같은 교회에서 신앙생활을 해 왔다. 하지만 작년 교회에서 광고 시간에 '신천지에 빠진 사람들'이라며 명단을 발표했다. 이 명단에 며느리의 이름이 있었다. A씨는 "너무 당황스러웠습니다. 그리고 교회의 일방적인 발표가 이해가 되지 않았습니다. 10년 동안 다녔는데, 교회가 최소한 나에게 귀띔이라도 해 주고, 사실 확인을 해 왔었어야 했다고 생각합니다. 신앙이 깊지 않은 남편은 그 이후 시험에 들어 B교회에 출석하지 않았습니다."고 말했다. 우려는 사실이 되었고, 아들 내외와 손자까지 신천지에 빠진 사실을 알게 되었다. 그리고 얼마 시간이 흘러간 후 남편도 신천지에 빠지게 됐다. A씨는 "교회가 어느 정도 배려가 있었다면 남편까지는 신천지에 빠지시 않았을 것"이라고 안다까워했다. 지금은 가족이 모여도 자신은 외톨이로 전락했다고 한다. "다들 나를 피합니다. 가족 모임이 있어도 제가 있으면 불편해 하는 모습이 보입니다. 신천지가 저를 투명인간으로 만들어 놓았습니다." 며 신천지를 원망했다.

이후 A씨는 심한 우울증과 스트레스로 힘든 나날을 보내왔다. 상처받은 B교회를 떠났고, 신앙의 방황이 있었지만, 다행히 다른 교회에서 잘 정착했다. 하지만 지금도 B교회를 생각하면 너무 힘들다고 말했다. "교회가 조금만 저희 가정을 배려했다면 남편이 신천지에 빠지지는 않았을 겁니다. 그리고 저 또한 이렇게 힘들지는 않았을 겁니다. 신천지에 빠진 사람들의 가족까지 벌레 취급해서는 안 됩니다." 며 "아무리 큰 죄를 지은 사람도 구원의 대상이지 않습니까? 이런 이중적인 교회의 태도에 더 많은 사람들이 상처 받는 것 같습니다."며 안타까워했다.

사례 4 신천지에서 빠져나온 청년의 고백

A씨는 대학 신입생 시절부터 신천지에 빠져 지난해 11월 탈퇴하기까지 5년 동안 신천지 신도로 활동했다. 서울 야고보지파 주제가를 작사하고, 부구역장과 새신자 팀장, 지역장, 공연예술과장, 위장교회 팀장, 복음방 교사, 찬양단 인도 등 신천지 안에서도 핵심 요직을 두루 거쳤다. 누구보다 신천지에 심취했던 A씨는 부모님의 간절한 기도와 이단 상담을 통해 신천지의 실체를 하나씩 깨닫게 됐다. A씨는 신천지에서 활동하는 청년들의 실상에 대해 입을 열었다. 그녀는 "신천지에서는 직업이 있는 청년들보다는 대학생들이 일 시키기

쉽기 때문에 포교 대상으로 선호한다."고 말했다. 또한, "만 65세 이상은 전도하지 말 것, 다단계에 빠져있거나 빚을 지고 있는 사람들도 전도하지 말라는 전도에 합당한 자 목록이 있다."고 말했다. 이어 "신천지 만국회의, 하늘문화체전 같은 대규모 행사에서도 신천지 청년들의 80-90%가 동원돼 혹독한 훈련을 거쳐 집단체조를 선보이는 것"이라고 덧붙였다.

신천지 청년들의 일상생활은 어떨까? A씨는 신천지에서 한 달에 5만 원에서 10만 원 정도 받는 전도비용으로 집단생활을 하다 보니 끼니를 거르기가 일쑤였다고 말했다. 그녀는 "삼각 김밥을 하나 사서 아침은 그냥 굶고 점심 저녁으로 때운 적도 많았다. 나머지 커피값은 섭외자를 위해 쓰려고 남겨뒀다."고 말했다. 신천지 청년들을 대상으로 벌어지는 가혹 행위에 대해서도 폭로했다. A씨는 "전도 목표치를 채우지 못할 경우나 집회에서 졸 경우 예수님의 고난을 체험해야 한다는 명목으로 청년들을 대상으로 하는 가혹 행위가 벌어지고 있다."고 폭로했다. 또한, "한 겨울에 너무 추운데 눈밭에다가 다리 올리고 손 올려서 배 힘주는 극기 자세를 하기도 하고, 팔 굽혀 펴기 하기도 하고 2시간 동안 돌아다니면서 코스별로 받았다."고 증언했다.

신천지 청년들은 신천지의 여론 조작에 동원되기도 했다. A씨는 "신천지에 대한 부정적인 보도가 나오면 청년들에게 인터넷 뉴스 링크를 걸어주면서 조직적인 댓글을 단 뒤 보고하게 한다."고 말했다. 이어 "하루에 많게는 8-9개의 링크를 걸어 CBS의 편파적인 보도에 대해서 하루에 10개 이상, 5개 이상 댓글을 달라고 한 뒤 매일 보고를 올리게 한다."고 덧붙였다.

사례 6 부모의 반대로 가출한 신천지 청년들

"신천지 측 권유로 집 나갔었다."

장인수 씨(가명, 23), 나명선 씨(가명, 22), 백은영 씨(가명, 22). 이들에게는 몇 가지 공통점이 있다. 첫째 공통점은 20대 초반의 혈기방장한 대학생이라는 점, 둘째는 신천지교회에 출석하던 신도였다는 점, 셋째는 신천지에 출석하다가 부모가 반대하자 동일하게 가출을 감행했다는 점, 넷째는 신천지로 가기 전까지 장 씨와 나 씨는 모태신앙, 백 씨는 6살 때부터 교회에서 성장하며 자란 평범한 교회청년이었다는 점, 다섯째는 현재는 신천지에서의 생활을 모두 청산하고 복음으로 돌아와 일반교회에 출석하는 성도가 됐다는 점이다.

이들은 최근 기자를 만난 자리에서 인터뷰를 하며 신천지에서 신앙생활을 하기 위해 가출을 단행했다고 밝혔다. 가출과 관련한 교리적 이유에 대해 이들은 이구동성으로 "14만 4천에 내가 들어가기만 하면 가족들이 구원의 역사에 들어오니까 가출을 해서라도 믿음을 지키라는 (일부 신천지 측 지도자의) 말을 듣고 가출을 한 것이다."고 말했다. 즉 신천지 신도인 자신이 믿음을 지키면 가족들도 자연스레 구원에 동참하게 되지만 만일, 믿음을 저버리면 자신은 물론 가족 모두 구원받지 못할 것이라 배웠기 때문에 어려운 결단을 내리게 됐다는 것이다. 가출하는 과정에서 일부 신천지 측 지도자들의 적극적인 권유가 있었다는 주장이다.

사례 6 귀가가 늦어진 신천지에 빠진 아들

H군의 가족은 무교 집안으로, 평범하고 화목한 가정이었다. H군 역시 학업에도 성실하고 내성적인 성격에 집안일을 잘 돕는 착한 아

들이었다. 그런데 H군이 대학교 2학년 때인 2014년 10월경부터 학원에 다닌다는 이유로, 혹은 헬스장을 다닌다는 이유로 귀가가 늦어지기 시작했다. 부모는 약간의 의심을 가졌으나 평소 H군의 성실함을 믿고 기다려줬다. 그런데 9개월 전 H군의 가방에 있는 계시록을 발견하게 됐고, 신천지에 빠져 있는 것을 알게 됐다. 신천지에서 공부하기 시작한 지 1년 반이 지났고, 복음방, 센터 수료 후 신천지교회에 출석하고 있다. 이후 H군의 학교 성적은 전과 다르게 떨어졌다. 발각 당시 가족들은 충격을 입고 꾸중과 회유, 동정심 등으로 말렸지만, H군은 가출, 감시, 유기, 감금, 구타 등을 당했다는 표현을 하면서 힘든 시기를 겪었다. 가족들은 센터나 교회로 찾아가 헤매기도 했다.

신천지에 빠진 후 H군의 모습은 예전과 크게 달라졌다. 침울하고 반항적인 말투에 거칠어진 행동을 보였다. 그러나 가족들은 기다리기로 했다. 직장을 포기한 채 아들에게 전념하고 싶은 마음이 굴뚝같지만, H군의 아버지는 아들을 사랑하는 마음으로 기다리고 있다. H군의 부친은 취미활동과 같은 개인 시간을 포기하고 아들과 함께 행동하고 있다.

사례 7 가정을 망가뜨린 신천지

A집사의 자녀들이 신천지에 빠져 있다는 소식을 듣게 된 것은 지난 2010년. 부산 모 대형교회를 다니는 자녀들이 이상하다는 소식을 담당 부교역자에게 처음 들었을 때도 '우리 아이들은 절대 그럴 리가 없다'고 확신하고 자녀들 편에 서 있었다. 하지만 우려는 현실로 다가왔다. 아이들은 점점 더 이상해졌고, 목회를 하고 있는 삼촌의

~~게모~~와 ~~ 니니 기찌 정하들~~이 시처지에 빠져 있다는 확신이 들었다. 결국 자녀들은 신천지에 몸담고 있다고 인정하고, 이후 자신들의 짐을 가지고 집을 나갔다. 이후 6개월 동안 연락이 없었다. 6개월 뒤 아들이 병원에 입원한 기록을 근거로 남매가 자취하고 있는 원룸을 찾을 수 있었다.

A집사 부인은 "최소한 신천지가 생활비나 병원비 정도는 보태주는 줄 알았다. 아이들의 생활이 말이 아니었다"고 울분을 토했다. 이후부터는 자녀들과 왕래를 하면서 서로의 안부를 물어보면서 지냈다. A집사는 "이때부터 우리 부부는 전략을 바꿨다. 자녀들이 스스로 경계를 풀고 돌아올 수 있도록, 시간을 갖고 천천히 대화로 풀어나가려고 했다"고 말했다. 하지만 지난 2013년 장녀인 딸이 신천지인과 결혼을 하겠다고 말했다. 부부는 적극적으로 반대를 했지만 딸은 부모의 말보다 신천지인과의 결혼을 택했다. A집사는 "신천지인과 결혼한다면 절대 결혼식장에 가지 않겠다고 말했습니다. 하지만 딸은 결혼을 강행했습니다."고 말했다. A집사 부인도 "평생 한 번뿐인 딸의 결혼식에 우리가 왜 안 가고 싶겠습니까? 너무 가슴 아팠지만, 그 결혼식에 참석한다는 것은 신천지를 인정하는 결과가 될 것 같아 끝내 참석하지 않았습니다."고 말했다.

이후 A집사 부부는 더 놀라운 사실을 발견했다. 결혼 이후 몇 개월 만에 딸에게 연락이 온 것이다. 몸이 많이 아파서 병원에 입원해 있다는 사실을 듣고, 딸에게 병문안을 갔었고 이후 딸의 신혼집을 방문했다. 그런데 (양가 부모들과 찍은) 결혼사진에 사위 쪽 부모 이외에 다른 사람들의 사진이 걸려 있었다. 신천지 측이 참석하지 않은 A집사 부부 대신 신천지 측 사람들을 세워 부모로 대행토록 한 것이다. 하지만 딸은 (부모대행으로 나온) 이들을 향해 "고마운 분"이라고 말해, A집사 부인은 눈물을 훔쳤다고 한다.

A집사는 "평안한 우리 가정을 신천지가 완전히 망가뜨렸다. 아마 인생에서 가장 힘든 시기를 보내는 것 같다. 하지만 자녀들을 포기하지 않는다. 언젠가는 꼭 돌아올 것으로 확신한다."며 오늘도 자녀들을 위해 간절히 기도하고 있다.

대책

신천지 피해 중 가장 대표적인 사례는 가정파괴다. 학업포기, 가출, 이혼 등의 사회적인 문제가 발생하고 있으며 피해자 수는 가늠하기 어려울 정도이다. 가족 가운데 자신만 신천지 신도인 경우를 짝믿음이라고 하는데 이만희는 짝 믿음의 경우에는 갈라서라는 이혼을 조장하는 설교를 하기도 했다. 심지어 오랫동안 신천지 교리공부와 출석을 강요하던 아내의 강압을 이기지 못하고 살해한 남편이 등장할 정도이다(현대종교 신천지의 정체, 47-48쪽에서).

서울 오금동 예수님사랑교회(예장 합동, 담임 이덕술 목사)에서 열린 "사이비종교피해대책연맹 제1차 이단반증 사경회"에서 이영호 목사(기장, 종피맹 사무총장)는 "사교로부터도 배울 점은 배워야한다"고 강조했다. 수십 년에 걸쳐 고안해 낸 포섭전략과 고도의 위장전술과 최면술로 접근하는 이단사이비에 대해 처음부터 "뭔가 이상하다"하는 내적 방어가 필수적인 예방책이라는 주장이다. 이 목사는 또 "정통교리를 바로 알 때 이단사이비를 바로 분별할 수 있다."고 전제하고 "정통교회는 하루빨리 성도들의 정서적·지적·사회적·영적 욕구를 파악해 충족시킬 방법을 강구해야한다."고 주장했다. 많은 사람는이 사교에 빠져드는 데는 교리적인 이유보다 정서적인 문제가 크게 작용하기 때문이며, 신자들이 '말씀' 대신 '느낌'을 구원의 증기로 찾고 있기 때문이라는 설명이다.

이 목사는 "이단사이비종교 추종자들은 〈포섭→입문→결속(세뇌·교화)→격리(분리·고립)→강화〉의 과정을 겪게 된다."며 "이때 사람들은 환상적인 거짓 확신과 소속감·일체감 등을 체험하고 의식변성·자기암시 등 세뇌를 당하면서 정서적으로 큰 만족을 얻게 된다."고 주장했다. 예를 들어, "결속"의 단계에서 사교 신도들로부터 '사랑의 폭격'을 당한 추종자들은 소속감의 극치를 맛보며, '간증(세뇌·암시)'이라는 형식의 주변(동료) 압력으로 환상과 사실을 구별하지 못하게 된다는 것이다.

이 목사는 특히 "'격리(분리·고립)' 단계에서 정서적 통제를 더욱 심하게 받는다."며 "이 단계에서 추종자들은 세뇌로 인한 의식통제를 당하게 되는데, 개인적 대화 금지는 물론, 수면부족, 금욕적 식생활을 요구하는가 하면, 심지어 '선교사'라는 이름으로 외국에 출국시켜 버리는 경우도 있다."고 했다.

2. 신천지로 밝혀졌을 때의 대처요령

① 교인 중 신천지 성경공부를 하고 있는 것이 드러났을 경우, 무엇보다도 증거나 증인을 확보하는 일이 가장 중요하다. 또 교회의 존폐가 걸린 정도의 영향력이 있는 인물이 관련되어 있다면 미행을 해서라도 증거를 확보해야 한다.

② 자신이 스스로 신천지 공부를 했다고 밝히며 자수하더라도 그냥 믿어주지 말고 반드시 검증을 해야 한다. 육하원칙에 따라 진술서를 작성하게 하고 그것을 대략 살펴보면 그 진정성을 알 수 있다. 비밀교육 장소, 인도해 간 사람, 성경공부 강사, 그곳에서 만난 사람, 공부했던 기록노트를 가져올 수 있는지를 보면 쉽게 알 수 있다.

③ 타인이 신고했을 경우, 본인에게 확인해 보니 그때에야 자백을 하고 다시 가지 않겠다고 말하지만 그대로 믿어서는 안 된다. 처음에는 믿어주는 것처럼 하고, 본인의 신앙과 교회의 질서를 위해서라도 상담소에 가서 클리닉 과정을 꼭 거쳐야 한다고 하면서 의중을 떠봐야 한다. 흔쾌히 가보겠다고 답하면 그의 말이 진실일 가능성이 높다. 반면에 여러 가지 핑계를 대면서 극구 거절하면 교회법으로 다스려야 한다.

④ 신천지에 완전히 빠져서 교육을 받는 중이라거나 추수꾼으로 활동하고 있는 성도가 있다는 제보를 받으면, 확실한 증거가 있더라도 출교하기에 앞서 그를 상담소를 통해 회심할 가능성 여부를 진단한 후에 조치를 취해야 한다. 문제는 혼자 빠졌는지 아니면 가족들이 함께 빠졌는지의 여부를 알아내야 한다. 가족 모두가 빠졌다면 출교를 시켜야 하고 혼자만 빠져 있다면 가족들의 동의를 받아 본인이 모르게 가족들이 먼저 가족상담을 진행하도록 주선해야 한다.

⑤ 새가족부 담당자들이 신천지인의 특성을 사전에 잘 알고 있어야 한다. 신천지로 의심되는 새가족이 있다면 처음부터 부담을 느끼도록, 상냥하면서도 호락호락하지 않는 모습을 보여주어야 한다. 반드시 "실명 확인, 주소와 실제 거주 여부, 이전 교회의 위장교회 여부 확인, 사진촬영"은 기본이다. 심증적으로 신천지 가능성이 농후

한 경우, 신천지 사람이 눈치채도록 해서 스스로 알아서 빠져나가게
해야 한다.

3. 이단상담의 과정

신천지에 대처하는 대표적인 이단전문상담기관은 한국기독교이단
상담소협회(협회장 진용식 목사, www.jesus114.net)이다. 안
산, 전남, 광주, 인천, 서울, 청주, 의정부, 영남, 구리, 대전 등지
에서 신천지에 빠졌던 사람들을 대상으로 전문적인 상담과 교육을 진
행하고 있다. 실제로 상담소를 통해 회심한 사람이 1,000여 명이 넘
는다.

01 기초상담

기초 상담은 최소한 3-5일 동안 진행된다. 신천지에서 나온 내담
자들은 대부분 신천지에서 배운 교리내용에 대해 궁금해 하기 때문
에 먼저 신천지 교리가 성경적으로 맞는지 반증하며 진행한다. 신천
지 신학원에서는 신천지 교리를 1주일에 8시간씩 총 6개월 동안 가
르친다. 양이 상당히 방대한데 그 내용을 며칠 내에 다 확인하는 것
은 힘들기 때문에 약 30%정도만 확인하며 반증해 나간다.

핵심내용은 이만희가 보혜사이며 과연 이 시대의 구원자이며 이긴
자인가? 신천지가 주장하는 비유풀이가 성경적으로 맞는가? 신천지
는 계시록 실상 부분 예언이 성취될 때 반드시 실상이 있다고 가르치
는데 이것이 정말 맞는 말인가? 이렇게 핵심내용을 짚어가면서 반증

하면 내담자가 마음을 열고 신천지가 틀렸음을 자인하게 된다.

02 구원상담

기초상담을 거친 후에는 구원을 접목하여 구원의 확신에 대한 상담을 한다. 신천지 등 이단에 빠지는 사람들은 구원의 확신이 없어서 빠지는 경우가 대부분이므로 신천지가 말하는 구원이 틀렸음을 스스로 분별하도록 돕는 것이 상담의 목적이다.

03 후속교육

구원의 확신 상담 후에는 후속교육이 이루어진다. 후속교육은 구속에 대한 문제, 그리스도의 삶(구원 받은 하나님의 자녀로서 어떻게 살아야 할 것인가?), 내담자와 함께 예배드리며 내담자이 성경적 궁금증을 수시로 상담하는 것으로 진행된다. 기초상담, 구원상담, 후속교육의 과정을 모두 마치면 내담자 중 80-90%는 회심을 한다. 개종 실패의 경우는 가족의 실수(이제는 되었구나 하는 안도감, 방치, 후속교육에 대한 불확신 등)로 인한 경우가 많다.

4. 이단상담의 기법(강신유 목사, 광주상담소장)

이단상담에는 일반 상담과 심화상담의 두 종류가 있다. 즉 상담소에 대한 거부감 없이 상담이 가능한 경우를 일반 상담이라 부르고, 복음방이나 센터의 교육을 받은 상태에서 가족이나 스스로 상담소를 찾는 경우에 이를 심화 상담이라 부른다.

신천지 교리에 깊이 세뇌된 경우는 절대로 일반 상담으로 회심이 불가능하다. 이단 집단에서 신도들이 상담을 받고 빠져나가는 것을 막기 위해서 상담소와 상담사를 비방하는 교육을 하여 감금, 폭행, 정신병원 등에 대한 공포심과 상담소에 대한 적개심을 가지고 있기 때문에 일반적인 상담으로는 구해내기 어렵다. 따라서 심화 상담을 해야 하는데, 이런 경우에는 가족과 사전에 하는 가족 상담도 진행해야 한다.

01 일반 상담

① 교육기간: 복음방, 센터 3-4개월 교육을 받은 자

② 특징:
- 자신이 성경공부하는 곳이 신천지인지 모른다.
- 또 자신과 함께 성경공부하는 옆 친구들이 신천지인지 모른다.
- 그리고 성경을 보는 눈이 바뀌어 목사님의 설교말씀을 잘 들을 수 없다.

③ 상담법:
- 주위 사람이나 가족, 교회의 권유만으로도 상담소를 찾아와 교육을 받을 수 있다.
- 교회에서는 상담소의 도움을 통하여 성경공부를 그만 두게 하는 것에만 목적을 두는 것이 아니라 공부했던 내용이 왜 잘못되었고 어떻게 해석해야 하는지 그리고 성경을 보는 눈을 바르게 교정해 주어야 한다. 더 나아가 앞으로 어떻게 신앙생활을 해야 하는지 알려주어야 한다.
- 본인이 이단에 미혹되었다는 자신감 하락, 주위 사람이 자신

을 속였다는 사람에 대한 불신, 이로 인한 대인 기피 등을 극복할 수 있도록 도와주어야 한다.

02 심화 상담

① 교육기간: 센터 4개월 이후 교육을 받은 자

② 특징:

- 자신이 성경공부 하는 곳이 신천지인 줄 알고 믿기 시작한다.
- 자신과 함께 성경공부 하는 옆 친구들이 신천지인 줄 알면서 나아가 전도한다.
- 주변에 거짓말을 자연스럽게 하고, 많은 일정으로 인해 바쁘다.

③ 상담법:

- 이단 집단에서 가르치고 있는 교리에 대한 충분한 사전 지식과 그들과 같은 사고방식으로 사고할 줄 알아야 한다.
- 피상담자에 대해 잘못된 곳에 갔다고 정죄가 아닌, 병에 걸린 환자라고 생각하고 안타까운 마음을 가져야 한다.
- 누구든 이단에 빠질 수 있다. 이단은 종교 사기이다. 사기꾼에게 당한 사람 입장에서는 사기 친 사람도 나쁘지만 옆에서 그 사기를 왜 당하냐고 말하는 시누이가 더 나빠 보인다. 기분이 나빠서도 상담을 거부한다.
- 성경으로 이단 교리가 무엇이 틀린 것인지, 그들의 교리서와 정확하게 비교하여 반증이론을 제시, 확인시켜 준다.

03 가족 상담

① 가족 중 한 사람이 신천지에 빠졌다면?

가족이 이단에 빠진 경우는 직접 이야기해서 꺼내려고 하면 안 된다. 무조건 성경공부를 못하게 하거나 이단교회에 출석하는 것을 막거나 힘으로 막으려고 하는 것은 오히려 가족과의 불화로 인하여 가출로 이어지는 결과를 초래한다.

- 가족이 알았다는 것을 눈치 챈 겨우 상담소를 가지 않으려고 가출을 시도하거나 이단의 반증교육이 강화되어 이단에서 꺼내기가 더욱 어려워진다.

- 가족이 이단에 빠진 것을 알았다면 상담소를 먼저 찾고, 가족은 이단에 빠진 가족이 다시 가족의 품으로 돌아온다는 것을 믿고 사랑으로 대하고 인내하고 기도해야 한다.

② 가족상담 전문가와 상담한다.

- 가족이 이단에 빠진 식구를 구해야 한다는 하나 되는 마음이 중요하다.

- 가족 상담을 통해 이단의 교리의 특성을 알고, 이단에 빠진 가족이 왜 이렇게 행동할 수밖에 없는지를 이해해야 한다.

③ 가족은 사랑으로 이단에 빠진 식구를 설득한다.

- 상담소에서 상담을 받으면 영이 죽는다고 교육받았으므로 이단에 빠진 가족은 생과 사의 갈림길에 놓여 있다고 생각한다. 그러면, 가족들의 마음가짐은 어떠해야 하는지 생각해 보아야 한다.

- 본인 스스로 상담의 필요성을 느낄 수 있도록 해야 한다. 그래야만 진정한 상담이 이루어지므로 끈질긴 설득과 노력이 필요하다.

부록1 Seven's Facts on the heresy SCJ 신천지 접근 질문에 대한 반증

이 자료집은 신천지가 신자들에게 접근할 때 던지는 접근질문 64개 가운데 순서대로 22개를 선별 분석하여 신천지 성경해석에 어떤 오류가 있는지 파악하며, 논리적으로 반증하는 일에 도움을 주고자한다.

접근질문 1
2천 년 전의 예수님의 외모가 어떠셨을 것 같습니까?

신천지 이단의 접근 질문들을 살피면 그들의 전략과 주장들을 쉽게 간파할 수 있다. 한 마디로 말하면, 일반 신자들이 성경지식에 대해 무지하다고 느끼게 하고 반면에 자신들은 성경의 비밀을 해석하라는 계시를 받았다고 주장하려는 것이다. 따라서 이 글은 신천지의 이단적 접근방법을 분석적으로 비판하고 정통교회의 해석을 제시하여 대처하도록 돕고자 한다.

일반 신자들은 이런 질문을 받으면 단순하게 반응한다. 신자들은 질문한 의도를 파악하기보다 스스로를 탓하는 「자기 점검」에 들어간다. "나는 왜 예수님의 외모에 대해서 무관심했을까?", "혹시라도 내기 신앙생활을 잘못하는 것일까?" 그러면서 자신의 무지를 스스로 질책하며 당황하게 된다. 그러나 그렇게 생각할 필요가 없다. 기독교 신앙에서 예수님의 외모는 결코 중요한 요소가 아니기 때문이다(롬 2:11).

우선, 신천지가 이 질문을 던져 당황해 하는 신자들을 미혹하는 이후의 주장들을 살펴보자.

"일반적으로 예수님은 잘 생긴 미남형 영화배우 같은 모습이라고 생각하고 있습니다. 그러나 예수님의 실물은 지금은 아무도 알지 못하는데 그 이유는 그 시대의 사람들이 다 죽었기 때문입니다. 그래서 성경으로만 알 수 있습니다. 이사야 53장 2절에는 약한 체형이고 풍채가 없다고 하였고, 예레미야 14장 8-9절에는 구원치 못할 용사 같은 외형이라고 했습니다. 따라서 [기성교인들은] 성경을 잘 모르기 때문에 오해하는 것입니다(마 22:29)."

이와 같은 주장은 세 가지로 요약할 수 있다. ① 일반 신자들은 예수님을 멋진 영화배우 정도로 상상하고 있다. ② 예수님의 실물은 예수님 당시의 사람들이 다 죽었기 때문에 누구라도 알 수 없다. ③ 그러나 자신들은 기성교회 신자들과는 달리 확실히 알고 있는데 그것을 성경에서 찾아내었다. 이런 주장의 결론은 기성교회 신자들은 성경을 모르고 자신들은 성경을 잘 알고 있다는 것이다. 정말 그런 것일까?

신천지의 세 가지 주장들을 다음처럼 비판할 수 있다.

첫째로, 예수님을 영화배우 같이 생각한다는 말은 기성교인들을 초보 신자로 취급하는 얄팍한 전술이다. 21세기 신자들은 문화인류학이나 고고학의 도움으로 예수님의 외모에 대한 정보를 어느 정도 충분하게 가지고 있다. 예를 들면, 2001년 영국 BBC방송은 다큐멘터리인 「신의 얼굴」을 통해 짙은 갈색 피부에 짧은 고수머리를 한 예수의 얼굴을 복원한 적이 있다. 따라서 기성교인들이 예수님을 영화배우 같이 생각한다는 주장은 현실과 거리가 있다.

둘째로, 당시의 사람들이 다 죽었기 때문에 오늘날 예수님의 실물을 알 수 없다는 말도 무식한 주장이다. 왜냐하면 예수님을 직접 목격한 사람들이 살아있지 않아도 예수님에 대한 기억들은 충분히 추론할 수 있기 때문이다. 즉 우리는 성경 자체의 증거와 역사 자료들을 통해서 알 수 있다. 성경에서 보면 유대인들이 예수님의 외모를 비난한 적이 없다는 사실은 예수님이 유대랍비로서 용모가 단정하고 건장한 몸을 가진 사람이고(참고, 눅 2:52), 나이 30세인데도 50세로 볼 정도로 완숙해 보였으며(요 8:57), 피부색은 갈색이며 머리털은 검은색으로 잘 빗어 기름을 발랐으며 수염을 길렀고(탈무드), 낭랑한 음성과 뛰어난 화술을 가지셨으며(눅 4:22; 요 7:37; 11:43; 20:26), 통으로 만들어진 옷을 입으셨다(막 6:8; 요 19:23; 눅 8:4-5; 막 6:8). 또한, 역사적으로 보면 2세기 교부들의 기록이나 3, 4세기의 카타콤 동굴벽화를 통해서도 어느 정도 추정할 수 있다. 따라서 예수님은 당시에 팔레스틴에 거주하던 유대인의 전형적인 모습을 그리 벗어나지 않는다.

셋째로, 오직 성경으로만 알 수 있다고 주장하면서 제시한 성경구절들은 모두 구약에 한정되어 있다. 신천지만이 알고 있다고 제시한 구약의 구절들은 모두 '고난의 종이신 메시아'에 해당한다. 그것은 예수님이 고난을 겪으실 것에 대한 상징적인 표현이다. 우리가 예수님의 외모를 살피려면 신약의 복음서에서 찾아야 마땅한데, 어느 곳에도 예수님의 외모를 명확히 언급한 구절이 없다. 분명한 것은, 성경은 예수님의 외모를 언급하는 것보다는 예수님의 하나님 되심과 그리스도로서의 사역을 증거 하는 일에 관심이 있다는 것이다. 따라서 신천지는 성경의 저술의도와는 다른 것에 신자들의 관심을 돌리려고 하며, 성경을 잘못 알고 있음이 분명하다. 우리는 성경이 예수님의 외모에 관심을 둔 것이 아니라 예수님이 하신 일에 관심이 있음을 분명하게 밝혀야 한다.

접근질문 2
성경에서 해, 달, 별이 떨어지는 것은 무슨 의미인가?

신천지는 종말의 징조에 관한 표현들 중에서 해와 달과 별이 떨어지는 것을 기성교회의 신자들은 실제로 하늘의 해와 달과 별의 떨어짐으로 본다고 냉소한다. 그래서 계시록 6장 12-13절에 표현된 것처럼 해가 검게 되고 달이 피같이 되고 별들이 하늘에서 떨어지는 것을 다음과 같이 우화적으로 해석한다. "창세기 37장 9-11절에 따라 해와 달과 별은 야곱의 가족 곧 선민(선택받은 백성)을 말하고, 빛의 근원인 해는 말씀의 빛(시 119:105)을 발하는 목자(영적 아버지)를 말하고, 해의 빛을 반사하는 달은 목자에게 말씀을 받아 전하는 전도자(영적 어머니)를 가리키며, 별은 성도(영적 자녀)를 의미한다." 이것은 일종의 「우화적인 해석」이라고 할 수 있다.
이와 같은 우화적 해석에는 심각한 오류들이 있다. 첫째로, 성경

본문의 맥락(상황)을 전혀 무시하고 있다. 신천지가 근거로 삼는 창세기 37장 9-11절은 요셉이 애굽의 총리가 되고 부모와 형제들이 자신에게 머리를 숙일 것을 예언한 꿈 이야기이지 전혀 다른 상황인 종말의 때에 나타날 현상을 예언한 본문이 아니다. 말하자면, 문자적으로 동일한 용어가 나온다고 서로 다른 맥락에 서 있는 본문을 같은 의미로 해석할 수는 없다는 것이다.

둘째로, 해가 빛의 근원이며 말씀의 빛을 발하는 목자를 말한다는 근거 없는 해석을 하였는데 두 가지 점에서 오류이다. ① 해와 달과 별은 4일째에 창조된 하나님의 피조물들이다. 따라서 해를 빛의 근원이고, 달은 해의 빛을 반사하는 것이며, 별은 빛을 받는 자라고 말한 것은 자연현상을 끌어들인 억지해석(eisegesis, 벧후 3:16)이다. ② 해가 말씀의 빛을 발하는 목자(영적 아버지)를 말한다거나, 달은 빛을 반사하는 전도자(영적 어머니), 그리고 별은 성도(영적 자녀)라고 영해한 것도 엉뚱한 자의적인 해석이다. 성경은 하나님이 빛의 창조자요(창 1:3) 예수님이 세상의 빛이라고 말씀하시지 않았는가?(요 8:12) 이런 성경말씀에 비추어 보면 신천지가 빛의 근원이 목자라 주장하는 것은 신성모독에 해당하는 이단적 주장이다.

더 나아가 신천지는 "해가 총담(염소의 검은 털로 짠 천)처럼 검어진다는 것은 목자의 심령이 밤같이 어두워져 빛과 같은 하나님의 말씀이 더 이상 나오지 않는다는 뜻이요, 달이 피같이 된다는 것은 전도자의 사명이 죽어 말씀의 빛을 발하지 못한다는 의미이며, 별들이 대풍에 흔들려 무화과가 과일 떨어지듯이 땅에 떨어진다는 말은 배도한 선민이 한꺼번에 하나님 소속에서 육체만 남은 이방 소속이 된다(렘 17:13)."라고 해석하였다(계시록의 실상, 147-48). [2014

녀겨, 이만희 교주는 청평 통일교타운 건너편에 신천지수련원을 건축하여 후계자로 내세운 김남희 여인과 동거하였다. 특히, 애와 틸과 별의 상징물을 세워 자신은 해이고, 김 여인은 달로 형상화하더니 2017년 김 여인을 의심하여 배교자로 낙인찍고 쫓아내고야 말았다.]

이와 같이 신천지는 해와 달과 별의 떨어짐을 말씀과의 관계로 강조한다. 반면에 정통교회는 지금까지 목격한 그 어떤 것보다 「격렬한 재림의 징조」가 나타남으로 해석하였다. 즉 "해가 검어지는데 그것은 고대 이스라엘에서는 슬픔의 상징이다. 달이 피와 같이 붉어진다고 한 것은 요엘서 2장 31절에 묘사한 것처럼 하나님의 심판 이전에 나타날 천체의 변화를 말한다. 하늘의 별들이 땅에 떨어진다는 것은 천문학적으로 그런 현상이 실제로 발생할 수는 없으나 유성들을 보고 '별이 떨어진다'고 말하는 것처럼 어떤 상징적인 일로 해석할 수 있다. 이것은 주의 재림이 가까울 때에는 세상을 뒤흔드는 사건들이 있을 것이며, 이전의 본문들이 제시하는 재앙들보다 더 강렬한 심판을 의미하고(행 2:16-17, 19-20), 아직 최후 심판이 있기 전의 현상들이다." 즉 해와 달과 별들의 떨어짐은 최후 심판 이전에 있을 강렬한 우주 천체의 변화를 상징한다.

따라서 우리는 계시록의 해석에 있어서 신천지와 같은 근거 없는 이러한 「우화적 해석」을 경계해야 한다. 또한 우리는 아무라도 성경을 해석할 수 있다는 사려 깊지 못한 생각을 해서는 안 된다. 만일 신자가 성경을 해석해야 한다면 겸손히 성령의 도우심을 구하여 사람의 말에 미혹되지 말아야 할 것이며, 해석방법도 성경본문의 맥락(역사성)을 무시하거나 정통교회의 보편적 해석원리를 넘어서서도 안

될 것이다.

접근질문 3
아이 밴 자와 젖 먹이는 자에게 화가 있다는 말은 무엇을 의미합니까?

신천지는 성경전문가인 것처럼 위장한다. 그런데 '성령으로부터 직접 받은 계시'라는 교주의 말이 무색할 정도로 허점이 많다. 예수님이 종말에 대해 교훈하신 마태복음 24장 19-21절에서 "종말에 아이 밴 자들과 젖 먹이는 자들에게 화가 있다."는 구절이 무엇을 의미하는지 질문한다. 그래서 신천지는 「아이 밴 자」와 「젖 먹이는 자」는 모두 여자이므로, 여자에게 화가 임한다고 말하는 것은 잘못이라며 여성친화적 발언을 한다. 또한, 「화를 당한다」라고 말한 것은 하나님께 죄를 지어서 화를 당한다는 말인데, 여자가 아이를 낳고 젖 먹이는 일은 결코 죄라고 할 수 없으므로 이 말씀에는 「비유로 말한 다른 뜻」이 분명히 감추어져 있다는 것이다. 그러나 이 구절은 예수님께서 바리새인들과 논쟁하시며 하신 말씀으로서 '어떤 특정한 사람들'에 대한 언급이 아니라 '종말이 급격히 임함'을 알리는 것이므로 신천지의 성서이해가 근본적으로 왜곡되었음을 알 수 있다.

정통교회는 이 구절을 어떻게 해석하는가? 첫째로, 정통교회는 신천지와 같이 본문의 역사적 배경을 무시하지 않는다. 예수님은-구약 선지자들의 전통을 따라-마태복음 24장 전반부에 예루살렘의 멸망이라는 「가까운 미래」를, 후반부에는 재림 직전 말세의 현상이라는 「먼 미래」를 예언하셨다. 신천지가 제시한 19-21절은 「가까운 미래」, 즉 주후 70년에 발생한 예루살렘의 멸망에 대한 예언이지 비유이 말씀이 아니다, 예수님은 머지않아 로마군대가 들이닥치면 유대인들은 산으로 도망해야 한다고 말씀하셨다. 들에서 일하던 사람들도, 지붕 위에서 시간을 보내던 사람들도, 그리고 임신한 여자와 아이가 있어 도망하기 어려운 여자들도 급히 피신해야 한다. 만일 지체하면 멸망에 사로잡힐 것이다. 예수님 당시의 유대 역사가인 요세푸스도 자신의 책 『고대사』에서 예루살렘 멸망의 사실들을 기록하였다. 그의 기록에는 그리스도인들이 요단지방의 페트라에 있는 도피처로 피신했으며, 또한 포위되어 배고픔 때문에 젖먹이 아이를 죽인 여인에 대한 이야기도 전한다. 신천지는 이런 역사적 사실들을 외면하고 영적 비유로 잘못 해석한다.

둘째로, 정통교회는 아이 밴 여자와 젖 먹이는 여자들에게 화가 있다는 구절을 죄의 결과로 이해하는 부정적 해석도 받아들이지 않는다. 이 구절을 여성비하로 받아들일 사람이 몇이나 되겠는가? 오히려 예수님은 멸망의 날에 임신한 여자와 아이를 가진 여자들의 어려움을 언급하면서 그들에 대한 연민과 애정을 표현하신 것이다. 그리고 그 멸망의 날이 겨울이나 안식일에 일어나지 않기를 기도하라고 하셨다. 겨울이 되어 강물이 불어나면 도망하기 어렵고, 안식일에는 2천 규빗(약 9km) 이상 다닐 수 없기에 방해받지 않도록 기도하라는 말씀이다. 더구나 「화가 있다」는 말은 헬라어로 '우아이'(ouai)인데, 그것은 죄의 결과를 뜻하지 않고 '말세에 임할 재앙으로 인한 통곡과 공포'를 의미한다. 따라서 신천지는 본문을 왜곡하여 자기 마음대로 해석하는 것이다.

셋째로, 정통교회가 결코 받아들일 수 없는 주장은 비유풀이, 곧 「말세 목자론」이다. 신천지는 비유해석을 하면서 바울이 아이를 밴

'해산의 수고'를 하는 「영적 여자」이고(갈 4:19), 그리스도 안에서 아이인 고린도 교인들을 젖으로 양육하는 「영적 어머니」(고전 3:1-2)였다고 주장한다. 그래서 바울이 교회의 목자였던 것처럼 오늘날 「아이 밴 자」와 「젖먹이는 자」는 종말 때의 목자라는 것이다(참고: 계 12:1-2, 아이 밴 여자; 계 17:1, 음녀). 그리고 「화가 있다」라고 표현한 것은 진리가 없어 말씀으로 양육하지 못하고, 자기 거짓말을 성도에게 젖으로 먹이는 정통교회의 거짓 목자에게 하신 말씀이라고 주장한다. 그러므로 말세에 하나님의 씨인 말씀으로 양육할 목자를 세우는데, 성령과 함께 하는 신부(여자)를 세우셨다는 것이다(계 22:17). 그 신부는 바로 신천지 전도자를 의미한다.

이런 신천지의 주장에는 오류가 있다. 신천지는 바울을 '영적 여자요 어머니'로 주목하였는데, 사실 바울을 아버지로 묘사한 성경구절들이 더 많다(살전 2:11; 고전 4:15; 빌 2:22; 몬 1:10). 더구나 '해산의 수고'와 '젖 먹이는 행위'는 전도양육에 대한 상징적 표현인데, 영적 여자의 행위라고 해석한 것도 자의적인 주장이다. 신천지가 말하고 싶은 것은 정통교회의 목자는 진리의 말씀이 없어서 성도들에게 거짓말로 젖 먹이고 있어서 하나님의 씨인 말씀으로 양육하는 신천지에 구원이 있다는 것이다. 이런 주장이 이단사설이 아니고 무엇인가?

접근질문 4
천국에 못 들어가는 부자는 어떤 부자인가?

신천지는 기성교회와 신자들을 미혹하려고 접근질문을 던진다.

그래서 '낙타가 바늘귀에 들어가기보다 부자가 천국에 들어가기 어렵다'라고 말씀하신 예수님의 비유(막 10:25; 마 19:23-24)를 들어 천국에 못 들어가는 부자가 있다고 궁금증을 유발한다. 즉 "이 본문에 나오는 부자는「물질적 부자」가 아니다. 왜냐하면 세상에서 부자라면 몇 평짜리 아파트를 가졌는가, 연봉이 얼마인가를 따지므로 부자의 기준이 모호하기 때문이다. 따라서「영적 부자」를 말한다. 영적부자는 자신이 하나님의 말씀을 가졌다고 자만에 빠진 자들이다. 신약의 라오디게아 교회도 스스로를 부자로 여기므로 자신들의 문제를 알지 못하였으니 주님으로부터 금과 흰 옷과 안약을 사서 눈을 뜨게 해야 한다(계 3:17-18). 또한 종말의 때에도 이스라엘 백성이 바벨론의 화려하고 다양한 상품에 마음을 빼앗긴 것처럼 영적 부자가 있다(계 17:4; 18:3-4). 따라서 천국에 가려면「잘못된 재물」을 배설물처럼 여기고(빌 3:8) 버려서,「심령이 가난한 자」(마 5:3)가 되어야 한다." 한 마디로, 천국에 들어갈 자는 하나님의 말씀을 가졌다고 자만하는 영적 부자가 아니라 그런 세상의 것들을 배설물로 여기고 버리는 심령이 가난한 자라는 것이다.

신천지의 이런 주장은 성경구절을 인용하고 있어서 성경적인 것처럼 보인다. 그러나 성경을 곡해하고, 겉과 속이 다른, 저들의 감언이설에 속지 말아야 한다. 첫째로, 예수님의 비유는 실제의「물질적 부자」들에 대한 권면인데 신천지는「영적 부자」에 대한 말씀으로 왜곡시키고 있다. 예수님은 당시의 문화를 잘 알고 계셨다. 예루살렘에「바늘귀」라는 이름의 좁은 문이 있는데 낙타가 그 문을 통과하려면 무릎을 꿇어야 한다고 알려져 있다. 또한 물질적 부는 의인에게 주어지는 하나님의 축복이라는 생각이 지배했다. 그래서 예수님은 일종의

「유머」를 사용하여 재물을 탐하는 부자들의 문제를 지적한 것이다. 즉 세상의 물질적 부에 집착하는 부자들에게 하나님과의 관계 파괴를 경고하신 것이다.

둘째로, 예수님의 비유를 해석할 때 「육적 부자」와 「영적 부자」로 나누는 이분법적인 해석을 하였는데 이런 해석을 「영지주의적 해석」이라고 말한다. 기독교의 역사에는 초기부터 영지주의의 피해가 적지 않았다. 영지주의자들은 하늘로부터 어떤 영적 지혜가 자신들에게 주어졌다고 믿고, 전통적인 사도들의 가르침과는 다른 것을 말하려고 했었던 위험한 자들이다. 더구나 신천지가 「영적 부자」로 해석할 때 '세상의 부자의 기준이 모호하기 때문에 영적 부자다.'라는 말도 논리의 비약이며 억지 해석이다.

셋째로, 신천지는 「영적 부자」들은 천국에 갈 수 없으니 「잘못된 재물」을 배설물로 여기고 심령이 「가난한 자」가 되라고 주장하는데, 그 대상은 결국 기성교회와 신자들이다. 신천지의 주장에 따르면, 「영적 부자」는 스스로 말씀을 많이 안다고 자부하므로 진정한 말씀을 깨닫지 못하며, 말씀을 갈급해 하지도 않게 된다. 그래서 예수님이 스스로 부유하다고 믿는 자들은 천국에 못 들어간다고 말씀하셨다는 것이다. 예수님이 말씀하신 처음 의도는 물질적 부자에 대한 것인데, 결론은 영적 부자에 대한 것으로 엉뚱하게 발전했다. 또한, 신천지는 천국에 갈 부자라면 「잘못된 재물」을 배설물로 여기고 버리라고 강조하였다. 마치 성경의 재물관을 말하는 것처럼 표현하는데 이는 전혀 다른 뜻이다. 여기에서 「잘못된 재물」이란 단순히 불의한 재물이 아니라 하나님의 말씀을 가지고 있다는 종교적 자만이며, 그것을 버리라는 말이다.

신천시는 사씨들의 주장은 합리화하려고 성경구절들을 교묘하게 활용하고 있다. 「잘못된 재물」을 배설물로 여기라는 주장에는 빌립보서 3장 8절을 인용하여 사도 바울이 이전의 종교적 지식을 배설물로 여긴 것을 적용하였고, 「가난한 자」가 천국에 들어간다는 주장에는 마태복음 5장 3절의 말씀을 인용하여 자신들이 가르치는 말씀을 받아들이도록 심령이 가난한 상태가 되어야 천국에 들어간다고 주장하였다. 저들의 주장은 아주 단순하다. 정통교회는 부패하고 타락하여 하나님의 말씀을 상실했고, 자신들은 성령과 천사로부터 말씀을 받았으며 자신들이 천국에 들어갈 유일한 집단이라는 것이다. 정말 그런가? 우리는 신천지의 질문과 성경해석이 얼마나 비성경적이고 자기중심적 해석인가를 확인하였다. 그래서 한 성경구절을 주목하게 된다. "무식한 자들과 굳세지 못한 자들이 다른 성경과 같이 그것도 억지로 풀다가 스스로 멸망에 이르느니라."(벧후 3:16)

신천지 접근질문 5
천국이 '씨로 된 나무와 같다'라고 한 것을 아십니까?

신천지가 주장하는 천국은 정통교회가 알고 있는 천국 개념과 전혀 다르다. 결론부터 말하면, 신천지의 천국은 교주인 이만희 씨이고, 그를 따르는 신천지증거장막에 구원이 있다. 왜냐하면 "천국은 씨로 된 나무와 같다."라고 주장하면서 하나님의 말씀이 씨요 나무는 사람을 의미하며 나무에 깃든 새는 성령인데 성령이 새처럼 내려와 나무에 깃들므로 생명나무가 되는 사람이 곧 이만희 교주라고 주장하기 때문이다. 이런 황당한 주장은 다음의 논리에 연결되고 있다.

"새가 나무가 있는 곳으로 날아와 앉는 것이지 나무가 씨에게 뿌리 뽑혀 하늘로 올라가는 법이 있는가?" 이것은 자연법칙에 따르는 설명 같지만 사실은 신천지의 교주를 높이려는 의도를 담고 있다.

신천지의 주장을 분석해 보자. 첫째로, 신천지의 주장은 신인합일의 신비주의 이단사상에 철저히 의존되어 있다. 몇 차례의 신천지 접근질문 분석을 통해 확인한 사실이다. 신인합일의 신비주의는 「신과 인간의 하나 됨」을 말한다. 이것은 영계(신)와 육계(인간)를 구분하되 영계에서 육계로 내려와 합일되므로 인간이 신으로 높여진다는 이단사상이다. 이런 사상은 영지주의 이단, 가톨릭의 영성운동, 동양종교의 요가, 이슬람의 수피주의 등에서 볼 수 있다. 기독교의 역사에도 2세기의 몬타누스를 비롯하여 '성령 받으면 사람이 곧 하나님(신)이 된다.'라는 이단들이 있었다.

그래서 필자는 이 접근질문을 자세히 알아보려고 신천지 학습교재의 "영적 씨, 나무, 새"를 확인해 보았다. 그런데 다음과 같이 주장하였다. "진리의 성령인 보혜사 성령이 계시록에 언급된 대적과 싸워 이기고(계 12장), 영적 새 이스라엘이 되어 신천지 12지파를 창설한 약속된 목자인 이긴 자(계 7, 10, 15:2-5; 21:1-7)와 하나 되어 진리의 성읍을 이루고(슥 8:3; 계 3:12; 14장) 온 세계에 하나밖에 없는 생명나무가 되었다(계 22:1-2)." 요약하면 '보혜사 성령(영계)이 내려와 이긴 자(육계)인 이만희 교주와 하나 되어 세상에 하나밖에 없는 생명나무가 되었다'라는 것이다. 이것은 교주가 신인합일의 존재가 되어 생명을 나누어주는 유일한 주권자가 되었다는 말인데, 이것이 어찌 사단의 주장이 아니겠는가?(창 3:1-5)

둘째로, 신천지의 비유풀이는 본문의 맥락과는 상관없이 자기해서에 ... 신천지 학습교재는 다음처럼 비유풀이를 하였다. "씨는 하나님의 말씀이요(눅 8:11) 하나님의 말씀은 생명이므로(요 1:4) 이 씨는 생명의 씨이다. 씨를 심는 밭은 사람의 마음이며(고전 3:9, 16) 나무는 사람이요(사 5:7; 단 4:20-22; 요 15:1-5), 이 나무에 앉는 새는 성령이다(마 3:16). 그래서 예수님은 씨를 심어 된 나무에 새가 와서 앉는 것을 천국이라 하였다(마 13:24, 31-32)." 이것은 매우 그럴듯한 주장이지만 성경본문의 의미와는 다른 억지주장이다. 우선 학습교재는 씨를 하나님의 말씀이라고 말했다가 뒷부분에서 예수님의 초림 때에 하나님의 씨인 성령이라고(마 1:20) 표현하므로 씨에 대한 해석에 일관성이 없다. 또한, 나무는 사람이라고 했을 때 참고구절인 이사야 5장 7절은 이스라엘 족속 중에서 유다 사람들이 기뻐하시는 나무였는데 그들이 포학하였다고 선지자는 비판하였고, 다니엘 4장 20-22절에서는 나무를 베어 없애라고까지 말하였으며, 요한복음 15장 1-5절에는 포도나무는 예수님을 지칭한다. 신천지는 일반 신자들이 성경을 깊이 보지 못하는 맹점을 이용하여 나무는 사람이라고 말한 것이다. 더구나 나무에 앉는 새는 성령이라는 주장도 마태복음 3장 16절에서 요한에게 세례를 받으실 때 '하나님의 성령이 비둘기 같이' 예수님에게 임하셨다는 내용인데 그것을 나무에 깃든 새가 성령이라고 주장한 것이다. 그리고 마태복음 13장 24, 31-32절에서 예수님이 천국을 씨를 심어 자란 나무에 새가 와서 앉는 것이라고 가르쳤다고 하는데, 이것은 성경본문의 의미와는 다르다. 본문에서 "천국은 이와 같으니…"라고 표현하신 것은 신천지의 주장처럼 직설적으로 천국의 정의를 말한 것이 아니라 천국의 성격을 언급하신 것이다. 따라서 신천지는 본문을 상징과 실제를 구분하지 않고 자기가 필요한 대로 일관성이 없이 비유풀이 하였다.

신천지의 주장은 인간을 신처럼 높이는 신인합일의 신비주의 이단 사상으로서 일관성이 없는 비유풀이를 통해 성경본문의 참 의미를 왜곡하였다. 신천지는 이 주장을 발전시켜 예수 그리스도의 신성을 부인하고 교주를 생명나무로 높이고 말았다. 신천지는 신자들에게 "우리들이 생명의 씨로 나고 성령의 새가 임하면 예수님 같이 생명나무가 되고 천국이 된다."라고 하면서 신천지 12지파 성도들이 생명나무와 그 가지와 잎과 열매가 되었다고 미혹한다.

접근질문 6
예수님이 재림 때 타고 오시는 구름은 무엇일까?

이 질문은 예수님의 재림방법에 대한 것이다. 신천지는 재림 예수가 백마를 타고(계 19:11,16; 17:14), 불꽃 가운데(살후 1:7), 그리고 구름 타고(계 1:7; 대하 5:13-14; 마 17:5) 오신다고 강조한다. 예수님의 재림이 3번 발생하는 것이 아니므로 언급한 세 가지의 방법에 대해 어떻게 조화를 이루는 해석을 할 것인가? 그런데 신천지는 이 문제에 답하기보다 예수님이 타고 오실 구름은 자연계의 구름이 아니라 무엇을 상징하는지를 질문한다. 이렇게 질문하는 것에는 어떤 배경적 의도가 숨어 있는 것은 아닌가?

먼저 정통교회와 신천지의 재림론이 어떻게 다른지 분별해야 한다. 정통교회는 성경 말씀에 근거하여 예수님의 재림은 부활하신 몸으로서(눅 24:39) 예기치 못할 때(마 24:32-51; 25:1-13; 막

13:33-30), 갑자기(마 24:25-28), 사람들이 볼 수 있도록(행 1:9-11), 하늘 구름을 타고(마 24:30; 26:64; 막 13.26; 눅 9:34-35; 21:27), 그리고 천사들을 대동하여 영광 중에 오신다 (마 16:27; 19:28; 25:31-46)고 믿는다. 그러나 신천지는 재림 하시는 예수는 영이며(벧후 3:18-19), 그 영은 오늘날 대언의 사명 을 받은 한 사람의 육체에 강림하여 합일을 이루었으므로 이미 재림 이 완성되었다고 주장한다. 이런 황당한 신천지의 재림론은 성경에 대한 왜곡 해석이며, 영육의 합일을 말하는 '영지주의적 신비주의' 이 단사상이다.

이런 신천지의 주장은 교주 이만희 씨의 주저인『요한계시록의 실 상』(도서출판 신천지, 2005)의 55쪽에 정리되어 있다. 「계시록 1장 7절처럼 재림하시는 예수님은 그를 핍박하던 자들도 볼 수 있도록 구 름을 타고 오신다. 그런데 베드로전서 3장 18-19절에서 예수님은 "육체로는 죽임을 당했으나 영으로는 살리심을 받았으니" 하였으므 로 구름 타고 다시 오실 예수님은 영이시다. 또 마태복음 17장에서 초림의 예수님은 변화산 위에서 변형되심을 통해 재림 때의 모습이 성령체이심을 보여주셨다. 그리고 하나님의 현현에 동반하는 구름은 성령의 강림을 의미하므로 하나님께서 빽빽한 구름 가운데서 말씀하 셨고(출 19:9), 구름 속에서 초림 예수님에게 말씀하셨으며(마 17:5), 구름에 가린 채 하늘로 올라가심을 본 그대로 다시 오신다고 하셨으니(행 1:9) 예수님이 구름을 타고 오심은 곧 보이지 않는 영으 로 오신다는 뜻이다.」이것을 요약하면, ① 재림하시는 예수님은 구 름 타고 오신다. ② 육체로는 죽임을 당하고 영으로 살리심을 받았으 니 재림의 예수님은 영이다. ③ 변화산의 변형된 예수님의 모습은 성령체이다. ④ 하나님의 현현에 동반하는 구름은 성령의 강림이다. ⑤ 구름은 실체를 가리어 주므로 예수님은 보이지 않는 영이다. 따라서 신천지는 예수님이 구름을 타고 오신다는 말은 자연계의 구름을 빙자하여 보이지 않는 성령체로 오시는 것을 말한다고 주장한다.

여기에는 몇 가지 문제점이 드러난다. 첫째로 예수님의 부활에 대한 무지와 오해가 있다. 신천지의 주장은 베드로전서 3장 18-19절에 대한 해석의 오류에서 비롯된다. ① "체(sarki)로는 죽임을 당하시고 영(pneuma)으로는 살리심을 받았다."는 표현을 문자 그대로 받아들여 육체는 죽음에 갇히고 영은 다시 살아났다는 것이다. 따라서 재림하시는 예수님은 영이라는 것이다. 그러나 본문에서 '육체로는'과 '영으로는'이라는 표현은 영역적 의미의 여격이다. 즉 신성으로는 죽음에 굴복되지 않는다는 의미이다. 또한, ② 성서의 인간관은 육체와 영의 분리를 허용하지 않는다. 즉 재림하시는 예수님은 부활체인 신령한 몸(soma pneumatikon, spiritual body; 고전 15:44)으로서 살과 뼈를 만질 수 있는 실제적인 몸이다(요 20:27; 눅 24:39). 따라서 재림의 예수님은 육체와 분리된 영이 아니다.

둘째는 재림하시는 예수님이 타고 오시는 구름에 대한 빗나간 해석이다. 계시록 1장 7절, "인자가 구름 타고 오시리라."에서 구름에 대한 해석은 분분하다. 어떤 이는 자연계의 구름이라고 보고, 어떤 이는 휴거 한 흰옷 입은 성도들의 무리라고 보며, 어떤 이는 천사들의 무리로 보고, 어떤 이는 예수의 육체로 해석한다. 그러나 신천지는, 구름은 본체를 가려주는 것이고(행 1:9) 빠른 구름을 타시기도 하므로(사 19:1; 요 10:30) 재림의 예수님이 구름을 타신다는 말은 보이지 않는 영으로 오시는 것을 의미한다고 주장한다. 그러나 ① 이

번 두셨음을 미루, 성경 구절들과 일치하지 않는다. 마태복음 26장 64절에 "인자가 권능의 우편에 앉은 것과 하늘 구름을 타고 오는 깃을 너희가 보리라." 하셨으니 보이지 않게 오시는 것이 결코 아니다. ② 더구나 성경에 있어서 구름은 하나님의 임재의 상징이다. 따라서 예수님이 타고 오시는 구름은 모세가 하나님과 대면한 후 얼굴이 초자연적으로 밝게 빛나던 하나님의 임재의 쉐키나(영광) 구름이며(출 34:29), 변화산에서 변형된 예수님의 신적 영광의 밝은 구름이고 (마 17:5), 승천하실 때 제자들의 눈을 가린 성별의 구름이다(행 1:9-11).

결론적으로 신천지는 재림하실 예수님을 이미 한 육체에 재림하셨다고 주장하고, 부활하신 예수님의 몸을 영으로만 제한하여 해석하였으며, 하나님의 영광의 임재를 상징하는 구름을 왜곡 해석하였다.

접근질문 7
주의 재림 때 천사장의 나팔이 몇 개인지 아십니까?

왜 신천지는 천사장의 나팔소리를 강조하려는 것일까? 첫째로 그들의 접근전략이라는 점에서 살펴보자. 그들은 기성교회 신자들에게 접근하여 천사장의 나팔이란 무엇을 말하는지, 그 의미는 무엇인지, 그리고 그 나팔의 개수를 아는지를 물어보아 신자들을 당황하게 만든다. 그 이유는 신천지는 성경 전체를 계시록 중심으로 해석하고 가르치지만, 대부분의 정통교회는 계시록을 몇 차례 가르치지 않기 때문이다. 그러니 신자들이 신천지의 이런 질문을 접하면 우선 자신들의 무지에 놀라고, 그러다가 신천지의 엉뚱한 해석을 따라가게 되는 것이다. 신천지는 이런 기성교회 신자들의 약점을 노리고 있다.

둘째로 신천지의 나팔소리 주장에는 어떤 것이 문제가 되는지 살펴보자. 그들의 교리서인 『요한계시록의 실상』(175쪽)에 쉽게 요약하고 있다. "나팔은 '하나님의 말씀을 대언하는 육체'요, 나팔 부는 자는 '영'(천사)이며, 나팔소리는 '증거의 말씀'이다. 나팔을 부는 이유는 하나님의 백성에게 죄와 허물이 있음을 알려 회개케 하려함이다." 언뜻 보면 성서적인 주장인 것처럼 보인다. 그러나 자세히 들여다보면 하나님 말씀을 심히 왜곡하고 있다.

신천지의 천사장의 나팔소리 주장은 네 가지로 정리할 수 있다.

① 신천지는 정통교회가 '나팔'을 문자적인 것으로 잘못 이해하고 있다고 주장한다. 그러면서 성경적인 예를 들었다. 구약에서는 일종의 의사전달의 도구(민 10:1; 수 6:1)였고, 신약에서 나팔은 주님이 재림하실 때 나타날 어떤 실체를 말한다고 해석하였다(살전 4:14; 마 24:31; 15:51). 더구나 그 실체는 '하나님의 말씀을 대언하는 육체'라고 하여 특정한 인간(?)을 지목하였다. 정말 성경본문이 그런 의미를 담고 있을까? 정통교회는 마태복음 24장 31절이나 계시록 8장 2절 등에 등장하는 나팔은 주의 재림 때에 임할 마지막 심판을 경고하는 신호(sign)로 해석한다. 신천지가 이 본문들을 비유로 보고 나팔이 '말씀의 대언자'를 자칭하는 이만희 씨라고 해석하는 것은 억지 해석이다.

② 신천지는 나팔 부는 자는 영인 일곱 천사인데(계 8:2) 실제로 영이 나팔을 불 수 없으니 대신 어떤 사람을 택하여 나팔소리를 내게 하였다고 주장한다(사 58:1; 마 3:16; 요 14:24). 저들이 말하고 싶은 것은 이만희 씨를 하나님이 나팔로 선택하여 그의 입에서 나팔

소리를 낸다는 것이다. 그러나 성경에는 천사들이 찬송하고 나팔을 분다는 기록들이 적지 않다. 예를 들면 이사야 6장 1-3절에서 천사(스랍)들이 여섯 날개를 가지고 '거룩하다. 거룩하다. 거룩하다.' 하며 찬송하였다고 구체적으로 기록하고, 찬송가 "하나님의 나팔소리"(168장)에서도 천사들의 나팔소리는 실제적인 모습으로 묘사하고 있다. 그러므로 천사들이 영이므로 나팔을 불 수 없다는 말은 신천지의 엉터리 주장이요 비성경적인 주장이다. 이 해석은 성경의 초점을 모두 교주에게 돌리려는 시도이다.

③ 그리고 나팔소리는 그 사람의 속에 있는 성령이 주시는 '증거의 말씀'이라는 것이다(마 10:20; 마 6:2; 계 4:1; 고전 14:8-9). 말하자면 특정한 사람(?)의 속에 있는 영의 증거의 말씀을 의미한다는 것이다. 이것은 2세기 터키 지역에 등장하였던 몬타누스의 주장과 일치하는 영육합일의 영지주의 이단사상이다. 그리고 신천지가 내세운 증거본문인 마태복음 6장 2절은 "구제할 때 사람에게 영광을 얻으려고 나팔을 불지 말라"고 한 것은 자기 과시를 위해 자랑하지 말라는 뜻인데 천사장의 나팔소리에 연결하여 해석하였다. 신천지는 성경본문의 상황을 무시하여 해석하고 있는 것이다.

④ 마지막으로 신천지는 천사가 시온산(욜 2:1; 사 18:7)에서 일곱째 나팔을 불게 되는데 그 최종목적은 처음 익은 열매로 택한 14만 4천 명(계 14장)을 불러 모으는 것이라고 주장한다. 신천지는 시온산이 구원역사에 있어서 마지막 세대의 가장 높은 산이라고 주장하며 그것은 바로 신천지라고 강조한다. 그러나 정통교회는 시온산이란 예루살렘 성전이 서 있는 산을 지칭하고, 그곳에서 천사가 일곱째 나팔을 부는 것은 전 인류를 향한 심판과 구원의 때가 도래한 것

을 알리는 신호이며, 결국 한 사람도 잃어버리시지 않으리라는 하나님의 의지를 표현한다고 해석한다. 이와 같이 시온산이 신천지라거나 14만 4천 명이라는 상징수를 실제 신천지 교인들의 수로 해석하는 것은 여호와의 증인 등과 같은 이단사설에서 흔히 볼 수 있는 해석법이다.

신천지가 제시한 성경본문들은 나팔이 몇 개인가, 나팔이 무엇을 의미하는가를 질문하려는 본문이 아니다. 곧 자기 마음대로 우리의 관심을 주변적인 것에 돌리게 만들고 있다. 신천지는 성경본문을 비유로 전제하고 특이하게 영해를 시도하고 있다. 그들이 제시한 성경본문들은 묵시문학적인 표현으로서 우주적 종말에 대한 예언이다. 더구나 그들이 주장하는 시온산은 신천지 집단과 전혀 관계가 없다. 따라서 저들은 자신들에게 유리한 표현이라면 본문의 상황이나 본래 의미와는 무관하게 억지로 끌어다 맞추고 있는 것이다.

접근질문 08
예수님이 가신 후 밤이 된다고 하셨는데 지금까지 계속되었나?

이 접근질문에 담긴 신천지의 주장은 다음과 같이 요약할 수 있다. "초림 예수는 어두움에 처한 구약 백성들에게 생명을 줄 세상의 빛으로 오셨는데(요 8:12; 1:4-5,9; 마 4:15-16; 시 119:105), 그가 세상에 있는 동안은 낮이었고 세상을 떠난 지금은 어두운 밤이다(요 9:4-5). 반면에 다시 오신 재림 예수는 '더 확실한 예언'을 하늘의 천사를 통해 사도요한의 입장인 한 목자에게 받아먹게 하시고(벧후 1:21), 신약예언의 성취인 실상 계시를 세상의 교회들에게 증거하고 있으니(계 22:16), 어두움의 일을 벗고 밝은 빛인 신천지의 계시신학을 받아들여 빛의 자녀가 되어야 한다(롬 13:11-12)." 이런 주장에 대하여 그 오류들을 하나씩 분석해 보려고 한다.

첫째로 신천지에 따르면 요한복음 8장 12절을 들어 초림 예수는 구약예언의 성취를 위하여 오신 세상의 빛이고, 재림 예수는 신약예언의 성취를 위하여 세상의 빛으로 오신다고 주장한다. 그러나 정통교회는 요한복음 8장 12절에 나타난 '나는 세상의 빛이다'라는 예수님의 자기선언을 죄악과 무지로 인해 어두워진 세상에 대한 구원의 메시아로서의 선언으로 해석한다. 예수님이 세상의 빛이란 의미는 단지 헬라사상에서 빌려온 이원론, 즉 어두움과 빛이라는 대립구도에서의 빛이 아니라 세상을 구원하시는 하나님이심을 강조하는 것이다. 또한 이 표현은 당시의 초막절기에 있었던 '빛의 축제'와도 관련이 있었다. 유대인의 미쉬나에 따르면 초막절에 여인의 뜰에서 4개의 황금 촛대를 밝히는 의식이 있는데, 그때의 촛불은 이스라엘을 향한 구원의 빛을 의미한다. 그리고 구약성경은 여호와는 자기 백성을 위한 구원의 빛이고(시 27:1; 사 60:19-22) 동시에 이방의 빛이라고 하였다(사 42:6; 49:6). 그러므로 신천지가 초림 예수는 구약의 백성들을, 재림 예수는 신약의 기독교인들을 위한 세상의 빛이 되신다는 주장은 신구약성경 모두에 나타난 '이방인을 향한 구원'이란 관점에서 벗어나 있다. 즉 신천지의 주장은 성경이해의 무지에서 나온 잘못된 도식이다.

둘째로 신천지는 예수님이 세상에 있는 동안에는 낮이고 세상을 떠나 승천하신 이후에는 어두움이므로 오늘날은 어두운 세상이라고 주장한다. 이런 주장은 예수님의 구원사역을 제한할 수 있다. 예수님이 세상을 떠나신다고 세상의 빛 되신 사역을 중단하시는가? 그리고 예수님이 세상에 계시는 동안에도 어두움은 공존하지 않았는가? 정통교회는 요한복음 9장 4-5절에 "내가 세상에 있는 동안에는 세상의 빛이로라."라는 구절을 해석할 때 예수님이 세상을 떠나시지만 성령의 역사로 말미암아 지속적으로 세상의 빛으로서 일하신다고 믿는다(요 16:13-15; 24-25). 또한 본문에서 '곧 밤이 되는 때'는 예수님이 십자가의 수난과 죽음의 때를 말하고, 그것은 메시아 사역의 중단이 아닌 성부 하나님의 뜻을 죽음으로써 복종하는 일이었다(빌 2:8). 그리고 재림 예수를 기다리는 오늘에도 우리는 예수님을 생명의 빛으로 받아들이는 빛의 자녀들이 있음을 목격하고 있다. 신천지가 이렇게 단적으로 낮과 밤을 대립시키는 것은 극단적인 영지주의적 이원론에 서 있기 때문이라고 본다.

셋째로 신천지가 재림 예수는 마지막 날에 오셔서 '더 확실한 예언'을 주시는데 실제로 오늘날 사도요한의 입장인 한 목자에게 받아먹게 하였다고 주장한다. 신천지의 주장은 신약의 예언인 천국복음을 비유로 봉하고 마지막 때에 밝히려고 예수님이 오시는데(요 16:25), 그것은 요한계시록의 예언이 실상으로 성취되는 때이며 '더 확실한 예언'(벧후 1:21)을 주의 사자인 한 목자(?)에게 받아먹게 하시고 세상의 모든 교회들에게 증거하게 한다는 것이다(계 22:16). 그러나 정통교회는 천국복음을 마지막 때에 밝히기 위해 비유로 주셨다고 보지 않는다. 더구나 '더 확실한 예언'이라는 표현도 하나님의 온전한 말씀인(딤후 3:16) 성경의 절대권위를 부인하는 것이며, 또한 천사로부터 새 계시를 받았다고 주장하는 사도요한 입장의 한 목자는 결국 교주 이만희 씨를 지칭한다는 점에서 이런 주장은 일고의 가치

'가 없는 이버시 됩이다,

넷째로 신천지는 로마서 13장 11-12절 "밤이 깊고 낮이 가까웠으니 어두움의 일을 벗고 빛의 갑옷을 입자"고 강조하면서 영적 잠에서 깨어나 재림 예수가 비춰주시는 밝은 빛인 자신들의 계시신학을 통해 빛의 자녀가 되어야 한다고 주장한다. 이런 주장을 살펴보면 신천지는 정통교회를 어두운 세상이라고 비난하는 반면 자신들을 특수화하면서 낮이 가까왔다는 시한부종말을 강조하는 분파적 종말집단이 분명하다. 또한 성경을 해석함에 있어서도 로마서 13장이 쓰여진 당시의 시점에서 밤과 낮의 구분이 아니라 오늘의 시점에서 밤이 깊고 낮이 가까웠다라고 말하므로 무리한 억지해석을 시도하고 있다. 결론적으로 신천지의 주장은 신천지에는 신약예언을 성취하시는 세상의 빛 되신 재림 예수와 그의 실상 계시의 말씀이 있으므로 밤과 같은 정통교회를 버리고 신천지에 와야 빛의 자녀가 된다는 것이다.

접근질문 9
'666'이라는 것이 성경적으로 정확히 무엇입니까?

신천지가 제시한 접근질문은 계시록 13장 18절에 나온다. "짐승의 수를 세어보라. 그 수는 사람의 수니 육백 육십 육이니라." 이 본문에 대한 그들의 해석은 교주의 주저인『요한계시록의 실상』(288-92)에 자세히 정리되어 있다. 그 내용에서 몇 가지 문제점들이 발견된다.

첫째, 계시록의 본문은 로마의 박해 가운데 있는 초대교회의 상황인데 신천지의 이만희 씨는 1970년대 후반 자신이 추종하던 장막성전의 교주 유재열이 변절하여 정통교회의 교리와 목사들을 받아들인 배교상황이 본문의 배경이라고 엉뚱하게 주장한다. 이런 주장은 교주 자신의 감정적 경험에 영향을 받은 왜곡된 해석이다. 계시록의 해석은 해석자의 시점에서 역사적 현상으로 해석을 하면 오류를 범하기 쉽다. 그런 실례들이 많은데, 예를 들어 666이란 세계의 종교를 통합하게 될 것으로 보았던 로마교회의 교황권으로, 기독교를 적대시하고 종말의 때에 아마겟돈 전쟁을 주도할 공산권 국가로, 세계의 단일정부를 꿈꾸며 국제질서와 경제를 주도할 유럽 10개국 연합체인 EC로, 그리고 네트워킹을 통해 전 세계를 통제할 짐승(beast)이라고 불리는 대형 컴퓨터로 해석하는 경우들이다. 교회의 역사에서도 AD 2세기경 교부인 이레네우스는 666을 로마의 황제인 가이우스(칼리큘라)로, 다른 사람들은 그리스 신화에 등장하는 타이탄으로, 6세기경 기독교 국가들을 침략한 이슬람의 창시자인 마호메트로, 20세기에 6백만 명의 유대인을 학살한 히틀러로 해석하기도 했다. 심지어 로마 가톨릭교회는 종교개혁자 마틴 루터를 666으로 보기도 하였다.

둘째로 성경해석에 있어서 이분법적 논리를 강요한다. 말하자면 하나님의 표와 인은 하나님의 말씀이며, 땅에서 올라온 짐승에게 받는 표와 인은 사단의 교리를 말한다(겔 9:4; 딤전 4:1-2)고 주장했는데 전혀 근거가 없는 억지주장이다. 신천지는 계시록 7, 14장에 등장하는 14만 4천 명은 하나님과 어린양에게 인을 맞는 자이고, 장막성전의 백성들은 땅에서 올라온 짐승에게 표를 받는 자들이라고 강조하면서 자기 집단의 영적 우월성을 은연중에 부각시킨다. 그러면서 배도한 장막성전은 이제 이방 목자가 들어와 주인 행세를 하고

(신 44.7-8), 신계의 무자들은 이방인의 사악함을 퍼뜨리며 모든 성도가 이방신과 행음하고 있어서(렘 23:13-15; 사 9:16) 폐허가 되었다고 비난한다. 장막성전의 변절에 대한 극단적인 정죄를 드러낸다.

셋째로 성경을 해석할 때 지나치게 알레고리적(우화적)으로 풀이한다. 예를 들면 이마에 표를 받는 것은 짐승의 교법으로 안수를 받는 것이고, 오른 손에 표를 받는 것은 짐승의 교리를 인정함으로 손을 들고 선서한다는 것이다. 더 나아가 666의 표를 받지 않는 자는 매매를 못하게 한다는 표현에서 매매는 말씀 장사를 뜻하므로 설교를 하거나 듣지도 못하게 된 것을 말한다고 주장한다(마 13:45-46). 이것도 역시 장막성전의 교주 유재열이 자신의 후계자로 오평호 목사를 세우고 정통교회의 목사들을 초청하여 목사안수식을 거행하였던 사실을 지적하는 것이다. 그러나 성경본문에는 이런 주장과는 다른 맥락이 담겨 있다. 계시록이 기록될 당시 로마제국은 황제숭배를 시민의 의무로 강요했고, 그 의무를 수행한 사람에게 황제의 공식 인장이 찍힌 증표인 '하라그마'(charagma)를 주었다고 한다. 이것을 소지한 사람만 살려주어 물건을 사고 팔게 하고, 그렇지 않으면 사회활동을 제한하였다. 따라서 이 증표를 '오른손과 이마'(계 13:16)에 받았다고 표현한 것은 경건한 유대인들이 이마나 팔에 성구상자인 테필린를 매달아 율법에 대한 충성과 성별의 표로 삼았던 전통(신 6:4-5)과 대조하려는 의도가 있다.

넷째로 땅에서 올라와 666이란 표를 주는 짐승을 솔로몬과 같은 자라고 억지해석하고 있다. 성경에서 666이란 단어가 나타나는 구절이 있는데(대하 9:13; 왕상 10:14), 그것은 솔로몬이 금 666달

란트를 해마다 이방에서 세금으로 거두어들였다는 내용이다. 두 구절에 유사점이 있다면 단지 666이란 숫자의 일치뿐이다. 이런 해석의 문제점을 지적하니 신천지는 예수님의 비유에서 하나님의 말씀을 금과 진주로 비유하기 때문이라는(마 13:44; 25:14-25) 말로 옹색한 변명을 한다. 그러나 성경본문의 표현양식에 주목하여 보면 신천지의 주장이 얼마나 무지한 것인지 알 수 있다. 요한계시록이 기록될 당시에 히브리어와 헬라어에는 별도의 숫자 표기가 없어서 알파벳마다 고유의 수치를 부여하고 그것을 특정한 대상을 지칭할 때 사용하였다. 이것을 '게마트리아'(gematria)라고 부른다. 당시에 그리스도인들은 로마정부의 박해를 두려워했기 때문에 히브리어와 헬라어의 알파벳은 비밀스런 암호를 만드는 데 적합했던 것이다. 이 해석법에 따르면 히브리어 알파벳으로 666의 수는 네로 황제(Neron Kaisar)를 가리키고, 헬라어로 짐승을 의미하는 테리온(Therion)의 알파벳의 숫자 합계도 666이 된다고 한다. 그러나 이런 해석법도 잘못 적용되면 컴퓨터의 바코드나 인터넷을 666으로 해석할 위험성이 있다.

신천지는 배도한 장막성전과 한국교회가 이방교리를 받아들였으므로 불과 유황으로 타는 불못에 참예할 것이고(계 14:9-11), 14만 4천 명에 해당하는 자신들은 하나님의 표와 인을 받은 자들이라고 주장한다. 반면에 정통교회는 666을 솔로몬과는 전혀 무관하고, 짐승이라 표현된 사단과 그의 하수인인 적그리스도를 의미한다고 해석한다. 특히, 게마트리아 관습을 받아들인다면 666은 계시록 13장의 본문이 기록될 당시의 로마의 권력과 황제와 같은 권세자들을 암시한다. 따라서 666에 대한 정확한 해석을 우리 몫(신천지처럼)

오로 심음 깃이 아니라 하나님께서 역사 가운데 생생하게 증명해 줄 것을 기다리는 자세가 옳다.

접근질문 10
천국 혼인잔치 때에 준비해야 할 혼인예복은 무엇인가?

신천지의 접근질문에는 여러 주장들이 연결되어 있음을 본다. 비유를 든다면 감자를 거두어들일 때 줄기를 잡아 끌어올리면 땅 밑의 감자들이 줄기에 매달린 채로 올라오는 것과 같다. 신천지의 핵심저서인 『요한계시록의 실상』 412-415, 477-478쪽에 보면 이 질문에 관련된 주장들이 나타난다. 천국 혼인잔치는 무엇을 의미하는가? 혼인잔치에 참예할 수 있는 자격은 무엇인가? 그 잔치는 언제 어디서 베풀어지는가? 하나씩 순서대로 살펴보자.

첫째로 천국의 혼인잔치는 무엇을 의미하는가? 신천지의 주장에 따르면 천국 혼인잔치란 어린 양의 혼인잔치로서 신랑인 예수의 영과 신부인 성도의 영이 하나를 이루어 육체라는 집에서 함께 사는 것이다. 다시 말하여 천국 혼인잔치란 마지막 때에 재림 예수께서 자신의 대언자요 대행자인 사도 요한의 입장으로 오는 한 목자(계 22:17)를 아내로 삼아 장가드는 것이라고 주장한다. 이런 주장은 이단적인 영육합일의 신비주의이다. 천국 혼인잔치를 예수와 순교한 성도들의 영혼들(공중의 새들)이 내려와 사도 요한 격인 한 목자(교주)의 살아있는 육체에 들어가 함께 하는 것이라고 주장하는 것이다. 그러나 정통교회는 혼인잔치란 어린 양이신 그리스도가 재림하실 때에 그동안 고난을 견디어 온 영광스러운 보상으로서 하나님의 집인 하늘에서 베풀어지는 주님과 교회(성도들)의 영원한 결합의 선언이라고 해석한다.

둘째로 혼인잔치에 참예한 자들이 입어야 할 혼인예복은 무엇을 의미하는가?

1) 신천지는 혼인잔치에는 예복을 반드시 준비해야 하는데 신랑이신 예수님이 오실 때까지 날마다 생명수 강물로 깨끗하게 빨아 입어야 한다고 주장한다(계 19:8). 또한 신천지는 계시록 22장 14절의 해석을 통해 거룩한 성에 들어가려면 하나님과 어린 양의 보좌에서 흘러나오는 수정같이 맑은 생명수 강물에 두루마기를 깨끗이 빨아 입어야 하는데, 두루마기는 마음의 옷이며 그 마음은 빛 된 예수님의 말씀으로 씻어야만 희어지고 옳은 행실로 드러난다(계 19:8; 요 15:3)고 주장하였다. 그러나 신자들이 현혹되지 말 것은 이단자들의 성경해석은 항상 숨겨진 이면적 의미를 가진다는 사실이다. 빛 된 예수님의 말씀의 대언이란 성경말씀이 아니라 성령과 천사로부터 보고 들은 교주의 비유적인 계시 해석을 뜻하고, 성도들이 행실을 깨끗이 한다는 말은 감추었던 만나, 곧 계시된 실상의 천국비밀인 교주의 주장을 듣고 진리를 잃어버린 정통교회에서 빠져 나오는 것을 말한다. 그러나 정통교회는 신천지가 주장하는 것처럼 실상계시의 말씀(?)에 의해서가 아니라 어린 양의 피로써 옷을 씻어야 성도가 되고, 빛나고 깨끗한 세마포 옷이 된다고 가르친다(계 7:14). 즉 그리스도의 희생제사적 죽음이 지닌 구원과 정화의 효과를 말한다. 따라서 성도는 신랑이신 예수님 앞에 서려면 그리스도의 피를 통해서만 가능한 것이다.

2) 또한 빛나고 깨끗한 세마포는 '성도의 옳은 행실'이라고 한 주

삶을 생각해 보자. 고대사회에서는 혼인잔치의 예복은 주인이 준비하는 것이었다. 당시에 세마포(뷔씨논)는 상인들의 사치상품 곡록에 들어 있었다(계 18:12,16). 따라서 본문에서 강조하려는 것은 음녀가 사용한 '자주와 붉은 옷'(18:16)과 대조되는 '빛나고 깨끗한' 세마포였다. 말하자면 세속에 대한 성별이라는 뜻이다. 바울도 재림 예수의 신부인 교회에 대하여 "자기 앞에 영광스러운 교회로 세우사 티나 주름 잡힌 것이나 이런 것들이 없이 거룩하게 흠이 없게 하려 하심이니라"(엡 5:12)라고 하셨다. 그래서 요한은 '그것은 성도의 옳은 행실'이라 하였는데, 직역하면 '성도의 의로움(디카이오마)'이다. 여기에서 강조점은 '행실'에 있다기보다는 '옳음' 혹은 '의로움'이라는 부분이다. 더구나 성도의 의는 그리스도의 의로부터 나온다(롬 5:18). 따라서 정통교회는 '빛나고 깨끗한 세마포'란 그리스도를 향한 믿음, 즉 성도의 모든 거룩한 태도와 선한 행실의 총체가 신부의 빛나고 깨끗한 세마포라고 해석한다.

셋째로 혼인잔치는 어떤 곳에서 언제 베풀어지는가? 신천지는 에스겔 38, 39장에 따라 마지막 때에 하나님께서 인자를 택하여 곡과 마곡을 싸워 이기고 이스라엘 산 위에 잔치를 배설할 것이라고 하면서 그것은 계시록 19장 1절에 나오는 하늘 곧 '증거장막성전'(신천지의 명칭)에서 베푸는 '어린 양의 혼인잔치'라고 주장한다. 다시 말하면 천국 혼인잔치는 어린 양이신 예수님이 재림하시고 하나님의 보좌가 있는 시온산(계 14:1-5)에서 이루어지는데 그곳이 곧 신천지라는 것이다. 그래서 신천지는 정통교회를 비판하면서 잔칫집이 어디인지도 모르고, 혼인예복이 무엇인지도 모르며, 혼인예복을 그저 기도하고 근신하면서 신앙생활을 잘하면 되는 것이라는 비유로만 생각하기 때문에 봉해진 말씀 가운데 헤매고 있다고 주장한다. 그러나 정통교회는 예수님이 재림하시는 날짜는 결코 알 수 없고(마 24:36), 종말에 시온산이란 신천지가 소재한 한국 땅이 아니라 성경의 기록대로 예루살렘을 지칭한다고 믿을 뿐이다.

접근질문 11
뱀이 어떻게 흙을 먹을 수 있을까?

신천지의 접근질문들은 하나같이 심리적 접근을 한다. 즉 정통교회와 신자들은 성경을 잘 모르고 있어서 아주 무식한 것처럼 매도하는 데 초점이 있다. 그래야 자신들이 무지를 깨칠 진리의 말씀을 가지고 있다고 말할 수 있기 때문이다. 실제로 신천지에 빠졌던 한 청년의 답변에서도 신천지처럼 계시록을 잘 풀이하는 교회가 없다고 말한다. 정말 그런가? 신천지의 성경해석이 허점이 없이 전혀 새롭고 완벽한 해석이라고 인정할 수 있는가?

오늘의 질문은 창세기 3장 14절에 등장하는 타락기사에서 나온다. 그 성경본문을 살펴보자. "여호와 하나님이 뱀에게 이르시되 네가 이렇게 하였으니 네가 모든 육축과 들의 모든 짐승보다 더욱 저주를 받아 배로 다니고 종신토록 흙을 먹을지니라." 신천지가 이 사건에서 주목하는 것은 「저주받은 대상은 뱀이며, 그 저주의 내용은 흙(티끌)을 먹으리라」는 부분이다. 신천지가 주장하는 것은 "이 구절에 대해 정통교회는 잘못 가르치거나 잘 모르고 있다. 뱀이 종신토록(죽을 때까지) 흙을 먹는다고 하는 것은 생물학적으로 불가능한 일이다. 육적인 뱀이 실제로 하나님께 순종하지 않았다는 말도 맞지 않는다.

성성의 표휘으, 육적인 흙과 뱀을 말하는 것이 아니다. 그러므로 비유로 해석해야 한다. 몇 번만 더 만나주면 뱀이 흙을 먹는다는 뜻의 의미를 정확히 해석해주겠다"라는 것이다.

이제 창세기 3장 14절에 대한 정통교회의 해석을 먼저 살펴보자. 우선 본문에서 뱀에 대한 하나님의 심판 선고는 외형적으로 뱀에게 주어졌으나 내면적으로는 뱀을 이용한 영적 실체인 사단에게 주어진 것이다. 그 이유는 다음의 15절에 언급된 뱀이 여인의 후손과 원수가 된다고 했으니 14절에서의 뱀을 단순히 실제 동물인 뱀으로만 보기 어렵다. 그렇다고 본문을 단지 영적 비유로만 보고 영해(spiritual interpretation)하면 귀중한 교훈을 놓칠 수 있다. 원래 뱀은 고개를 들고 날아다니는 동물로 알려진다. 왜냐하면 뱀이란 히브리어로는 '샤하프'인데 그것은 나는 때 들리는 소리음이기 때문이다. 또한 1절에서 뱀을 "하나님이 지으신 들짐승들 중에서 가장 간교하였다"라고 묘사했는데 그것은 창조의 질서에서 뱀이 어떤 지위를 가지고 있는지를 말해준다. 이런 뱀이 하나님과 사람 사이를 이간하여 사람을 불순종과 타락으로 이끄는 사단의 조력자가 되었으니 하나님의 심판을 피할 수 없었던 것이다. 그래서 뱀이 일평생 배로 다니고 흙을 핥는다는 것은 굴욕적이고 천박하고 비참한 존재로 떨어진 것을 의미한다.

그런데 신천지는 본문을 비유로만 보고 뱀이란 육적인 뱀이 아니라 영적인 사단을 말하고, 뱀이 실제로 흙을 먹을 수 없으니 흙을 먹는다는 말은 흙으로 빚어진 사람을 먹이로 삼는 것이라고 주장한다. 그래서 오늘날 서기관, 바리새인, 거짓 선지자들이 사단의 밥이 되었다는 것이다. 정말 그런가? 신천지의 성경해석상의 오류를 살펴보

자. 첫째로 신천지의 주장대로 하면 '흙을 먹는다'는 말은 '사단이 사람을 지배한다'라는 말이 되는데 그렇다면 사람에 대한 사단의 지배권을 하나님이 인정하는 셈이 되므로 그런 해석은 인정할 수 없다. 본문은 사단이 거짓으로 인간을 속여 넘어뜨린 것이 불법임을 공개적으로 선언한 구절이 아닌가? 더구나 하나님은 사람을 천사나 사단보다 더 높은 신분(하나님의 아들)으로 만드시지 않았는가? 정통교회 신자들은 이런 신천지의 속임수에 넘어가지 말아야 한다. 둘째로 신천지는 자신들이 성경을 풀 때 사람의 생각으로 하지 않고 '성경은 성경으로 푼다'라는 해석원리를 주장하며 이사야 34장 16절의 말씀을 흔히 제시하는데 그것은 잘못된 증거본문이다. 그들은 이사야서 본문이 소위 '말씀에는 짝이 있다'는 논리를 말하고 있다고 힘주어 말하지만 히브리어 원문에는 '짐승들에게도 짝이 있다'라는 내용이므로 자신들의 무식함을 드러내는 일이다. 또한 수많은 성경구절들을 들이대므로 신천지를 성경중심의 단체라고 오판해서는 안 된다. 셋째로 신천지는 성경에 대한 깊은 연구가 결여되어 있다. 즉 뱀이 흙을 먹는다는 표현은 원어에 의하면 먹는 것이 아니라 '흙을 핥는다'는 표현으로 나타나고, 또한 흙으로 지어진 것이 사람만이 아니라 창세기 2장 19절에서 "하나님이 흙으로 각종 들짐승과 공중의 각종 새를 지으시고"라고 표현하였으니 짐승도 흙으로 빚어진 존재가 되는 것이다. 결국 뱀이 흙을 먹는다는 말은 뱀이란 존재가 높은 지위에 있었으나 천박한 지위로 떨어진 것과, 흙으로 빚어진 다른 존재들과 서로에게 두려움을 느끼는 존재로 추락하여 창조질서의 조화가 깨어진 것을 의미하는 것이다. 따라서 신천지의 주장들은 성령과 천사로부터 받은 계시가 아니라 성경지식의 부족함에서 비롯된 억지해석이다.

따므로 정통교회의 신자들은 신천지가 자신들이 필요한 대로 성경구절을 인용하는 속임수에 넘어가 혹시 저들이야말로 싱싱직이고 제대로 정확하게 풀이한다는 허상을 품지 말아야 하겠다.

접근질문 12
창세기 2장에서 아담이 먼저 만들어졌나, 에덴동산이 먼저 만들어졌나?

요즘 신천지는 자신들의 정체를 드러내 놓고 포교한다. 기성교회의 예배에 참석한 후 담임목사님을 만나 신천지 홍보물을 전달하거나 잘 모르는 여성이 편지를 보내서 목사님에게 신천지 성경공부를 해보라고 권유한다거나 길거리에 신천지 마크가 있는 천막을 세워놓고 정통교회 신자들처럼 전도하고 있다. 심지어 OOO 교회에서는 담임목사를 비방하는 삐라를 살포하고 교회 홈페이지를 망쳐 놓기도 했으며, 서대문에 있는 감리교 신학대학교에는 신천지 신자들이 들어와 포교활동을 하므로 학생회 임원들이 쫓아낸 일도 있다. 이제는 가짜가 진짜 행세를 하고 있는 셈이다. 신천지의 이런 공격적 포교방법으로의 전환은 위기에 빠진 자신들의 내부 상황을 감추려는 시도로 보인다. 어떻든 신천지가 자신들의 신분을 드러낸다는 점에서 기성교회가 대처하는 데 유리한 점이 있다. 그렇다고 비밀스런 추수꾼 전략이나 산 옮기기 전략을 포기한 것은 아니니 끝까지 경계심을 늦추어서는 안 될 것이다.

한마디로 오늘의 신천지의 접근질문은 "하나님의 창조에 있어서 아담이 먼저냐 에덴동산이 먼저냐" 하는 것이다. 이것은 참으로 실소를 금할 수 없는 유치한 질문이다. 더구나 정통교회 신자들이 "거의

100% 다 에덴동산이 먼저라고 답한다."라고 말하므로 신천지는 정통교회 신자들이 무지하기에 무슨 비밀이라도 폭로하듯이 말한다. 그리고 왜 그렇게 생각하는지 그 이유까지 친절하게(?) 말해준다. 즉 사람을 만들려면 흙(동산)이 있어야 사람을 만들 수 있기 때문이라는 것이다. 정말 정통교회 신자들이 그렇게 생각한다고 보는가? 이단을 분별함에 있어서 첫 번째 원리는 하나님의 말씀이신 성경을 바르게 읽는 일이다. 누구라도 창세기 2장 7절과 8절을 침착하게 한 번만 읽어 보라. 그러면 저들이 얼마나 거짓된 속임수를 쓰는지 알 수 있다.

> 7 여호와 하나님이 흙으로 사람을 지으시고 생기를 그 코에 불어넣
> 으시니 사람이 생령이 된지라 8 여호와 하나님이 동방의 에덴에
> 동산을 창설하시고 그 지으신 사람을 거기 두시고

위의 두 구절은 다음의 결론을 밝혀준다. 첫째로 에덴동산보다 아담이 먼저 지음을 받았고, 둘째 에덴동산이 있기 전에 이미 사람은 흙으로 지음을 받았다.

한마디로 신천지는 성경에 대한 깊은 이해가 부족하다. 위의 구절에 대한 히브리어 원문을 보면 '흙'이나 '사람'에 대해 모두 '아다마'(adama)라는 단어를 사용한다. 특히 본문 8절에서 "그 지으신 사람"인 '아담(adam)'이 7절에서는 '흙'(adama)으로 지어졌다고 말씀한다. 아담과 흙 사이에는 깊은 관련성이 있다는 것이다. 그런데 하나님은 아담의 창조 이후에 계속하여 아담을 위하여 에덴동산을 세우셨다(8절). 이제 에덴동산은 아담이 거할 땅, 곧 경작할 수 있는

땅, 그래서 아담을 위하여 보기에 아름답고 먹기에 좋은 열매를 맺는 식물이 뿌리를 내릴 '아다마'가 되는 것이다(참고로 2장 11, 19절에서는 동산 밖의 땅에 대해서는 '아다마' 대신에 '에레츠'를 사용하여 구별하였다.). 그러므로 창세기 3장 18절의 말씀처럼 사람(adam)은 흙(adama)에서 나와서 땅(adama)을 경작하다가 흙(adama)로 돌아가는 것이 창조의 순리인 것이다.

신천지 집단은 황당하게도 이 본문을 다음의 해석으로 이끌고 있다. 창조시대에 본문 7절에서 아담이 먼저 만들어졌고, 다음의 8절에서 에덴동산이 만들어진 것처럼, 노아시대에는 노아를 만들고 다음에 방주를 만들었고, 오늘의 시대에는 목자(이만희 교주를 지칭함)를 먼저 택하고 장막을 만드는 것이 창조의 노정이라는 것이다. 이것은 상상할 수도 없는 세대주의를 빙자한 자의적인 해석(?)이 아닐 수 없다. 다시 말하면 성경에 대한 지식이 충분하지 못하고 성경적 창조론에 대한 이해가 부족한 정통교회 신자들을 미혹하기 위해서 교묘하게 짜깁기하고 짝을 맞추는 이단사설이 아닐 수 없다. 신천지 집단은 자신들이야말로 성경에 정통하다는 착각에 빠지지 않았나 생각된다. 혹 주변에서 성경공부를 하자고 부추기거나 "나를 몇 번만 더 만나면 아담이 먼저 만들어진 이유를 정확하게 알게 해 주겠다"라고 말을 하는 사람이 있으면 단호히 거절하여야 한다. 성경말씀에 대한 깊은 지식과 이해가 필요한 때이다.

접근질문 13
가인이 아벨을 죽인 후 만나는 사람들은 누구인가? 또 가인의 아내는 어디서 출현했나?

창세기 4장은 인류 최초의 살인이야기인데 이 부분을 읽어 본 사람이라면 누구라도 한 번쯤 갖는 질문이다. 그런데 신천지는 이 질문을 신천지에 끌어 들이기 위한 미끼로 정통교회 신자들에게 던진다. 다만 신자들에게 궁금증을 유발하여 자신들의 성경공부에 끌어들이려는 것이다. 그래서 그들이 하는 말은 「자신과 몇 번만 만나면 이 뜻을 정확히 알 수 있다」고 미혹한다.

질문의 내용을 살펴보자. 본문 4장을 살피면 아담과 하와, 그리고 가인과 아벨이 등장하므로 당시에 모두 4명만 살고 있었다. 그런데 14-15절에서는 「나를 만나는 자가 나를 죽이리라」 하는 표현이 있는데 어떻게 아벨을 죽인 가인이 두려워 할 만나는 사람이 존재할 수 있는가? 그리고 16-17절에는 「가인의 아내」가 등장하는데 어떻게 결혼이 가능했겠는가? 그래서 신천지는 사람들이 이 내용을 보고 성경 자체를 불신한다고 지적한다. 정말 성경이 그런 모순들로 가득한 책인가?

이 본문에 관련한 두 가지 이단적인 해석이 있다. 첫째는 김기동 목사(베뢰아 이단)의 이중아담론이다. 아담시대에도 육신의 사람들이 많이 있었다(창 1장). 그러나 하나님이 볼 때 하나님을 아는 사람들이 없으므로 하나님이 특정한 사람에게 생기를 불어넣어 생령인 아담을 만들었다(창 2장). 그래서 하나님이 볼 때 아담은 첫 사람이요, 사람이 볼 때 아담은 첫 사람이 아니라는 것이다. 이 주장에 따르면 아담 외에도 많은 사람들이 이미 살고 있었다는 것이다. 둘째는 성경적 진화론자들의 주장이다. 이것은 창조와 진화를 동시적 사건으로 보려고 하는 입장이다. 즉 아담과 하와가 함께 창조 된 시대에 진화가 진행되고 있었는데 같은 시대에 진화하고 있던 여인들 중 하나와 끼인이 결혼했다는 거이다, 이 두 견해는 결코 성경 자체의 증거에 일치하지 않는다. 즉 성경의 창조론은 아담이 사람들 중의 한 사람이 아니라 첫 사람이며(고전 15:45), 또한 창조와 진화는 서로 대립하는 개념이다(창 1:1). 더구나 인류 이전의 동물 집단이 진화하여 하나님의 형상을 닮은 인간과 교잡한다면 참으로 인간의 가치를 떨어뜨리는 참담한 주장이 아닌가?

더 나아가 살펴 볼만한 세 번째의 견해가 있다. 그것은 성경역사를 총 6천년의 기간으로 해석하는 문자 근본주의 입장이다. 가인의 출생이 BC 3903년이고 아벨은 BC 3900년이며, 아벨을 죽인 때가 BC 3876년이고, 셋의 출생은 BC 3874년이라는 것이다. 따라서 매 2년마다 아이 하나를 낳았다고 가정하면 인류역사 약 120년간 자녀의 수가 60명이 되고, 각기 자신들의 자녀를 낳는다면 인구수는 기하급수적으로 늘어난다. 따라서 가인과 아벨 당시의 사람들이나 가인의 아내의 존재는 자연스럽게 해결된다는 것이다.

정통교회는 이 본문에 대해 3가지 주제로 답하고 있다. 첫째로 창세기는 인물과 사건을 연대기적으로 낱낱이 기록한 역사책이 아니다(요 21:25). 본문에 등장하는 인물은 대표성을 띤 사람들이다. 말하자면 하나님 중심의 족보와 세상 중심의 족보를 대조하면서 인류의 실상과 하나님의 구원계획을 교훈하려는 목적에서 기록되었다. 둘째로 당시의 사람의 존재에 대해서는 "생육하고 번성하여 땅에 충만하라"는 하나님의 위임명령(창 1:28)에 따라 아담과 하와가 계속하여 자녀들을 출산하였던 사실을 강조한다. 특히 창세기 5장 4-5절에 "아담이 셋을 낳은 후 800년을 지내며 자녀를 낳았다"는 기록은 본문 외에도 사람들이 많이 있었다는 증거이다. 셋째로 가인과 아벨이 각각 제사를 드렸다(4:1-4)는 사실이 이미 아내를 얻어 가정을 이루었다는 증거라고 본다. 그런데 가인이 아벨을 죽인 후 생명의 위협을 느낀 사람들(4:14)은 아담의 후손들이라는 증거인데, 가인이 그들 중에서 아내를 얻은 사실(4:17)은 근친결혼의 문제가 제기된다. 사실 인류가 한 부모로부터 전파되었다(행 17:26)는 사실에서 근친결혼은 피할 수 없었고, 처음에는 유전학적 손상의 위험성이 적었지만 후일에 사람들이 많아지면서 근친결혼의 필요성이 감소하여 금지했다는 것이다(레 18:16-18).

따라서 우리는 정통교회의 성경해석을 잘 알아야 한다. 또한 신천지의 접근질문은 성경의 바른 이해를 위한 것이 아니라 자신들의 이단사상을 펼치기 위한 수단임을 잊지 말아야 한다.

접근질문 14
하나님은 왜 가인의 제사를 받지 않았는가?

신천지는 성경적인 종교로 가장한 이단사이비 집단이다. 오늘의 접근질문이 바로 그런 사실을 잘 입증한다. 신천지는 정통교회 신자들에게 접근하면서 왜 하나님은 가인의 제사를 받지 않았는가 하고 질문을 던진다. 즉 창세기 4장 3-7절에서 아담의 아들인 가인과 아벨이 각각 땅의 소산물과 양의 첫 새끼로 제사를 드렸는데 하나님은 아벨의 제사는 받으시고 가인의 제사는 받지 않으셨다는 것이다. 그런데 그 이유가 무엇인지 묻는다. 신천지는 정통교회에는 일반적으로 다양한 해석들이 있으나 확실한 답이 없고, 자신들은 확실한 성경적 답변을 가지고 있다고 주장한다. 곧 요한일서 3장 12절인데, "가인같이 아시 밀리 끼는 악한 자에게 속하여 그 아우를 죽였으니 어떤 연고로 죽였느뇨? 자기의 행위는 악하고 그 아우의 행위는 의로움이니라." 신천지는 하나님께서 가인의 제사를 받지 않으신 이유가 한 마디로 「소속의 문제」라고 단정하였다. 더 황당한 것은 가인은 악의 소속인데, 악이란 「말씀의 씨」가 없는 것이라고 하였다.

신천지의 이런 주장에는 아무런 문제가 없는가? 저들은 너무 단순하고 편협한 주장을 한다. 가인이 악에 속하여 그 아우를 죽였다는 표현을 간단하게 「소속의 문제」라고 정리할 수 있는가? 그들이 제시한 요한일서 3장 12절의 후반을 살펴보라. "자기의 행위는 악하고 그 아우의 행위는 의로움이니라." 이것은 가인의 문제는 「소속의 문제」라기보다는 그의 행위와 그 성격이 악하다는 말이다. 더구나 가인의 악행은 「말씀의 씨」가 없어서라는 주장도 자의적인 해석이다. 사실, 신천지가 「소속」이란 용어를 꺼낸 것은 신천지 소속 아니면 정통 교회 소속을 암묵적으로 강요하는 표현으로 보인다. 또한 「말씀의 씨」라는 표현도 신천지만이 독점하고 있는 용어가 아닌가?

신천지의 이런 주장이 얼마나 황당한가를 살펴보자. 첫째로, 창세기 4장 3-5절의 본문을 자세하게 읽어보자. 「성경본문이 자중한다」는 원리에 입각하여 해석하는 것이 복음적인 성경읽기이다. ① 우선 주목할 부분은 3절에 "가인은 땅의 소산으로 제물을 삼았고," 4절에 "아벨은 양의 첫 새끼와 그 기름으로 드렸다"고 하였다. 히브리어 원어를 찾아보면, 농사하는 가인은 자기 방식대로 땅에서 얻은 보통의 곡식(pheri)을 드렸고, 목축하는 아벨은 소유물 중에서 가장 좋은 것인 양의 첫 새끼와 그 기름(heleb)을 드려 제물(minha)을 삼았다는 것이다. 특히 주목할 것은 아벨의 제물은 희생의 제물이었다는 사실이다. 여기에서 하나님이 제사를 열납하신 이유가 제물의 차이에 따른 것이라는 해석이 제시되었다. ② 다음으로 4절 후반과 5절 전반에, "여호와께서 아벨과 그 제물은 열납하셨으나, 가인과 그 제물은 열납하지 아니하신지라"라고 기록하였다. 「아벨과 그 제물」이라는 표현을 주목해 보라. 표현한 순서에 따르면 하나님께서는 제사의 제물보다 제사 드리는 자를 먼저 주목하신다는 것이다. 루터와 칼빈을 비롯한 많은 복음적인 학자들이 이 입장을 지지한다. 만일 예배자가 하나님의 마음을 기쁘시게 할 수 없다면 그의 예물은 거부당하게 된다(히 11:1). 즉 예배의 열납은 예물이 아니라 예배자에 달려 있다(마 5:23-24). 따라서 신천지가 주장하는 것처럼 「소속의 문제」가 아니라 「하나님 앞에서의 인격」이 문제이다.

둘째로, 신천지는 가인과 아벨의 제사에 대한 성경 자체의 해명을 외면하고 있다. 어떤 성경구절이 난해구절이면 배경적으로 가까운 다른 구절이 도움을 줄 수 있다. 즉 신천지가 제시한 요한일서 3장 12절보다는 더 직접적인 구절이 있다. ① 히브리서 11장 4절인데, "믿음으로 아벨은 가인보다 더 나은 제사를 하나님께 드림으로 의로운 자라 하시는 증거를 얻었으니 하나님이 그 예물에 대하여 증거하심이라." 히브리서 기자는 하나님이 아벨의 제사를 열납하신 이유는 분명히 "믿음으로 가인보다 더 나은 제사를 드렸기 때문"이라는 것이다. 아벨이 드린 제사는 하나님의 지시에 철저히 순종한 믿음의 행위인 것이다. ② 또한 히브리서 9장 22절인데, "피 흘림이 없은즉 사함이 없느니라." 구약에서 피 흘림의 제사는 아담과 하와를 위해 짐승을 희생하여 가죽옷을 지어 입히신 사실에 기인한다(창 3:21). 아담과 하와에게 베푸신 하나님의 은혜를 기억하는 가인과 아벨에게도 써시 피 흘림의 제사는 저사함의 조건이다. 구약제사에서 피 흘림은 후일에 있을 그리스도의 십자가 보혈을 상징한다. 따라서 아벨의 세물은 하나님의 뜻에 일치한 '더 나은 제사'인 것이다.

그러므로 신천지가 요한일서 3장 12절을 들어 답변한 것처럼 가인이 악의 소속이기 때문에 열납하시지 않았다는 주장은 세상을 선과 악의 대립으로만 보는 영지주의 이단사상에 기초한 것이다. 또한 선과 악의 기준을 말씀의 씨가 있느냐의 여부로 주장하는 것은 성경 본문의 뜻을 왜곡하는 것이요 어떤 성경적 근거도 없는 이단적인 주장이다. 따라서 우리 신자들은 저들의 이단사설에 속지 않도록 말씀을 바르게 이해하고 해석하는 성경공부에 힘써야 한다.

접근질문 15
주의 이름을 부르는 자와 주의 뜻대로 행하는 자 중에 누가 구원을 받는가?

신천지의 이번 질문은 「믿음 구원」과 「행위 구원」의 문제를 다루는 것처럼 보인다. 즉 주의 이름을 부르는 것과 주의 뜻대로 행하는 것을 대조하면서 구원의 진리를 말하려는 것 같지만, 결론은 엉뚱하게도 자신들이 가르치는 성경해석에 귀를 기울이라는 것이다. 이런 논리를 아전인수(我田引水)의 논리라고 부른다. 곧 자기 실속만 차린다는 뜻이다.

우선 신천지의 주장을 살펴보자. "정통교회 성도들은 구원에 대해 잘 모르고 있으며, 일반적으로는 자기 식대로 믿고 있을 뿐이다. 성경에 주의 이름을 부르는 자가 구원을 받고(롬 10:13), 주의 뜻대로 행하는 자가 천국백성이 된다(마 7:21)고 하였다. 그러나 주의 이름을 불렀으나 불법자로 심판된 자도 있다(마 7:22-23)고 하였으니, 따라서 주의 이름을 부르는 자와 주의 뜻대로 행하는 자는 결국 같은 입장으로서 우선 주의 뜻이 기록된 성경을 먼저 알아야 한다."라고 주장하였다.

주의 이름을 부르는 자나 주의 뜻대로 행하는 자가 같은 것이라는 주장에 문제점이 있다. 첫째로 우선 정통교회 신자들이 구원을 잘 모른다고 주장하는데 그것은 심리적인 전술이다. 신자들 중에 요한복음 3장 16절이 구원의 핵심진리인 것을 모르는 사람이 있을까? 기독교가 가르치는 구원의 진리는 아주 단순하다. 「하나님의 아들이신 예수 그리스도를 믿음으로」 구원을 받는다. 이것은 영원불변의 진리이다. 그런데도 신천지는 정통교회 신자들이 구원을 잘 모르고 각자 자기 식대로 믿고 있다고 자극하므로 연약한 신자들의 믿음을 흔들어 놓는다. 그렇지만 견고한 믿음을 가진 신자라면 이런 말에 불안해 할 이유가 전혀 없다.

둘째로 주의 이름을 부르는 자와 주의 뜻대로 행하는 자를 대조하여 설명하는데 이것은 잘못된 방법론이다. ① 먼저 주의 이름을 부르는 자를 언급한 로마서 10장 13절을 살펴보자. "누구든지 주의 이름을 부르는 자는 구원을 얻으리라." 이 구절을 놓고 한국교회와 신자들이 [부른다는 말에 집착하여] 입술로만 부르는 것으로 구원을 받는다고 생각하는 사람이 있을까? 이 구절은 예수님을 그리스도로 인정하는 마음의 동의가 있을 때 그것을 입술로 표현하는(롬 10:10), 즉 인격적 신앙을 의미하기 때문이다. ② 종종 이단자들이 신자들을 자기 논리로 이끌기 위해서 "주여! 주여! 하는 자마다 다 천국에 들어가

못하나 "(마 7:21 전반)라는 구절을 제시하여 일반 신자들을 입술로
만 주를 신앙하는 형식적인 신자들이라고 비판한다. 그러나 이런 언
어유희에 속지 말아야 할 것은 이 본문은 그런 의미가 아니다. 바로
다음 22-23절을 살펴보면, 주여! 주여! 하는 자들은 [입술로만 주
를 부르는 자들이 아니라] 주의 이름을 빙자하여 각종 기적과 권능을
행하고 거짓 선지자 노릇을 하는 불법의 사람들을 지시하기 때문이
다. ③ 또한 21절 후반에 "내 아버지의 뜻대로 행하는 자라야 [천국
에] 들어가리라"는 구절이 나오는데 그 '아버지의 뜻'이란 무엇인가?
아버지의 뜻은 요한복음 6장 40절에 정확히 기록되어 있다. "내 아
버지의 뜻은 아들을 보고 믿는 자마다 영생을 얻는 이것이니" 하였
다. 즉 「하나님의 아들이신 예수 그리스도를 믿어 영생을 얻는」 일이
하늘에 계신 아버지의 뜻이다. 따라서 이 본문도 믿음의 문제를 다루
는 것이지 행위 구원을 다루는 것이 아니다.

  셋째로 이단자들이 본문을 억지 해석할 때 우리 신자들은 항상 본
문의 전후 맥락을 살펴 성경말씀에 대한 바른 이해를 가져야 하겠다.
바로 앞 절들을 살펴보면 "거짓 선지자들을 삼가라 양의 옷을 입고
너희에게 나아오나 속에는 노략하는 이리라 그의 열매로 그들을 알
지니"(마 7:15)라고 말씀하고 있다. 한 마디로 참된 믿음을 가진 자
에게서 아름다운 열매를 거두고, 거짓된 믿음에서는 나쁜 열매를 거
둔다는 말씀이다. 따라서 마태복음 7장은 예수 그리스도에 대한 온
전한 믿음에서 나온 선행이 천국에 합당한 것임을 가르치는 것이지
이단자들의 가르침에서 나오는 악한 열매를 철저히 배격하고 있다.
그러므로 신천지가 이 본문을 가지고 주의 이름을 부르는 것이나 주
의 뜻을 행하는 것이 같은 것이라는 주장은 성경의 구원론, 즉 하나

님의 아들을 믿는 믿음이 구원의 조건이고 구원에 합당한 믿음을 가진 신자라면 주의 뜻을 행하게 된다는 가르침과는 불일치한 엉뚱한 속임말이다.

이번 질문을 살펴보면서 믿음 구원과 행위 구원의 문제를 생각하게 된다. 에베소서 2장 8-9절을 기억해 보자. "너희는 그 은혜에 의하여 믿음으로 말미암아 구원을 받았으니 이것은 너희에게서 난 것이 아니요 하나님의 선물이라 행위에서 난 것이 아니니 이는 누구든지 자랑하지 못하게 함이라." 성경의 어떤 구절도 행위로 구원을 받는다고 말하지 않는다. 우리에게는 「하나님의 아들이신 예수 그리스도를 믿는」 인격적인 신앙이 구원의 절대조건이다. 따라서 신자들의 연약한 믿음을 흔들어 놓으려는 이런 접근질문에 단호하게 대처해야 하겠다.

접근질문 16
하나님은 왜 사단 마귀를 지으셔서 우리의 신앙을 방해할까요?

신천지의 접근질문은 낚시꾼이 밑밥을 던져 물고기들을 낚는 것과 같다. 이번 질문도 엉뚱한 물음을 던져 듣는 자로 하여금 상당히 중요한 주제인 것처럼 착각하게 만든다. 사실 신자라면 초보단계에서 왜 하나님은 사단을 지으셨을까 하고 가볍게 생각해 본 적은 있을 것이다. 그렇다고 우리 신자들이 「하나님이 사단을 지으셨다」 혹은 「하나님이 우리의 신앙을 방해한다」 하는 물음에 아직도 머물러 있을까? 이것은 아주 비상식적인 물음이다. 이단의 전략은 가벼운 주제를 가장 중요한 주제인 것처럼 부각시키는 것이다. 그래서 자신들이 의도 신천지의 이번 주장도 단순한 논리이다. 「일반신자들은 사난의 곤재 이유를 잘 모르고 있는데 하나님이 일부러 사단을 만든 것이 아니다. 사단은 하나님을 대적하고 조직(?)에서 이탈한 자를 말한다(사 14:12-5; 벧후 2:4; 유 1:6). 하나님의 정체는 에덴동산의 생명나무이고, 사단 마귀의 정체는 선에서 악으로 기울어진 선악나무였다. 생명을 주는 나무인 하나님이 예수님을 세상에 보내시고 성령을 사람(이긴 자)에게 임하게 하여 생명을 나누어주신다. 그런데 하나님을 배도한 그룹 천사장(계 12:9), 곧 사단 마귀의 영이 사람(거짓목자)에게 들어가 자기를 하나님으로, 혹은 참 영, 참 목자로 주장하며 주인행세를 한다. 사람에게 들어간 그 악독한 천사의 입에서 나온 말이 사람의 생명인 영혼을 죽여 온 것이다(신 32:33). 따라서 하나님은 생명나무 곧 생명이고, 마귀는 선악나무 곧 사망이다」.

이런 주장에는 몇 가지 문제점이 드러난다. 첫째로 하나님을 생명나무요 사단을 선악나무로 구분하는 이분법은 아주 심각한 왜곡(성령훼방)이다. 신천지는 하나님을 대적하는 해석을 하였다. 하나님은 생명나무와 선악나무를 만드신 창조의 주로서 절대적 존재인데도 하나님을 생명나무로 그리고 사단은 선악나무로 규정하였고, 하나님을 피조적 존재로 그리고 사단과 대등하게 대립하는 상대적 존재로 해석한 것은 성경의 창조기록에 대해서 그리고 하나님에 대해서도 무식함을 드러내는 이단적 해석이다(벧후 3:16). 창세기 2장 9절을 바르게 읽어보라. "여호와 하나님께서 그 땅에서 보기에 아름답고 먹기에 좋은 나무가 나게 하시니 동산 가운데는 생명나무와 선악을 알게 하는 나무도 있더라". 이것은 저들이 성경구절들을 영적 비유로만 받아들이고 모든 것을 영과 육의 관계로, 혹은 양과 음의 관계로, 그리고 하나님과 사단의 관계로 즉 이분법적으로 해석하기 때문에 스스로 혼란을 자초한 실례이다.

둘째로 사단을 "하나님의 대적자요 조직의 이탈자"로 정의했는데 여기에는 성경에 대한 의도된 왜곡이 있다. 우선 하나님을 대적하는 자를 사단이라고 표현한 것은 옳다. 그런데 사단을 조직에서 이탈한 자로 말한 것에는 숨은 의도가 있다. 정통교회는 성경대로 하나님의 보좌를 지키던 천사장이 하나님과 겨루어보겠다 대적하므로(사 14:12-14) 하나님께서 그 천사들을 흑암에 가두시고(유 1:6) 또한 땅으로 쫓아내시므로 그 지위를 박탈당한 존재가 사단이라는 것이다. 그런데 신천지는 "사단이란 조직(?)을 이탈한 자"라고 정의하였다. 도대체 그 조직이란 무엇인가? 곧 신천지를 말하려고 성경에 없는 말을 슬쩍 집어넣은 것이 아닌가? 이것은 하나님의 말씀에 자기 생각을 더하는 창세기에 나타난 사단의 모략과 동일한 방식이다(창 3:1-5). 구약에서 거짓 선지자들은 하나님의 말씀이 아니라 자기 마음에 품은 생각을 말한다고 하지 않았는가?(렘 23:16,26).

셋째로 하나님의 성령은 이긴 자의 육체에 들어가 흰옷 입은 무리를 구원하여 천국을 이루고, 사단 마귀의 영은 거짓 목자(정통교회 목사)에게 들어가 사람의 영혼을 죽이는 말을 하게 한다는 주장으로서 지어낸 말 어불성설(語不成說)이다(느 6:8). 영이 육체에 들어가 다스린다는 주장은 고대 헬라철학의 영향을 받은 영육합일의 신비주의라는 이단사상이다. 이런 주장은 성경에서도 정죄 받은 망령되고 허탄한 신화이다(딤전 4:2). 교회 역사에서도 이단으로 정죄되었는데, 주후 165년경 터키 지역에서 몬타누스라는 사람이 자신 안에 성넝이 특이와 게신다고 하더니 결국 자신의 말이 곧 성령이 하시는 말씀이라고 주장하여 정죄 받았다. 이런 주장의 위험성은 넝이 우월하다고 전제하여 몸 안에 들어온 영이 자기의 주체가 되었다고 주장하는 점이다. 신천지 교주인 이만희 씨도 자신을 보혜사 성령이라고 부르고 있음이 그 증거이다. 신천지는 성령이 들어갈 사람은 이긴 자(교주를 암시)이고, 사단의 영이 들어갈 사람은 거짓 목자(정통교회 목회자)라고 가르치므로 자신을 신격화하고 있다. 정통교회는 성령의 내주하심에 대해 몸의 공간을 채움이 아니라 인격의 다스림으로 가르친다. 신천지는 성령이해에 있어서 기본적인 무지의 오류가 있다.

이단자들은 항상 "이것 아니면 저것"이라는 이분법의 틀 속에 가두어 신자들의 자유로운 생각을 허용하지 않는 특징이 있다. 신천지의 이번 질문은 사단의 존재 이유를 모르는 신자들의 이해를 돕고 신앙생활에 어려움을 겪는 초보 신자들을 도와주려는 목적이 아니라 신천지 교리를 선전하기 위한 방편에 불과하다. 정통교회는 하나님은 사단과 대립하는 상대적 존재가 아닌 절대적 존재이며, 생명나무와 선악나무를 모두 만드셨을 뿐 아니라 모든 천사들까지도 만드신 창조주이심을 믿는다. 또한 성경을 해석할 때에도 자기 생각을 집어넣거나 허탄한 신화인 세속철학에 의존하여 영적 비밀을 푸는 자의적인 해석을 허용하지 않는다.

접근질문 17
어린 양의 피에 옷을 씻으면 무슨 색의 옷이 될까?

신천지는 성경의 궁금증으로 접근한다. 평소에 중요하게 여기지 않았던 성경구절의 표현을 들어 중요한 것처럼 강조하여 성경지식이 부족한 신자들을 당황하게 만든다. 이것은 철저히 계산된 접근전략이다. 오늘의 주제가 바로 그런 경우이다. "어린 양의 피에 옷을 씻으면 무슨 색이 될까요?" 한마디로 신천지는 신자들을 어린아이로 취급한다. 우리 신자들 중에 누가 예수님이 흘리신 피가 빨간 색이니 그 피로 옷을 씻으면 빨간색이 된다고 말하겠는가? 그런데도 이것은 일반 신자들이 들어보지 못한 내용이며, 자신들은 이런 궁금증에 답을 가지고 있다고 미혹하여 신자들의 경계심을 무너뜨린다.

우선 신천지가 증거로 제시한 본문을 살펴보자. 그것은 계시록 7장 14절인데, "이는 큰 환란에서 나오는 자들인데 어린 양의 피에 그 옷을 씻어 희게 하였느니라." 이 본문을 앞세워 어린 양의 피로 옷을 씻으면 붉은 핏빛이 아니라 흰색으로 바뀌는 것이라고 주장한다. 그러나 신천지의 이런 주장은 본문의 말씀을 왜곡한다. 이 본문은 옷 색깔의 변화를 말하는 것이 아니다. 오히려 우리의 죄사함은 인간의 공로에 의한 것이 아니라 전적으로 어린 양이신 그리스도의 보혈이라는 속죄의 피로 말미암은 것임을 강조한다. 특히 "씻어"에 해당하는 헬라어는 부정과거시제 형태인데 단회적 행위를 말하며 그 효력이 영원함을 나타낸다. 즉 본문에 나타난 큰 환란에서 나오는 무리들은 그리스도의 대속적 죽음을 통해서 깨끗함을 입고 구속 받은 자들이다.

이어서 신천지는 왜 희어졌다고 하였는가를 질문한다. 고린도전서 2장 14절을 들어 그것은 영의 일이므로 육에 속한 사람은 알 수 없다고 강조하였다. 그런데 여기에서 육에 속한 사람은 '구원 얻지 못한 자연인의 상태'를 말하는 것이지 신천지의 주장처럼 영적인 수

통념속에 임치된 신가를 말하는 것이 아니다. 저들의 속내는 보혜사 성령이 친림하여 있는 교주의 영적 가르침을 받지 않으면 알 수 없다고 말하려는 것이다. 이런 신천지 사상은 영과 육을 날카롭게 구분하면서 인간의 육체에 성령이 내려와 공존한다는 영육합일의 신비주의나 헬라철학 사상에 일치한다. 결국 자신들은 영에 속하여 말씀을 바로 깨닫고 받아들이는데, 반면에 정통교회는 육에 속하여 잘 모른다는 식이다.

또한 어린 양의 피는 요한복음 1장 29절과 6장 53, 63절에 따라 예수님의 말씀이라고 주장한다. 앞의 구절은 세례 요한이 예수님을 보고 "보라 세상 죄를 지고 가는 하나님의 어린양이로다"라고 외쳤던 내용이고, 뒤의 구절은 "인자의 피를 마시지 않으면 생명이 없다"(53절), "살리는 것은 영이니 육은 무익하다"(63절)라는 말씀이다. 정통교회는 예수님이 어린 양이 되심은 속죄물이 되심이고, 예수님의 피를 마심은 죄인과 속죄물의 영적 연합이라고 해석한다. 그런데 신천지는 어린양의 피에 씻는 것을 예수님의 말씀으로 씻는 것이라며 전혀 다른 억지해석을 한다(벧후 3:16).

또 다른 신천지의 오류는 계시록 19장 8절에 대한 자의적 해석에 있다. 본문을 보면 "그에게 빛나고 깨끗한 세마포 옷을 입도록 허락하셨으니 이 세마포 옷은 성도들의 옳은 행실이로다." 이 구절도 정통교회는 신랑 되신 예수님을 맞이하는 성도의 세마포 준비, 곧 성결한 마음과 생활의 준비를 말하는 것이지, 빛나고 깨끗한 세마포 옷이란 표현을 들어 빨간 핏빛이 아닌 흰색으로의 변화라고 말하지 않는다. 더 나아가 신천지는 의도된 결론을 끌어내기 위해 계시록 22장 14절을 연결한다. "자기 두루마리를 빠는 자들은 복이 있으니 이는 그들이 생명나무에 나아가며 문들을 통하여 성에 들어갈 권세를 받으려 함이로다." 여기에서 두루마리를 빠는 행위는 사람들이 죄로 인하여 더럽혀진 옷을 그리스도의 피로 씻어 그리스도의 구속에 참여하는 것이다. 계시록 7장 14절에서 옷을 씻는 행위는 역사적인 십자가의 구속에 참여함을 말한다면, 본문의 옷을 빠는 행위는 현재 시제로서 계속해서 그리스도의 피를 의지해야 함을 말한다. 그런데 신천지는 다음처럼 달리 해석한다.「두루마리를 빠는 것은 거짓 목자들에 의해서 영향 받은 정통교리를 씻어내는 것이고, 생명나무에 나아간다는 말은 말세의 유일한 생명나무인 교주 이만희에게 나아오는 것이며, 문들을 통한다는 말은 열두 지파장에 의해 선포되는 생명수 말씀으로 마음과 행실을 씻고 생명책에 기록됨이고(계 21:27), 성에 들어갈 권세를 받는다는 말은 거룩한 성인 신천지 성읍에 들어갈 허락을 받아 구원을 완성한다는 것이다」(계시록의 실상, 489쪽).

우리는 신천지가 성경본문을 제시하고 풀이한다고 해서 단순하게 성경적인 주장이라고 보아서는 안 된다. 표면적으로 말하는 것과 이면적인 교리가 분명히 다르기 때문이다. 따라서 우리 성도들은 하나님의 말씀에 대한 실제적인 이해와 영적인 이해를 분리시켜서는 안 되고, 성령의 조명을 받아 성경말씀을 더 진지하게 살펴 읽으므로 저들의 계산된 질문과 해석에 현혹되지 말아야 한다.

접근질문 18
종말 때에 특별히 조심해야 할 짐승은 무엇입니까?

신천지는 신자에게 살며시 다가와 질문한다. 종말의 때에 특별히 조심해야 할 짐승은 무엇입니까? 신자들은 평소에 생각하지 않았던 질문이어서 당황하게 된다. 신천지 추수꾼은 신자들에게 접근하여 성경구절들을 인용하면서 종말에는 개를 조심하라(빌 3:1-2), 천국에 들어가지 못하는 짐승이 개이다(계 22:15), 거룩한 것을 개에게 주지 말라(요 17:17), 그리고 개란 배도자요 몰각한 목자이다(사 56:10)라고 하면서 성경을 다 통달한 것처럼 힘주어 말한다. 정말 그런가?

이런 주장은 교주 이만희가 새로운 직통계시라고 주장하는『요한계시록의 실상』의 489쪽에 등장한다. "하나님이 맡기신 사명을 다하지 못하는 몰각한 목자는 양떼를 지키지 못하는 벙어리 개요 소경이 된 개이며(사 56:9-11), 거룩한 계명을 받고도 저버리는 자는 개이며(벧후 2:21-22), 진주와 같은 귀한 하나님의 말씀을 개에게 주지 말라 하셨으며(마 7:6), 배도한 일곱 목자(계 2-3장)와 바다에서 배 부리는 바벨론 목자들이 개인데, 이들은 하나님께서 약속하신 말씀과 목자와 증거장막 성전과 생명나무를 믿지 않고 대적하였으므로 거룩한 성에 들어가지 못 한다. 그러므로 말세의 성도는 개 같은 목자를 분별하여 자기 신앙을 지켜야 한다."라고 주장하고 있다. 한 마디로 말하면 "기성교회 목회자와 배도한 장막성전의 유재열과 그 추종자들은 신천지의 가르침을 알아보지 못하고 유일한 생명나무인 이만희를 믿지 않고 대적하기 때문에 거룩한 성에 들어가지 못하는 개"라는 것이다.

그러나 결론부터 말하면 성도들이 조심해야 할 개는 기성교회 목회자가 아니라 신천지 자신이다. 왜냐하면 신천지가 제시한 성경구절들을 살펴보면 간단히 해결된다. 각각의 본문에서 개는 사도가 전한 복음을 대적하는 자들이고(빌 3:2), 종교의 이름 아래 성적으로 타락한 자들이며(계 22:15; 신 23:18), 유대인들이 전통적으로 경멸하는 이방인이며(요 17:17; 마 7:6), 양떼를 삼키려 하는 이단의 침투를 경계해야 하는데 탐욕에 빠져 자기의 영적 책무를 게을리 하는 목회자를 책망하는 것이다(사 56:9-11). 따라서 성경구절들이 정죄하는 대상은 사실 신천지와 같은 이단자들이다. 이처럼 신천지는 성경 본문을 본래 의미와는 상관없이 자신들의 목적에 따라 취사선택하는 자들이다.

구약과 초기 유대교에서 개에 대한 태도는 이중적이었다. 경비견이나 양 떼를 지키는 개처럼 개들은 경제적으로 유용했다(욥 30:1). 반면에 개들은 사람들이 역겨워하는 습성을 지니고 있었기 때문에 경멸의 대상이기도 했다(잠 26:11; 눅 16:21). 쿰란 문서에도 개들은 성소에 희생제물로 드려진 살이 붙어 있는 뼈들을 먹을 염려가 있기 때문에 개들을 거룩한 진으로 들여보내서는 안 된다고 하였다. 그런데 사람에게 적용되었을 때에 개라는 용어는 모욕적인 말이었고 (삼상 17:43; 24:14; 왕하 8:13; 사 56:10-11) 유대인들이 이방인들을 가리킬 때 이 용어를 사용했다(막 7:27-28; 마 15:26-27). 그리고 마태복음 7장 6절과 디다케 9장 5절에 나오는 「거룩한 것을 개에게 주지 말라」는 격언은 후자의 본문에서는 세례 받지 않은 자들을 성찬식에서 배제하는 데 적용하였다. 따라서 개라는 용어는 이단자들(빌 3:2; 벧후 2:22; 엡 7:1)에게는 물론이고 세례 받지 않은 자들, 곧 부정한 자들을 가리키는 데 사용되었다.

정리하면 신천지가 종말에 개를 조심하라는 주장은 결국 자신들과 같은 이단을 조심하라는 말이다. 저들이야말로 사도들이 전해 준 복음을 대적하고, 영적으로 타락한 자들이며, 정통교회와 신자들을 오히려 이방인으로 정죄하며 침탈하는 자들이다. 따라서 정통교회와 목회자들은 깨어나 신천지 이단을 경계하고 양떼를 지키는 목자의 역할을 다 해야 할 것이다. 성도들도 이런 신천지 추수꾼들의 접근질문에 자칫 현혹되지 않도록 말씀과 기도로 분별력을 갖추어야 할 것이다.

접근질문 19
성경에는 아담 말고도 흙으로 지어진 사람이 있는데 혹시 누구인지 아는가?

성경에 아담 외에 흙으로 지어진 사람이 있는가? 이것은 참으로 황당하고 어처구니없는 질문이 아닐 수 없다. 성경을 신실한 자세로 읽어본 사람이라면 답은 명백하다. 아담 이외에는 없다. 그런데 신천지는 이런 질문을 던지고 곧바로 답변을 주지 않는다. 왜냐하면 이것은 성경에 궁금증을 갖게 하여 신천지 성경공부로 끌어들이기 위한 미끼에 불과하기 때문이다.

신천지의 주장을 일단 정리해 보자. 성경에는 아담 말고도 흙으로 지어진 사람들이 있다고 했는데 욥기서 33장 6절을 보면 "나와 네가 하나님 앞에 일반이니 흙으로 지음 받았다"라고 하지 않았는가? 욥기 1장 21절에서도 "내가 모태에서 적신(벗은 몸)으로 나왔다"고 했으니 흙으로 지어진 것을 말하지 않는가? 또한 창세기 3장에서 뱀에게 내린 저주가 "종일토록 흙은 먹는다."라고 했는데 흙이란 사람의 원재료가 아닌가? 이것은 사단인 뱀이 흙으로 지어진 사람들을 집어 삼킨다는 뜻이다. 따라서 타락한 아담 말고도 흙으로 지어진 육적인 사람들이 많다. 아주 그럴듯해 보이지만 이것은 각각 본문의 본래 의미와는 거리가 있는 영해에 해당한다.

우선 「사람이 흙으로 지어졌다」는 사실을 성경적으로 살펴보자. 사람의 창조는 창세기 1장과 2장 두 곳에 기록되어 있는데, 흙으로 빚어진 사실은 창세기 2장 7절에 처음으로 언급되고 있다. 여기에서 「흙」이란 "땅의 먼지 혹은 티끌"을 의미하는 히브리어 '아파르'(aphar)가 사용되었다. 즉 아담(adam)은 땅(adamah)의 티끌로 지음 받은 존재이며, 따라서 아담이란 이름은 특정 인물을 지칭한다기보다 땅(adamah)과 깊은 연대적 관련성을 가진 사람 자체를 말한다. 더 나아가 2장의 본문은 다른 피조물의 창조와는 다른 방식으로 사람 창조를 설명한다. 즉 흙으로 빚어진 사람에게 하나님이 생명의 기운(neshama)을 불어넣으시고 생령(living soul)이 되게 하셨다. 이것은 아담 이외의 피조물 즉 흙으로 빚은 각종 짐승들(창 2:19)과 구별하여 사람만이 하나님과의 교제가 가능한 인격적 존재임을 부각시키고 있다. 정리하면 사람이란 흙으로 빚어진 존재이지만 하나님의 생명을 부여 받아 하나님과 교제할 수 있는 존재라는 것이다.

정통교회는 사람이 흙으로 지어졌다는 사실을 신천지처럼 지나치게 영적 의미로 해석하는 것을 경계한다. 다음의 몇 가지 이유에서 그렇게 생각한다. 첫째, 사람이 흙으로 빚어졌다는 사실이 본문의 핵심이 아니다. 창세기 1장에서 사람의 창조기사에는 흙이 등장하지 않고 「하나님의 형상대로 사람을 창조하시되」 하였다(1:26-27). 그런데 2장에서는 「흙으로 사람을 지으시고」 라고 특정하였다(2:7). 즉 1장은 창조항목에 대한 일반적인 설명과 함께 사람을 창조하시는 하나님의 의도(형상)를 강조하였고, 2장은 사람창조의 구체적인 설명과 함께 하나님과 교제가 가능한 영적 독특성을 언급하고 있는 것이다. 둘째로 아담이 흙으로 빚어졌다면 여자인 하와는 어떻게 창조되었는가? 창세기 2장 22절에 하나님이 「아담에게서 취하신 그 갈빗대로 여자를 만드시고」라고 기록하였다. 그렇다면 여자인 하와는 흙으로 빚어진 사람이 아닌 셈이 되는가? 신천지의 질문방식대로 하면 남자만 흙으로 빚어졌고 여자는 흙으로 빚어지지 않았다고 주장해야 마땅하다. 셋째로 더구나 사람만이 흙으로 지어진 것도 아니다. 창세기 2장 19절에는 「흙으로 각종 들짐승과 공중의 새들도 지으시고」라고 기록하였다. 그러므로 흙으로 빚어진 것은 아담만이 아니라 온갖 짐승들도 포함된다. 이런 점에서 「흙으로 빚으셨다」는 성경의 증거는 모든 생명체와 땅(adamah)과의 깊은 창조적 연관성을 의미하는 것이지, 단순하게 육적 존재와 영적 존재의 대비를 위한 해석근거로 삼아서는 안 된다.

이 시점에서 신천지의 주장에 연관 지을 수 있는 두 가지 지나친 성서해석을 소개하고자 한다. 첫째로는 창세기 1장에 나타난 많은 사람들은 흙으로만 지어진 영이 없는 육적 인간이고, 2장의 아담은 그런 육적 인간들 중에서 뽑혀 하나님의 영을 부여 받은 영적 인간이 되었다는 이중사람론이다. 이것은 성락침례교회의 김기동 목사가 주장하는 이단사상에 해당한다. 둘째로는 1장과 2장의 창조기사를 날카롭게 구분하는 해석이다. 그 이유는 1장의 하나님의 칭호(Elohim)와 2장의 칭호(Yahweh)가 다르기 때문에 두 명의 저자 혹은 서로 다른 문서라는 것이고(문서가설), 1장과 2장에 두 번 창조기사가 나오는 것은 하나님의 창조행위가 일정한 시차를 두고 적어도 두 차례 이상 이루어졌다는 주장이 있다(gap theory). 그러나 성서 복음주의 입장에서는 이런 견해들을 다 수용하지 않는다. 왜냐하면 창조의 기사는 제1일에서 제6일로 끝나지 않기 때문에 제7일째의 기록인 2장 4절까지가 내용상 1장의 연속인 것이며, 고대 근동의 문서들은 일반적인 서술에 이어서 상세한 설명을 제시하는 관례가 있기 때문이다.

접근질문 20

아래의 말씀을 성경대로 해야 하는가? 아니면 하지 않아도 되는가?

(오른 눈과 오른 팔이 너를 실족케 하거든 빼고 찍어버리라는 말씀을 따라야 하는가?)

신천지의 성경관은 아주 특이하다. 그들이 주장하는 성경관은 문자적인 의미가 아니라 비유적인 의미를 알아야 구원 받는다는 것이다. 다시 말하면 「성경의 말씀대로 하라」가 아니라 「신천지의 말씀대로 하라」는 것이다. 저들도 같은 성경말씀을 언급하지만 정통교회가 가르치는 「하나님의 말씀」이 아니라 교주 이만희가 풀이하는 계시록 중심의 성경풀이를 「말씀」이라고 가르친다. 이런 점에서 정통교회 신자들은 신천지의 자기 맘대로(자의적인) 성경해석을 판별하는 능력(바른 이해)이 꼭 필요하다.

오늘의 질문이 그런 실례가 된다. 신자에게 접근하여 던지는 질문은 「마태복음 5장 29-30절에 "오른 눈과 오른 팔이 너를 실족케 하거든 빼고 찍어버리라"고 하였는데 이 말씀대로 오른 눈과 오른 팔을 빼어내고 찍어내어야 하는가? 또한 왜 하필이면 오른쪽 눈이며 오른

쓴 셈인가? 일반 신자들은 깊이 생각하거나 고민하기를 꺼려하는데 그것에는 문자적 의미가 아닌 속뜻이 있다. 몇 번의 만남을 통해 알려 주겠다」라고 주장하며 미혹한다.

말하자면 마태복음 5장에 대한 해석을 달리 해야 한다는 주장이다. 신천지 방식의 성경해석의 오류는 다음과 같다. 첫째로 '눈을 빼어버리라'는 구절은 본래 눈이 신체의 일부로서 사람으로 하여금 죄를 짓게 만드는 부분인 것을 지적하여 철저히 경계할 것을 말씀하는 것인데, 신천지는 엉뚱하게도 특정한 신분의 사람으로 해석해 버렸다. 그것은 이사야 29장 10절에 「눈은 선지자이다」라는 구절이 나오는데 이것을 문자적으로 받아들여 눈이란 선지자를 비유한다고 강조하였다. 즉 선지자들이 눈의 빛을 잃어버린 소경이 되어 말씀을 잃어버리고 영(성령)이 떠난 육적인 목자(인도자)가 되었기 때문에 그들을 제거하라 혹은 떠나라는 뜻으로 해석한다(신 27:18; 사 43:8; 마 15:14; 마 6:22-23; 계 2:4,5 등). 우리는 이것을 자의적인 해석이라고 부르는데 성경본문을 왜곡한 비유해석이다. 신천지는 자신들만의 해석에 필요한 단어나 구절이 들어있는 성경본문들을 그 배경이나 원래 의미와는 상관없이 동원하여 억지해석하고 있다.

둘째로 '너로 실족케 하거든'이란 구절에서 헬라어로는 「스칸달리조」라는 용어가 사용되어 "너의 전 존재를 죄 짓는 유혹으로 이끌거든"이란 뜻을 가지는데 정통교회는 신체에서 중요한 눈(오른쪽 눈)이 유혹의 도구와 동기 및 원인이 되는 것을 지적하고 특히 사람에게 약한 부분인 음욕에 대한 절제를 강조하려는 것으로 해석하였으나 신천지는 엉뚱하게도 성령이 떠난 선지자 혹은 목자들이 소경이 되어 말씀도 없이 잘못 인도하는 행위라고 전혀 동떨어진 해석을 하였다.

어떤 성서학자는 이 구절에서 오른 눈만이 아니라 오른 손이 등장한 이유는 구약적 관점에서 남성의 성기를 가리키는 완곡어법이라고 해석하기도 하였다(사 57:8). 따라서 이 본문은 하나님 나라에 들어갈 자에게는 죄(음욕)를 짓게 하는 부분을 단호하게 끊어내야 할 것을 촉구하는 상징적 교훈이라고 할 수 있다. 특히 마태복음 5장이 산상수훈이라는 사실에 입각하여 본문의 원래 의미를 정리하면 예수님의 제자라면 죄 문제를 단호하고 철저하게 해결해야(온전한 회개) 천국에 합당하다는 것이다.

셋째로 실족하게 하는 눈이나 신체를 빼거나 찍어 내라는 말씀은 예수님의 제자들에게 범죄하지 않도록 결단력 있는 참 회개를 촉구한 것인데, 신천지는 계시록 2장 4-5절, "회개치 아니하면 네 촛대를 옮기리라"는 말씀을 「오른 눈을 빼어내라」는 구절에 연결시켜 해석하였다. 즉 정통교회는 말씀이 없고 영이 없는 육적인 교회이며, 회개가 없으면 촛대를 옮기신다고 하셨으니 성령이 떠난 교회이고 목자들이 잘못 인도하는 교회이므로 하나님은 정통교회에서 촛대를 옮기셔서 신천지 자신들을 말세의 사명자로 세우신 것이라고 주장한다.

이것은 참으로 황당무계한 억지해석이 아닐 수 없다. 생각해 보라! 하나님의 말씀을 하나님의 말씀으로 해석하지 않고, 스스로 보혜사 성령이고 재림 예수이며 이긴 자라고 자칭하는 자의 해석을 진리라고 주장하고 있는데 누가 진정 소경인가? 누가 눈먼 선지자인가? 우리 신자들은 인간 성령이 아닌 하나님이신 성령의 조명으로 진리를 분별하기를 바란다. 얼마 전 신천지 교육강사였던 모 씨가 신천지의 거짓됨을 만천하에 드러내는 양심선언을 하였다. 이제는 진리가 아닌 것을 진리가 아니라고 외치는 양심적인 신천지 신자들이 계

숙 숨어하기를 긴심요르 바라며 기도한다,

예수님을 믿는 자는 무슨 독을 먹을지라도 해를 받지 않으며 뱀을 잡을
수 있다는 말을 어떻게 이해해야 하는가?

이단의 배후에는 하나님의 말씀을 조롱하는 사단의 모략이 있다.
이단역사의 첫 장면인 창세기 3장을 살펴보자. 하와를 미혹하기로
작정한 사단은 무엇보다도 하나님의 말씀에 대해 의심을 품게 하는
전략을 구사하였다. "하나님이 참으로 너희더러 동산 모든 나무의 실
과를 먹지 말라 하시더냐"(창 3:1) 또한 사단은 하나님의 말씀에는
다른 속뜻이 있다고 하와의 귀를 향해 속삭였다. "너희가 그것을 먹
는 날에는 너희 눈이 밝아 하나님과 같이 되어 선악을 알 줄을 하나
님이 아심이니라"(3:4-5). 신천지의 접근질문들을 들여다보면 어
쩌면 그렇게도 사단의 전략과 일치하는지 모르겠다. 오늘의 접근질
문에서도 정통교회의 일반 신자들은 성경을 잘 모르거나 오해하고 있
다고 전제한다. 그리고 자신들은 그 속뜻을 잘 알고 있으니 자신들의
말에 귀를 기울이라고 미혹하고 있다.

신천지가 제시하는 성경본문은 마가복음 16장 17-18절이다. 예
수를 믿는 자에게 뒤따르는 표적에 관한 구절인데 오순절 성령운동
가들이 자주 인용하는 구절이다. 대체로 오순절 성령운동가들은 성
경본문에 언급된 약속들이 시대를 뛰어넘어 오늘에도 재현될 수 있
다는 문자적인 확신을 가지고 있다. 따라서 성경에 대한 해석보다는
성경의 약속들에 대한 신뢰를 보인다. 그래서 성경에 기록된 대로 초

자연적인 역사를 기대한다. 말씀을 대하는 이런 자세도 훌륭하지만 우선적으로 이 본문은 복음 때문에 겪게 될 고난과 핍박의 현장에서 하나님은 신자들을 초자연적 능력으로 보호하고 구원하신다는 의미로 해석해야 한다.

그러나 신천지는 이 본문을 잘못 해석하였다. 첫째로 이 구절을 정통교회 목사가 문자적으로만 받아들여 실제로 뱀에 물려 죽었다는 실례를 제시하였다. 즉 미국의 듀어 헤일이라는 목사님이 예배시간에 방울뱀이 들어 있는 자루에 손을 넣어 물렸는데 치료를 하지 않다가 그날 사망했다는 것이다. 정통교회는 성경구절을 문자적으로만 수용하므로 그런 폐해가 있다는 것이다. 그러나 신천지의 결정적인 잘못은 자신들에게는 불리한 성경말씀들을 외면함에 있다. 곧 사도행전 28장 1-5절을 읽어보면 알 수 있다. 사도 바울이 멜리데 섬에서 독사에게 물렸으나 죽지 않고 살아났다는 생생한 기록이다. 결국 신천지는 이 사도행전 본문이 자신들의 주장에 도움이 되지 않자 외면하였다. 사실 마가복음 16장과 사도행전 28장에 나오는 표적은 사도들이 전하는 메시지가 하나님으로부터 온 것임을 증명하는 초자연적 사건의 증거이다. 두 본문에서 보면 뱀의 독을 먹거나 독사에게 물리면 죽거나 아니면 살 수 있다. 그런데 뱀에 물린 사람의 죽고 사는 것은 하나님의 주권적인 뜻에 달린 것임을 깨닫게 된다. 더구나 이사야 11장 8절에는 아이들이 독사의 굴에 손을 집어넣을 수 있는 날이 온다고 약속하셨다. 이 구절은 믿음에 관한 구절인데, 그렇다고 하나님을 한 번 시험해 보려고 독사의 굴에 손을 집어넣는 어리석은 신자가 있을까?

둘째로 신천지는 이 구절에 대해 자신들만의 독자적인 비유해석을 시노셨나 ① 뱀을 집으며 독을 마셔도 해를 받지 않는다는 말의 「진정한 의미(?)」가 있다는 것이다. 여기에서 독이란 말씀이 없는 육적인 정통교회 목자들이 주는 비진리를 말하고, 진짜 믿음이 있는 신천지 교인들은 이런 비진리를 들어도 영이 죽지 않는다는 뜻이라고 해석하였다. 영과 육의 관계로 억지로 꿰어 맞추는 사이비 영지주의 해석이다. ② 이런 주장을 뒷받침하기 위해서 의미와 맥락이 일치되지 않는 해석을 제시했는데 성경에서 뱀이란 사단을 비유하는 표현이고, 뱀이 가진 독이란 입에서 나오는 것이므로 사단과 같은 자들의 입에서 나오는 비진리를 말한다고 해석하였다. 더 나아가 초림의 예수가 유대의 서기관이나 바리새인들에게 "독사의 자식들아" 책망하셨던 것(요 8:44)은 그들의 가르침이 신자들의 영혼을 해치고 죽이는 독과 같은 것이기 때문이라는 것이다. 당대 최고 목자이고 종교지도자였던 서기관과 바리새인들은 사단의 영이 들어 쓰는 육이었으므로 오늘날의 서기관과 바리새인들이 누구인지를 분별해야 구원 받는다고 강조하였다. 신천지의 이런 해석은 참으로 황당하기 짝이 없다. ③ 이런 신천지의 해석은 억지 해석의 본보기이다. 그렇다면 모세가 바로 앞에 던진 지팡이가 뱀이 되었는데(출 4:3) 그것도 사단의 장난이라고 할 것인가? 모세가 만들어 세운 구리 뱀(민 21:9)도 사단이라는 말인가? 또한 바울을 물었던 독사(행 28장)도 사단이 바울을 물었다고 해석할 것인가? 예수님과 세례 요한이 "독사의 자식들아" 하였던 것은 일종의 관용적 어법이었다. 그것은 예수님이 서기관과 바리새인들의 속마음의 악함을 질책하는 경우이고(마 12:34; 23:33) 세례 요한이 하나님의 진노를 피하려고 자신에게 세례를 받고자 나온 서기관과 바리새인들을 향한 질책이었다(마 3:7; 눅 3:7). 그렇지만 예수님은 모든 서기관과 바리새인들을 정죄만 하신 것은 아니다. 오히려 제자들 앞에서 바리새인들과 서기관들의 의를 칭찬하신 적이 있었다(마 5:20). 심지어는 뱀같이 지혜롭기를 바라기도 하셨다(마 10:16).

이런 신천지의 해석은 그럴듯해 보이지만 성경 본문과는 전혀 다른 왜곡된 해석이다. 결국 정통교회 목회자들을 비난하고 목회자와 순진한 신자들 사이를 이간하는 사단의 모략이다. 오히려 신천지의 주장들이 한국교회에 뱀의 독이 되고 있다. 신천지의 거짓된 교리가 순결한 신자들의 심령을 병들게 하고, 열심 있는 신자들의 중심을 흔들어 놓았으며, 수많은 가정과 젊은이들을 비진리에 빠져 혼미한 상태로 만들고, 영적 건강을 잃어버린 여러 교회들에 숨어들어 분열을 일으켰음을 기억해야 한다.

접근질문 22

돼지고기와 쥐 고기를 먹으면 망한다고 했는데 무슨 뜻인가?

오늘의 접근질문은 겉으로는 음식문제이지만 속으로는 신천지에 구원이 있다는 것이다. 신천지의 주장을 요약해 보자. "이사야 66장 17절에 돼지고기와 쥐 고기를 먹으면 다 망한다고 하였다. 그래서 안식교 신자들은 이 성구 때문에 돼지고기를 먹지 않으며, 채식주의자가 되기도 한다. 그러나 이것은 음식문제가 아니라 사람에 대한 비유이다. 성경에서 돼지는 새김질을 못하는 부정한 짐승이며(레 11:7) 더러운 구덩이에 도로 눕는 성질이 있으며(벧후 2:22) 거룩한 것을 주지 말라(마 7:6)고 언급하였으니 하나님의 말씀으로 깨끗합을 빼앗으니 다시 세상으로 돌아간 배교자를 말한다. 쥐는 하나님의 백성인 알곡을 갉아먹는 이방인을 말한다. 따라서 돼지고기는 배교자의 교리이고, 쥐 고기는 멸망한 자의 교리이다. 결론적으로 육적인 돼지고기와 쥐 고기를 먹지 말라는 것이 아니라 배도자의 말과 멸망자의 말을 듣지 말라는 것이다. 그리고 예수님이 내 살과 피를 먹으라 하셨으니 우리가 먹어야 하는 고기는 예수의 입에서 나오는 생명의 말씀이다"(요 6:53).

정리하면, 돼지고기와 쥐 고기를 먹지 말라는 교훈은 문자대로 음식물의 금지가 아니라 비유적으로 하나님의 말씀을 받았다가 배교한 장막성전의 유재열의 교훈이나, 하나님의 말씀을 잃어버리므로 멸망당할 이방인 정통교회의 교훈을 듣지 말고 신천지가 가르치는 고기(재림 예수의 말씀)를 먹어야 구원을 받는다는 것이다(요 6:53).

이와 같은 신천지의 주장에는 몇 가지 문제점이 드러난다. 첫째로 구약 본문의 배경과 의미에 대해 무지하여서 너무 단순하게 본문을 비유로만 해석하였다. 구약성경에 나타난 음식물의 금지조항(레 11장)은 정결한 것과 부정한 것의 분류를 통해 하나님의 백성의 성결을 의도하고 있다. 우선 정결한가와 부정한가의 기본 조건은 그것이 위생적인가 하는 것이었다. 지역의 더운 기후 때문에 고기가 쉽게 부패하고 치명적인 기생충이 발생하므로 위생조건은 하나님의 백성의 생존에 있어서 중요하였다. 또한 피를 생명으로 보기 때문에(레 17:11) 고기를 먹고 사는 육식동물의 고기는 금지하였고, 되새김을 하고 발에 굽이 갈라진 초식동물의 고기만 음식으로 허용하였다(레 11:5-6). 더 나아가 죽은 짐승의 고기를 먹는 것이나 부정한 짐승을 만지는 것도 부정한 것이므로(레 11:8) 반드시 씻어내야 했다. 이것은 음식물의 성별을 통한 성결의 훈련이었던 것이다. 사실 이슬람에서도 돼지고기를 금지하는데 이는 위생적 측면과 인품의 순결을 지키려는 것이었다. 따라서 신천지가 돼지고기와 쥐 고기를 먹지 말라는 구절을 실제적인 영적 교훈에 주목하지 않고 배교자나 멸망자의 교리라고 영해한 것은 잘못이다.

둘째로 돼지고기를 배교자의 교리로, 쥐 고기를 멸망자의 교리로 연결하여 해석한 도식은 근거가 없는 자의적인 해석이다. 신천지는 하나님이 「성경을 보는 눈」을 열어주셨다고 스스로 주장한다. 또한 하나님이 쓰시는 하늘나라 언어로 말하면 알아들을 사람이 없기 때문에 땅에 있는 돼지나 쥐 등에 비유해서 사람들에게 경고하는 것이라고 말한다. 특히 돼지나 쥐의 습성을 강조하는데, 돼지는 잡식성 동물로서 하나님을 믿는 자들이 세상의 온갖 헛된 철학과 성경을 함께 사용하는 것을 말하고, 그래서 예수님이 거룩한 진주(풀어서 보여주신 신천지의 하나님 말씀)를 돼지 앞에 던지지 말라 하신 것이라고 풀이한다(마 7:6). 또한 쥐는 곡간을 헐고 훔치는 데 능하므로 믿음의 곡간을 헐어 신자들의 믿음이나 은혜를 훔치는 성령을 소멸시키는 자들이라는 것이다. 이런 비유적 알레고리적 영해는 매우 위험하다. ① 너무 주관적인 해석에 치우치므로 본래 의미와는 먼 결론이 도출되기 쉽다. 구약의 율법은 고대 근동지방에 정착해야 하는 이스라엘 백성에게 종교적 순수성을 지키도록 의도하여 주신 것이지 오늘의 신자들을 향한 경고로 보는 것은 억지 해석이다. ② 구약과 신약의 차이를 무시하여 해석하였다. 구약에서 돼지를 부정한 것으로 보는 것은 위생을 고려한 정결법에 따른 분류이고, 신약에서 돼지를 언급한 것은 이방인의 부정함을 말하는 것이다. 그런데 신천지는 이미 맥과을 무시하고 영적 비유로만 해석하였다. ③ 성경 원어에 대해서도 살피지 못한 부분이 있다. 본문의 쥐는 늘판에서 땅에 구멍을 파고 살므로 농작물에 해를 끼치는 야생 들쥐이지(삼상 6:5) 신천지의 주장처럼 집안에서 곡간을 헐고 훔치는 쥐가 아니다. 어떻든 신천지의 해석은 논리의 비약이 심하고 사사로이 풀이하고 있다(벧후 1:20).

셋째로 신천지는 실제의 사실(fact)과 은유적 표현(metaphor)을 혼동하여 해석하였다. 즉 신천지는 사람들이 고기를 먹는다는 말은 살을 먹는 것인데, 예수님이 "인자의 살을 먹고 피를 마시지 않으면...생명이 없느니라"(요 6:53) 하셨으므로 고기를 먹는다는 말은 곧 예수님의 살을 먹는 것이라는 황당한 주장을 하였다. 결국은 예수님의 입에서 나오는 말씀을 받아먹는 것이라고 해석하였지만 실은 재림예수를 자처하는 이만희 교주의 가르침을 지칭하므로 그럴듯한 말장난(language play)이 아닐 수 없다. 우리가 예수님의 살과 피를 먹는 행위는 떡과 포도주를 나누는 성만찬을 말하며, 그것은 예수님과의 인격적이고 영적인 일치를 의미한다. 하나님의 말씀은 인격적으로 받아들이는 것이지 교주의 허무맹랑한 말처럼 받아먹는 것이 아니다.

신천지는 육신의 먹을 것 때문에 고민하지 말라는 성경구절들(마 6:31; 롬 14:14-23)을 들면서 돼지고기는 자유롭게 먹으라고 강조한다. 그러나 우리는 「신천지식 비유해석의 관점」에 따라 자유를 행사하는 것이 아니라 모든 음식물을 거룩하게 하시는 「하나님의 은혜와 복음의 관점」에 따라 자유롭게 음식물을 먹고 성결하게 사는 것이다(딤전 4:4-5).

O1 이필찬, 『신천지 요한계시록 해석 무엇이 문제인가』,
　　서울: 새물결플러스, 2015.

명쾌한 요한계시록 해설! 명쾌한 신천지 비판!
성경적 요한계시록 해석을 통해 신천지를 해부하다!

　　　　　　　근자에 한국교회가 신천지로 인해 몸살을 앓
고 있다. 많은 교회가 신천지의 직접 포교 대상
으로 전락했고, 실제로 적잖은 신자들이 신천지
의 성경 해석에 속아 신천지로 개종하거나 한 교
회 전체가 혼란의 소용돌이에 빠지는 일이 종종
벌어지고 있다. 이런 현실에서 한국교회는 신천
지 집단에 의한 피해를 최소화하기 위해서 신자들을 대상으로 경각
심을 고취하며 여러 대응을 모색하고 있지만 그런 조치 대부분은 단
순 구호나 선전 수준에 머물고 있으며, 오히려 신천지는 조롱이라도
하듯이 그 틈을 비집고 더 집요하고 교활하게 교회를 흔들고 있다.

　　사실 한국교회는 신천지의 오류와 위험성에 대해서 총론적인 면에
서는 충분히 인지하고 있으면서도 그들이 진짜로 무슨 주장을 하고

있는지이 각론에서는 거의 까막눈에 가까운 무지를 노출하고 있는 것이 부인할 수 없는 현실이다. 신천지 집단은 폐쇄적인 독특한 요한계시록 해석을 통해, 신천지의 전신인 유재열의 장막성전을 요한계시록 초반에 나오는 소아시아 일곱 교회로, 그 일곱 교회를 신앙의 순수한 길에서 이탈하게 만든 각종 이단 사상과 사교적 인물과 사탄적 세력들을 한국 개신교로, 그러한 한국 개신교를 제압하고 패퇴시키는 천상의 이상적인 그룹으로 자신들을 설정하고 있다. 따라서 일단 신천지의 포교에 넘어가 그들의 독특한 성경 해석을 받아들인 사람들은 자연스럽게 기성 교회에 대해서 적대적이 될 수밖에 없다. 그런데도 여전히 한국교회의 수많은 지도자들과 신자들은, 신천지의 위험성에 대해서 피상적으로만 알고 있을 뿐 실질적인 경각심을 갖추지 못하고 있는 실정이다.

요한계시록 해석의 권위자인 이필찬 교수는 이 책을 통해 신천지의 한계와 문제점을 근본적으로 파헤친다. 그는 신천지의 성경 해석이 성경적 근거가 매우 빈약할 뿐 아니라, 상식적으로도 이해하기 힘든 많은 문제를 가지고 있다고 주장한다. 이 책은 신천지의 해석 방법이 성경적 해석 방법과 어떻게 다른지부터 시작해, 요한계시록 각 장에 대한 세부적인 해석에는 어떤 차이가 있는지까지를 매우 명쾌하게 해설하며 신천지를 비판한다.

1장 신천지 요한계시록 해석 개관
2장 요한계시록의 서지 사항: 요한계시록 1장 해석 해부하기
3장 일곱 교회에 보내는 메시지: 요한계시록 2-3장 해석 해부하기
4장 하늘 성전 환상: 요한계시록 4-5장 해석 해부하기

5장 일곱 인 심판: 요한계시록 6장 해석 해부하기

6장 십사만 사천과 셀 수 없는 큰 무리: 요한계시록 7장 해석 해부하기

7장 나팔소리: 요한계시록 8-9장 해석 해부하기

8장 하늘에서 온 천사와 열린 책: 요한계시록 10장 해석 해부하기

9장 두 증인: 요한계시록 11장 해석 해부하기

10장 해를 입은 여자가 낳은 아이와 용의 전쟁: 요한계시록 12장 해석 해부하기

11장 두 짐승 이야기: 요한계시록 13장 해석 해부하기

12장 하늘의 십사만 사천: 요한계시록 14장 해석 해부하기

13장 증거 장막의 성전과 일곱 대접 심판: 요한계시록 15-16장 해석 해부하기

14장 음녀 바벨론의 멸망: 요한계시록 17-18장 해석 해부하기

15장 어린 양의 혼인 잔치와 천년왕국: 요한계시록 19-20장 해석 해부하기

16장 새 하늘 새 땅: 요한계시록 21-22장 해석 해부하기

02 오명현, 『신천지(이만희)의 요한계시록 허구에 대한 반론』, 엔크, 2015.

어느 시대이든지 이단은 출현했다. 앞으로도 그럴 것이다. 다만 교회를 지키기 위해서 교리를 포기하지 않아야 한다. 건강한 사도와 목회자나 신학자는 자기 시대의 이단에 대하여 변증을 했다. 사도 요

한, 베드로, 사도 바울, 어거스틴, 이레니우스, 클레멘트, 오리겐, 터툴리안, 아다나시우스, 위클리프, 후스, 루터, 칼빈 등은 교회를 위협하는 그 어떤 이단도 허용하지 않았다.

우후죽순처럼 일어나는 작금의 이단들을 보면서 우리 시대의 교회가 크게 반성해야 할 점을 지적해 본다. 먼저 기독교의 기본교리 교육을 서둘러야 한다. 아무리 이단에 대해서 많이 알아도 그것은 근본적인 대안이 될 수가 없다. 우리에게는 좋은 유산들이 있다. 웨스트민트서 신앙고백서 및 대소요리문답과 하에델베르크 진화론, 포스트모더니즘, 다원주의, 세속적인 심리학, 충동적인 문화, 맘몬이즘, 인명경시풍조 등이 있지만, 기독교 교리만 바르게 가르치면 능히 분별할 수 있고 물리칠 수 있다고 확신한다. 교리 교육에 무관심할수록 신앙과 삶의 기준이 흐려지고 그럴수록 이단들은 성행하게 될 것이다.

- 저자의 서문 -

이 책을 반드시 필독할 것은 강조하고 싶다. 뿐만 아니라 신천지 이단으로 골머리를 앓는 일선 목회자들과 평신도들까지도 이 책을 통해서 신천지 이단을 어떻게 대처해야 하는지에 대해 깊은 안목과 식견을 얻게 될 것으로 확신하면서 본인은 오명현 목사의 책을 적극 추천하고자 한다.

-총신대학교 신학대학원 신약학 교수(Ph.D) 이한수 -

O3 한국기독교이단상담소협회, 『만화로 보는 신천지 사기 포교법』
　　서울: 기독교포털뉴스, 2014

O4 한창덕, 『한 권으로 끝내는 신천지 비판』, 새물결플러스, 2013.

"이 책은 신천지의 잘못된 교리에 대한 정확한 분석과 성경적 반론 제시로 성도들에게는 용기를, 신천지에 사로잡힌 사람들에게는 충격을 던져준다!"

신천지는 왜 '가짜 복음'인가
신천지의 위태로운 과대망상에 브레이크를 걸다!
신천지 문제를 가장 종합적으로 연구한 대표적인 심층 연구 보고서!

한국교회에서 이단 사이비에 빠진 신도들의 수는 200만에 이른다. 개신교인의 수가 800만 정도인 것을 감안하면 정말 엄청난 수가 아닐 수 없다. 특히 근래에 한국교회와 사회의 가장 큰 골칫거리로 떠오르며 온갖 곳에서 활개치는 대표적인 이단은 신천지다. 이제 신천지 피해 예방 교육은 선택이 아닌 필수가 되었다.

이 책은 신천지에 대한 종합 비판서로, 신천지의 공격적 포교전략으로 널리 알려진 '모략', '추수꾼', '산 옮기기', '위장 교회' 등의 기본 이론을 분석해 알려주고, 교주 이만희의 경력을 집중 분석해 신천지가 이단 사이비의 계보를 잇는 집단임을 명백하게 보여준다. 또한 신천지 교리의 형식적 체계 속에 있는 모순을 밝혀내면서, 신천지 포교 현장에서 실제로 교육하고 있는 교리를 하나하나 논파해간다.

신천지의 교리는 성경에서 시작하는 듯 보이지만, 비상식적이고 잘못된 신론에 이르되, 성경은 하나님의 말씀으로 정직하게 해석하는 것이 아니라, 자신들의 주장을 옹호하는 용도로만 자의석으로 사용하기 때문이다. 신천지의 이러한 집요하고도 교묘한 공격에 흔들리지 않으면서, 오히려 미혹된 이들을 진리로 이끄는 역할을 잘 감당해야 할 책임이 모든 교회의 목회자와 지도자들뿐 아니라 전체 성도들에게 주어져 있다.

신천지의 현황과 역사를 알려줄 뿐 아니라 무엇보다도 신천지 교리를 포괄적이고도 명쾌하게 논박하는 이 책은 신천지가 왜 사이비 이단이며 그들이 성경적으로 잘못된 가르침을 어떤 식으로 유포하고 있는지를 명쾌하게 밝혀준다. 따라서 각 교회의 성도들이 예방접종을 하듯이 이 책을 먼저 읽고 대비한다면, 신천지의 온갖 공격을 막아낼 수 있는 분명한 능력을 배양해낼 수 있을 것이다.

우리의 가족과 이웃들이 더 이상 신천지로부터 피해를 보지 않게 하고, 그리고 신천지에서 나온 성도들이 교회에 적응하지 못하고 다시 비슷한 곳을 전전하는 일이 없게 하며, 또 신천지의 최대 피해자들인 신천지인들이 건강한 비판의식을 가지고 바른 신앙으로 돌아오게 하는 데 이 책은 효과적인 밑거름 역할을 하며 커다란 도움을 줄 것이다.

진리로 단단히 무장한 그리스도인들이 일어나 가짜 복음이 틈타지 못하도록 깨어 무장하고 있을 때, 주님의 거룩한 교회는 바른 복음 안에 더욱 견고히 서고 신천지의 거짓 논리는 무력화될 것이다.

:: 이런 독자에게 추천합니다
– 이단 피해 예방 활동가와 교육자

– 각종 이단 연구에 관심이 있는 독자
– 한국교회 개혁에 관심이 있는 독자
– 신천지의 활동이 활발한 지역의 목회자 및 성도
– 신천지 피해자 및 가족, 친구 등 이론적 도움이 필요한 독자
– 건강한 비판의식을 가지고 신천지 교리의 문제점을 제대로 살펴보길 원하는 신천지인

"이 책은 지금 우리나라에서 큰 혼란을 빚고 있는 신천지 문제를 가장 종합적으로 연구한 대표적인 심층 연구 보고서라고 할 수 있다."
– 김재성 | 국제 신학대학원대학교 부총장 –

"신천지의 교주 이만희의 뿌리와 교리, 비윤리성을 이토록 깊숙이 파헤치고 체계적으로 종합한 책을 만드느라 애쓴 저자의 노고에 박수를 보낸다. 바라기는 이들의 거짓을 통해 우리의 자화상도 정직하게 들여다보고 바로잡을 수 있었으면 한다."
– 김종희 |「뉴스앤조이」대표 –

제1부 신천지의 역사와 정체
1장 신천지의 현황
2장 미혹의 수법들
3장 신천지의 뿌리
4장 이만희의 발자취와 정체

제2부 신천지 교리의 형식적 체계_ 짝 교리

05 박창진, 『신천지의 과대망상』, 진리와 생명사, 2013.

신천지 실체를 가장 포괄적이며 심도 있게 파헤친 책

지체가 신천지에 빠지지 않도록 하고 이미 빠진 이들을 건질 수 있는 확실한 방편

신천지는 하나님께서 자신들을 통해 자신들이 주장하는 바를 다 실현하시리라 굳게 믿고 있을 것이다. 자기의 현재 상태를 실제보다 과장하여 그것을 사실인 것처럼 믿어 버리는 과대망상에 해당한다. 이만희가 보았다는 환상이 요한계시록의 실상이라고 생각하는 것에서부터 출발하였다. 곧 144,000명이 채워질 현실은 과대망상을 굳건하게 하는 계기가 되었다. 아무렇지도 않게 자신들에게만 1,000년 이상을 사는 영생이 있으리라고 주장한다. 종교 통일, 세계 평화와 광복이라는 최고의 상태까지 내세우고 있다.

그렇지만 이만희가 보았다는 환상은 요한계시록의 실상이 아니다. 그가 말하는 요한계시록의 실상은 끼워 맞추기였을 뿐이다. 신천지인들만 1,000년 이상을 사는 영생이란 없다. 하나님께서 자신이 세우신 자연질서를 허물지 않으실 것이기 때문이다. 종교 통일, 세계 평화와 광복은 실현 불가능한 것이다. 하나님께서 그를 통하여 행하시려는 일이 아니기 때문이다. 신천지가 이만희에 대해 새 요한, 이긴 자, 두 증인의 한 사람, 여자가 낳은 아이, 보혜사라고 주장하는 것은 모두 과대망상의 결과물이다.

― 본문 중에서 ―

교회의 온전한 대처를 위하여 필요한 모든 내용을 담고 있다. 신천지의 실체를 가장 포괄적이며 심도 있게 파헤친 책이다. 지체가 신천지에 빠지지 않도록 하고 이미 빠진 이들을 건질 수 있는 확실한 방편이다. 신천지가 이만희에 대해 새 요한, 이긴 자, 두 증인의 한 사

님, 다시기 눈부 이미, 끄메니라고 주장허는 것은 모두 과대망상의
결과물이다. 신천지인들만 1,000년 이상을 사는 영생이나 신천지
를 통한 종교 통일, 세계 평화, 광복도 마찬가지이다. 헀다. 한가'라
며 성경을 연구하는 태도를 깊이 있게 다루었다.

O6 최삼경 외, 『신천지 대처법 A to Z』(개정판), 서울: 기독교포털뉴스, 2013.

신천지는 1984년 10여 명 내외로 공식 출발한 소규모 이단, 사이비 단체였습니다. 그런 신천지가 2013년 현재 10만 명을 넘어섰다고 합니다. 10여 명에서 10만 명으로! 신흥종교가 30년 만에 1만배 성장한 겁니다. 속상하지 않으십니까? 올해 83세 된 이만희라는 사람을 이 시대의 구원자, 사도요한격 목자, 이긴 자, 보혜사, 철장을 가진 아이라고 믿고 따르는 사람들이 자그마치 10만 명입니다.

그 중에 90% 이상은 우리와 함께 교회에서 형제 자매로 지냈던 사람들입니다.

신천지를 경계하자고 말하지 않았던 근 10년간 없었습니다. 수많은 이단대처 사역자들이 신천지를 가장 주의할 이단이라고 10년이 넘는 세월 동안 강조에 또 강조를 했습니다. 그래도 신천지는 증가하고 있습니다. 이토록 증가하는 이유는 그들이 진리여서가 아닙니다. 자신들의 신분을 속이고 접근하는 비양심적이고 부도덕한 그들의 포교법 때문에 그렇습니다. 정말 이단대처 사역을 하는 한 사람으로서 속이 상해 견딜 수가 없습니다. 신천지에 속아서 빠진 가족 때문에 피눈물 흘리는 사람들을 한두 번 본 게 아닙니다. 지금도 이단상담소 메일에는 "아내가 빠졌어요, 남편이 빠졌어요, 아들이 빠졌어요, 딸이 빠졌어요. 어떻게 해야 하나요?"라는 상담요청이 줄을 잇습니다. 거의가 신천지, 신천지, 신천지입니다. 한 번 읽으면 신천지에 빠지지 않을 수 있는 지침서가 필요하다고 생각했습니다, 흔기 힘으교는 안 뺐습니다.

이단대처 사역자들의 좋은 글들을 모으는 방법을 택했습니다. 모두 흔쾌히 글을 사용해도 좋다고 허락해주셨습니다. 존경하는 최삼경, 진용식, 정운기, 김덕연, 강신유, 이덕술 목사님, 이인규 권사님, 장영주, 임웅기, 신현욱 강성호 전도사님, 엄승욱 총무(신천지대책전국연합), 김미경 상담실장님(대전종교문제연구소)께 고개 숙여 감사드립니다. 그리고 신천지 대처 드림팀의 종합 매뉴얼이 나오는 올해, 신천지 30년이 그들의 교인 숫자가 정체되며 하락하는 원년이 되기를 소망합니다.

- 정윤석(기독교포털뉴스) -

30여 년 만에 1만 배로 폭발적으로 커져버린 한국교회의 가장 위험한 이단 단체 신천지의 미혹과 교리적 오류를 비판하는 서적입니다. 저자는 14명. 14명 모두 이단대처 사역자들로서 이단 문제에 관심이 있는 사람이라면 누구든지 알고 있는 전문가들입니다. 그들이 저술한 신천지 대처를 위한 중요한 글들을 한군데 엮은 책입니다.

● 1부 이단 신천지 상담과 그 필요성
1장 신천지 내부에서 바라본 신천지
2장 이만희 교주의 신천지를 경계하라
3장 신천지에 빠지지 않는 법과 이단상담의 중요성
4장 이단 피해 예방과 성경적 상담 사역
5장 신천지의 시대별 구원자론과 비유론 상담
● 2부 이단 신천지 개관과 교리 비판

O7 이단사이비대책위원회, 『신천지 집단에 대한 긴급 경계령』, 서울: 한국장로교출판사, 2011.

신천지 집단이 한국교회를 미혹한다. 이 자료집은 대한예수교장로회 소속 교회의 성도들이 미혹되지 않고 바른 신앙생활을 하도록 하는 목적으로 제작되었습니다.

크기가 많이 크지 않은 얇은 책자라 휴대하며 보기에 좋을 것 같다는 생각이 년서 들있습니다. 무게감도 크게 나가지 않아서 좋은 것 같구요. 〈 집단에 대한 긴급 경계령 〉은 처음 기독교 신앙을 접하는 사람들에게 '성경/예수/그리스도/교회/세계'라는 기독교 신앙의 네 가지 중요한 주제를 가르치려는 의도에서 만들어진 책이라고 합니다. 즉, 기독교 신앙에 관심을 가진 사람이 예수님을 믿고 성숙한 그리스도인으로 자랄 수 있는 기틀을 만들어 주려는 목적을 가지고 있습니다. 개인의 확고한 신앙의 바탕 위에 교회의 공동 신앙의식을 형성하여 교회와 선교를 성장, 성숙시키는 데 도움을 준다고 합니다. " 주의 말씀은 내 발에 등이요, 내 길에 빛이니이다.

08 진용식, 정윤석, 장운철 외, 『신천지 포교 전략과 이만희 신격과 교리 – 추수꾼 대책 종합 매뉴얼』, 서울: 한국교회문화사(주), 2007.

최근 한국교회를 어지럽히는 이단단체 중 신천지예수교증거장막성전(신천지)을 보면 "이 땅에 기괴하고 놀라운 일이 있도다."라고 한 예레미야서 5장 30절의 말씀이 생각납니다. 교회 내부에서 정말로 기괴한 일이 신천지로 인해 벌어지고 있습니다. 신천지 측이 지금까지 국내에 존재했던 이단단체가 한 번도 선보이지 않았던 독특한 포교법으로 정통교회 성도들을 미혹하고 혼란을 가중시키고 있기 때문입니다.

한국교회에는 신천지의 교묘한 포교법을 구체적으로 알리고 그에 대한 대처를 어떻게 해야 하는지, 그리고 그들의 교리적 문제점이 무엇인지를 정리한 매뉴얼을 간절히 필요로 하고 있습니다. 이러한 때 〈교회와 신앙〉이 내놓은 추수꾼 대책 종합 매뉴얼은 교회 안에서 추수꾼들이 어떻게 활동하는지 밝히고 그에 대해 교회가 어떻게 하면 효과적으로 대처할 수 있는지를 보여주는 귀중한 자료입니다. 또한 신천지 측의 교리적 문제와 요한계시로고 해석의 오류 등도 지적했습니다.

– 머리말 중에서 –

1부 신천지의 포교 전략

1. 신천지 추수꾼 포교법 세부전략

(1) 신천지는 왜 정통교회를 포교의 장으로 삼는가?

(2) 추수꾼들은 정통교회 성도들에게 어떤 방법으로 접근할까?

(3) 신천지 측은 지금도 정통교회에 남아 있는가?

2. 신천지 측의 "교회 통째 먹기" 새 수법

(1) 산 옮기기 전략

(2) 신천지 측의 신임사명자, 산 옮기기란 무엇인가?

(3) 신임사명자교육–추수밭운영 강의 녹취

3. "신천지 추수꾼"인지 어떻게 알 수 있나?

2부 시천지의 이단성

1. 신천지의 역사
(1) 신천지의 시작
(2) 신천지의 절기와 교리서
(3) 신천지 조직과 포교활동

2. 교단의 규정
(1) 대한예수교장로회(통합) 1995년 80회 총회
(2) 대한예수교장로회(합동) 1995년 80회 총회

3. 이만희 신격과 교리
(1) 직통계시 주장
(2) 재림주 주장
(3) 이만희 신격화를 위한 비유풀이
(4) 교주를 믿어야 한다는 이만희 구원론
(5) 자칭 보혜사 이만희의 보혜사론
(6) 이만희의 세례 요한 교리
(7) 이만희 신격화를 위한 계시록 해석
(8) 선배 자칭 재림주들과 유사한 이만희 교리

4. 계시록의 주제가 과연 "이만희"인가?
(1) 제대로 따져보자
(2) 요한계시록의 주제

5. 이만희 씨는 자신을 신이라 생각하나

(1) 우리가 "신"이 된다고?

(2) 이만희 씨는 과연 "신"일까?

부록 신천지에 빠졌던 사람들 그리고 가족

1. 신천지에 빠져 가출했던 20대 3인의 인터뷰

2. 혹시 성경공부하러 다니십니까?

09 현대종교, 『신천지의 정체』, 서울: 현대종교, 2018.

신천지예수교증거장막성전(대표자 이만희)은 현재 교회에 가장 피해를 많이 주는 이단단체입니다.

본서는 신천지가 어떤 단체인지, 이떻게 포교하고 있는지, 어떤 피해를 주고 있는지에 대해 자세하게 소개하고 있어 많은 성도들에게 도움을 줄 수 있는 도서입니다. 특히 신천지의 포교법을 만화로 소개하고 있어 쉽고 흥미있게 신천지의 전략을 접할 수 있습니다.

현대종교 선언

1. 이만희와 김남희

2. 신천지 역사

3. 신천지 조직

4. 신천지 주장

한국교회는 신천지로 몸살을 앓고 있다. 그러나 정작 신천지가 어떤 이단이냐고 물어보면 잘 설명할 수 있는 성도들은 드물다. 그 이유는 신천지들이 성경을 이용하면서 동시에 교묘히 거짓으로 포장을 하기 때문이다. 그렇기 때문에 기독교인들은 신천지의 기본 구조를 알아야 하는데 이 책은 알기 쉽게 쓰여졌다. 신천지는 시대적 구원자를 이야기한다. 신천지가 이단인 것은 예수님을 말하면서도 궁극적으로 자신들이 말하는 이긴 자를 믿도록 하려고 하기에 그들은 기독교가 아니라 이단이다. 신천지는 시대마다 택하신 목자가 있다고 하며 구약의 택하신 목자는 예수님인데 신약의 약속하신 목자는 이만희라고 가르친다. 이 책을 통해서 기본적인 신천지 교리를 습득하게 되면 최소한 이단을 분별할 수 있는 능력을 기를 것으로 예상한다.

10. 최삼경, 『정윤석. 신천지 교리와 포교전략: 68가지 질문 분석과 변증』, 서울: 한국교회문화사, 2012.

이단 사이비는 정통교회의 크기와 비례한다. 몸이 죽으면 기생충도 함께 죽듯이 교회 속에서 교회와 함께 교회를 이용하여 기생하는 것이 이단 사이비다. 그런 점에서 이단 사이비가 많다는 말은 곧 기독교가 부흥되었다는 반증이기도 하다. 전 세계에서 그 유례를 찾을 수 없는 한국의 기독교라는 점에서 이단 사이비도 함께 성장하였다고 본다.

그러나 지난 100여 년 동안 이단들이 한국에 끼친 악영향은 이루 말할 수 없다. 이단에 빠져 실족한 사람들의 숫자가 얼마나 될지 정확히 셀 수는 없지만, 그 피해는 상상을 초월한다.

예컨대 박태선(천부교) 한 사람이 직간접적으로 입힌 피해자가 무려 100만 명 정도로 추산된다. 그리고 박태선 한 사람으로부터 나온 이단들이 10종이 넘는다. 그렇다면 박태선 계열의 이단들 외에도 통일교 계열의 이단들, 귀신파 계열의 이단들, 그리고 기타 신비주의 이단들의 피해가 얼마나 클지 상상이 된다.

- 서론 중에서 -

목차

6부 이단문제 일문일답

1. 이단을 비판하면 비성경적인가?

2. 누가 이단이라고 해야 이단인가?

3. 이단 규정 기준, 교리인가 성경인가?

4. 예수 그리스도를 주님으로 믿고 시인하는데도 이단이 될 수 있는가?

5. 이단에 속한 자는 모두 지옥에 가는가?

6. 귀신 쫓고 표적이 나타나는데도 이단인가?

교회와 목회를 위한
이단·사이비 대책 지침서

신천지와
이슬람을
정확히
꿰뚫어 보는
질문들

2부

이슬람에 관한 9가지
기독교인의 질문들

1 이슬람은 어떤 종교인가요?

01 이슬람은 아브라함을 교조로 삼는 세계 3대 종교의 하나다. 세계 3대 종교는 유대교, 기독교, 이슬람이다. 이슬람은 AD 622년, 아라비아 반도의 메카에서 쿠라이쉬 아랍부족의 무역상이었던 무함마드(Mohammed)가 광야의 한 동굴에서 가브리엘 천사에게 받았다는 알라신의 계시에 의해 시작되었다.

02 본래 '이슬람'(Islam)이란 "순종, 복종"이라는 의미로서 절대자의 목적과 의지에 철저히 복종한다는 뜻이고, '무슬림'(Muslim)이란 어떤 종교나 종족이든지 "신께 참된 예배를 드리는 자"를 말한다(따라서 이들에게는 기독교인들도 무슬림에 해당한다.). 그리고 '모슬렘'(Moslem)이란 무슬림의 집합명사이다.

03 이슬람교는 매우 공격적이고 선교지향적인 종교이며, 세계에서 가장 급속하게 성장하는 종교이다. 이슬람은 지난 1세기 동안 500%의 신자증가율을 보이고 있다. 1930년 2억 3백만이었던 전 세계 이슬람 인구는 오늘날 15억으로 불어났다. 1970년에 이슬람 인구는 세계 인구의 15%를 차지했지만, 2000년 들어 20%로, 5% 늘어났다. 반면에 기독교는 1970년 34%에서 2000년 33%로 1%

감소했다. 이슬람을 양적인 면에서 기독교와 비교해 보면, 기독교 인구는 47년 만에 2배로 증가했으나 이슬람 인구는 24년 만에 2배로 늘어났다. 이러한 통계는 비록 이슬람이 기독교보다 600년 늦게 시작되었지만, 문화와 인종을 넘어서 세계적으로 퍼지고 있으며 많은 국가, 지역에서 기독교인 수를 압도하고 있음을 보여준다. 유럽의 경우에는 이슬람 인구가 1970년 720만 명에서 2007년 5,300만 명으로 성장했다. 아시아에서는 1970년 4억 2,600만에서 1990년 7억 5,600만 명으로 늘어났다. 그 동안 아시아 지역 기독교인 수는 1억 1,900만 명에서 2억 1,100만 명으로 증가하는 데 그쳤다. 아프리카의 이슬람 인구는 아프리카 전체 인구의 41.32%로서 3억 2,410만 명에 이른다.

04 한국기독교의 이슬람인식 설문조사에 따르면 "기독교와 이슬람의 관계가 뿌리가 같거나 동일하다."라고 답한 목회자와 성도를 합하여 30% 이상이고, 또한 "알라와 기독교의 하나님이 같다."라고 대답한 목회자는 10%, 평신도는 27%라고 한다. 이 설문조사를 통해서 한국교회의 목회자와 신자들의 이슬람에 관한 정보와 이해가 얼마나 부족한가 하는 심각한 문제를 깨닫게 된다.

05 이슬람이라 하면 "자폭 테러"와 "여성들의 복장"을 상상하게 된다. 세계 곳곳에서는 이슬람에 의한 각종 테러행위가 발생하고 있다. 어린아이부터 성인 여자와 남자를 가리지 않고 온 몸에 폭발장치를 두른 채 "알라가 위대하다"를 외치며 다수의 군중들 틈에서 자폭행위를 감행하곤 한다. 이것은 불특정다수에 대한 종교적 혐오행위

위데 지하드(성전)라로 부른다. 또한 무슬림 여성들에게는 종교적·사회적 통제를 의미하는 '히잡'을 쓰도록 강요하고 있나.

06 유럽으로 이주해 간 무슬림들은 그들만의 거주지역을 만들어 슬럼화하고 있다. 영국의 런던은 무슬림의 인구비율이 이미 10%를 넘어섰다고 한다. 또한, 무슬림들이 일으키는 범죄와 폭동으로 유럽 사회가 공포를 느끼고 있다. 2005년에 프랑스에서 일어난 폭동이 대표적인 사례이다.

07 한국교회와 이슬람의 관계는 2004년 5월 김선일 씨의 참수사건, 2008년 아프가니스탄에 의료선교를 떠났던 샘물교회의 배형규 목사가 피살되고 같이 갔던 자원봉사자 2명이 순교를 당한 사건(선교단체 인터콥이 관련된 것으로 알려짐), 2009년 3월 예멘에서 관광객 4명이 자살폭탄 테러로 사망한 사건, 6월 예멘에서 의료봉사자 엄영선 씨 피살사건 등이 있었다. 2008년 9월 국정원 자료에 따르면 지난 5년간 이슬람 테러범들이 한국에 잠입한 사건은 총 19건이며, 이들 조직원 74명을 추방하였다고 한다.

2007년 발표된 미국 CIA에 보고된 월드 팩트북(WORLD FACTBOOK – 매년 CIA에서 발간, 세계 각 나라의 지도, 국기, 인구 들 국가 정보수록)이라는 보고서

1단계 – 한 국가에 무슬림 인구가 1%로 내외일 때 평화를 사랑하는 소수그룹을 지향하며 수면 밑에 잠복

2단계 – 2-3%로 소폭 증가할 때는 감옥에 있는 재소자들을 중심으로 무슬림으로 개종시킨다.

3단계 – 5% 넘어설 때는 무슬림 인구의 비율을 높이기 위한 본격적인 전략이 시작된다.

4단계 – 20%가 넘어설 때는 폭동과 테러들 온갖 소요사태가 일어나고 이슬람의 성전을 일으킬 테러단을 조직한다.

5단계 – 40%- 광범위한 학살, 상습적인 테러, 조직화 된 전시체제로 돌입한다.

6단계 – 60%- 전혀 구속 받지 않고 기독교와 다른 종교를 탄압한다. 인종청소와 대학살이 자행된다. 이슬람을 강요하고 이슬람에서 배교한 자에 대한 세금 폭탄 압박

7단계 – 80%- 국가체제로 인종청소 대학살 자행

8단계 – 100%- 무슬림만의 평화의 집, 국가 최고 헌법에 우선하는 신정일치 체제를 구현한다. 그러나 테러와 전쟁, 폭동과 소요가 끊임없이 계속된다.

08 이미 이슬람은 한국사회의 모든 영역에서 포교활동을 시작하였다. 1990년대 후반, 이슬람권 이주노동자들이 대거 유입된 이후로 2005년에는 국내 무슬림 인구가 15만 명(외국인 11만 명, 한국인 4만 명), 2009년도에는 17만 명에서 20만 명으로 증가하였다. 2015년, 한 선교회 통계에 따르면 외국인 186만 명 중에서 이슬람 신자 약 25만 명, 한국인 무슬림 신자는 약 4만 명이라고 한다. 이와 같은 무슬림의 증가는 유럽의 경우처럼 매우 빠른 속도로 진행되고 있다.

09 지난 2005년에는 종교적 영향력과 경제적 기반을 갖춘 한국을 아시아 포교활동을 위한 전초기지(hub)로 삼았다고 한다.

10 특히 세계적인 공포의 대상인 이슬람 원리주의는 폭력적이고 과격한 종교집단으로 자기 모습을 드러내고 있다.

11 역사적으로 이슬람이 한국에 소개된 것은 1950년 한국전쟁에 참전한 터키군이 전쟁고아의 양육과 교육을 위해「앙카라 학교」를 건립하면서부터이다. 최초로 한국인에게 선교한 사람은 당시 터키군의 이맘 압둘 가푸르이었다. 1965년, '한국 이슬람 중앙연합회'가 공식 출범하였고, 1967년, 문공부로부터 '재단법인 한국이슬람교'의 설립인가를 받았다. 또1970년에는 박정희 대통령이 용산구 한남동에 1,500평 규모의 건립부지를 기증하여 최초로 아랍 건축양식의 이슬람 성원이 건립되었다. 1978년, 중동에 진출했던 많은 한국인 근로자들이 귀국하면서 이슬람 인구가 늘었다.

12 이슬람교는 기본적으로 옛 인류의 조상인 아담시대로부터 존재해 왔다고 믿는다. 그리고 아담 이래 수많은 예언자들이 출현했으나 무함마드가 최후에 나타난 위대한 예언자로서 이슬람교를 완성시켰다고 주장한다. 더구나 이슬람의 경전 꾸란에는 이슬람을 절대종교로 주장한다. "이제 나는 너희를 위해 너희의 종교를 완성하여 너희를 위해 내 은혜를 충만케 하였으며 이슬람을 너희의 종교로 선택했다."(꾸란 5:4) 따라서, 우리가 이슬람 신자들인 무슬림들에게 선교적 접근을 하려면 먼저 그들의 역사와 교리체계를 파악하고 있어야 대응 선교전략을 세울 수 있다.

◆ 이슬람은 어떤 종교라고 할 수 있는가?

① 세계 3대 종교의 하나다.

② 알라와 하나님이 같은 신이라는 부정확한 지식이 퍼져있다.

③ 극단적인 원리주의의 반인륜적이고 폭력적 행위가 문제이다.

④ 한국사회의 이슬람 신자 수가 증가일로에 있다.

⑤ 이슬람 신자인 무슬림들에게 선교전략적 접근이 필요하다.

2 이슬람은 어떻게 시작되었나요?

01 이슬람의 발생지인 아라비안 반도는 다신숭배 지역인데 정령숭배물이나 카바 신전이 있었다.

낙타를 타고 길고 위험한 여행을 해야 하는 아라비아 대상(무역상)들은 여행을 떠나기 전 여행의 안전과 사업의 흥행을 위해 메카의 우상들에게 예물을 바치며 기도하곤 했다. 그 신들의 대부분은 지역마다 흩어진 부족 신이었다. 주된 종교는 정령숭배(Animism)로서, 신이나 정령이 수목, 돌, 연못, 동물 등에 깃들어 있다고 믿었고, 사람들은 신과 정령의 보호와 구원을 받기 위해 위령제나 의식을 거행하곤 했다. 특히 동굴이나 바위가 바라카(주술력)를 지닌 신성한 것으로 간주되었는데, 그 중에서도 가장 유명한 것이 메카(예멘) 중앙에 위치한 검은 돌, 즉 '카바 신전'이었다. 메카 사람들은 이 돌이 아담과 이브가 생존했을 때부터 하늘에서 떨어진 운석이었고, 후에 하갈과 함께 쫓겨난 첫아들 이스마엘(창 16:15)이 메카에 와서 정착하자, 이스마엘을 보러 온 아브라함이 돌을 축조해 이 사원을 지었다고 믿는다.

02 이슬람의 신 알라는 초승달의 신으로서 창시자 무함마드의 고향부족인 쿠라이쉬 족의 신이었다.

카바 신전에는 360여 개의 종족신들이 모셔져 있었는데, 그 중에서 알라는 가장 강한 신으로서 초승달의 신이었다. 가장 강한 종족이었던 쿠라이쉬 족이 믿는 신  이었기 때문이다. 이슬람 국가인 터키의 국기를 보면 초승달과 별이 새겨져 있다.

03 그 지역에는 디아스포라 유대인이나 기독교인들이 함께 살았는데, 기독교인들은 네스토리안이나 단성론자 혹은 금욕주의자들이었다.

당시에 로마의 핍박을 피해 팔레스타인에서 이주해 온 유대인들이 아라비아 반도의 곳곳에 흩어져 살고 있었는데, 그들은 올바른 경전을 갖지 못하고, 많은 전설과 신화가 뒤섞인 일종의 외경을 믿고 있었다. 또한, 예수 안에 신성과 인성이 독립적으로 존재한다고 믿는, 그래서 이단으로 정죄 받았던 소수의 네스토리안(Nestorians, '경교'로 알려짐) 기독교인들이 존재했었다. 이들은 아랍어로 쓰여진 성경을 가지고 있지 않았는데, 이러한 공백기에 많은 외경의 이야기들과 전설적인 자료들이 성행하였고, 결국 그릇된 신앙관을 가진 기독교 이단종파들이 우후죽순처럼 일어났다. 예를 들어, 예수님의 신성과 인성의 통일을 주장하는 단성론자와 금욕주의를 추구하는 하닙(hanif)이라는 집단이 있었다.

04 무함마드는 570년 메카에서 출생하였는데 부모가 일찍 사망하여 어린 시절부터 가난한 무역상인 삼촌이 양육하였다.

무함마드(AD 570-632)는 주후 570년경 아라비아 반도의 중심지요 잡신 숭배의 중심지인 메카의 쿠라이쉬(Quraish) 부족의 하심(Hashimite) 가문에서 출생했다. 부친 압둘라(Abdula, 알라의 종이란 뜻)는 태어나기 전 장사하러 나갔다가 객사하였다. 유목민의 관습에 따라 그는 사드 부족에서 자라다가 5세 때에 모친에게 돌아왔다. 그가 돌아 온 이유는 무함마드로 인하여 사드 부족이 큰 화를 당할지 모르니 그를 죽여야 한다는 점쟁이의 말에 따른 것이었다. 그런데 무함마드가 6세 때에 베니주흐레 집안 출신인 모친 아미나(Am-inah)도 무함마드를 데리고 친정인 메디나(Medinah)에 다녀오다가 아브와라는 마을에서 열병으로 사망하였다. 그래서 무함마드는 처음에 메카의 추장인 할아버지 압드 알 무탈립(Abd al Mu-talib)에게 맡겨져 양육되었다. 할아버지는 카바 신전을 찾는 순례객들에게 음식과 물을 제공하는 중요 직책을 맡았던 제사장이었다. 그런데 2년 후인 8세 때에 할아버지도 사망하자 가난한 대상(trader)인 삼촌 아부 탈립(Abu Talib)에게 보내져 양육되었다. 삼촌은 경제적 여력이 없어 무함마드를 교육시키지 못하였고, 그는 문맹의 상태로 성인이 되었다(꾸란 7:157). 그는 심한 히스테리와 간질병으로 고생하며 자랐다고 한다. 무함마드가 12세에 삼촌과 함께 향료길을 따라 시리아의 다마스커스에 방문한 적이 있었다. 이때 그곳의 기독교 사제인 바히라(Bahira)라는 사람을 만났는데 그는 무함마드가 장차 자라서 큰 인물이 될 것을 예언했다고 주장한다.

05 무함마드는 당시의 사회나 종교의 병폐를 해결할 완전한 유일신교를 창시하려고 했다.

무함마드가 이슬람교를 창시하게 된 원인들은 몇 가지가 있다. ①
당시에 만연한 다신적 종교행태에 대한 불만이 있었다. 특히 자신이
속한 부족의 잡신숭배와 미신적인 요소에 회의를 품기 시작하면서
유일신 사상에 몰두하기 시작했다. 동시에 예루살렘의 유대인과 시
리아의 기독교인들의 안정된 삶에 대한 동경도 있었다. ② 당시의 메
카 사회의 병리적 모순에 대한 자각이 있었다. 소수의 귀족들이 다수
의 노예들을 착취하면서 온갖 불의와 불공평이 만연되어 있었으며,
당시의 종교들 간의 불화, 우상숭배, 부도덕성, 노예착취, 부녀자
고아들의 차별대우 등과 같은 사회적 병폐들에 대해 회의를 품기 시
작한 것이다. ③ 기독교의 삼위일체론에 대한 오해가 있었다. 무함
마드는 어린 시절부터 삼촌을 도와 대상무역에 종사하면서 아라비안
반도의 여러 곳을 다니던 중 많은 유대교인들과 기독교인들을 만났
는데, 이들 중에 마리아를 숭배하는 콜리디안파 교회가 있었다. 따
라서 무함마드는 기독교의 삼위일체를 오해하여 한 분이신 하나님을
믿는 교회가 아닌 하나님과 인간 예수와 여인 마리아를 믿는 삼신숭
배교(Tritheism)라는 인상을 강하게 받았다. 이런 사실이 무함마드
에게 성부와 성자가 없는 완전한 유일신교를 창시하는 결정적인 동
기를 유발시킨 것이었다.

06 25세에 돈 많은 과부요 네스토리안 신자였던 40세의 카디자
의 청혼을 받아들여 결혼하였다.

무함마드는 10세 때부터 삼촌을 따라 대상무역에 전념하였다. 그
러면서도 늘 명상에 잠겼고 동굴에서 기도하는 생활을 잊지 않았다.
그는 여러 대상들의 물건을 대신 맡아 속임수를 쓰지 않고 장사를 하

여 많은 이익을 남겨주었다. 그래서 그는 '아민'(Amin, 성실한 사람)이란 별명을 얻게 되었다. 그러다가 부와 명예를 가신 한 과부가 자신의 사업을 맡아줄 대리인을 찾는다는 소식이 메카에 나돌았다. 삼촌은 이 사실을 즉각 무함마드에게 알리고 수락의사를 물었다. 무함마드는 삼촌의 제안을 받아들여 돈 많은 대부호인 카디자(Khadija)의 대리교역인이 되었다. 무함마드가 25세 되던 해에 성실하게 일하고 상업수완이 있는 그의 모습에 감동한 40세의 돈 많은 과부, 큰 대상(Caravan)을 경영하던 네스토리안 기독교인이었던 카디자의 끈질긴 구혼을 받아들여 결혼하였다(주후 595년). 이 결혼은 무함마드에게 경제적인 안정과 종교적 사색을 할 수 있는 자유를 주었다.

07 무함마드는 메카 사막을 거닐며 히라 동굴에서 명상하던 중 가브리엘 천사로부터 계시를 받았다. 처음에 동굴체험을 귀신의 다가옴으로 알고 두려움에 휩싸였으나 처제의 격려에 힘을 얻어 천사 체험으로 받아들였다.

과부 카디자와의 만남은 부부관계를 떠나서 종교적인 면에서도 결정적인 영향을 미치게 되었다. 결혼한 이후 그는 종종 단식을 하고 메카 주변의 사막을 거닐거나 광야의 히라(Hira) 동굴이나 바위 위에 올라가 유일신을 생각하며 명상을 즐기거나 환몽에 빠져드는 습관이 생겼다. 그가 명상에 잠기게 된 것은 그의 신비주의적 종교성과 아라비아 사람들의 운명을 걱정하는 민족주의 성향 때문이었다.

무함마드가 40세가 되던 어느 날, 히라(Hira) 동굴에서 명상하던 중 갑자기 가브리엘(Jibril) 천사가 나타나 계시를 주었다고 한다.

"만물을 창조하신 그대. 주님의 이름으로 읽으라!(ikra) 그분은 한 방울의 정액으로 인간을 창조하셨느니라. 읽으라! 그대. 주님은 가장 은혜로운 분으로 연필을 쓰는 것을 가르쳐 주셨으며 인간이 알지 못하는 것도 가르쳐 주셨느니라"(꾸란 96:1-5)

당시에 무함마드는 읽거나 쓸 줄 모르는 사람이었으니 '읽으라'(ikra)는 "암송하라"는 뜻이었다. 이때 무함마드는 당황하여 동굴에서 뛰쳐나와 집으로 달려갔다. 그는 부인 카디자의 품에 안기며 "나를 감싸주오 나를 감싸주오"라고 외쳤다. 그때 망토를 뒤집어 쓴 그에게 또 다시 한 목소리가 들렸다. "일어나서 밤에 예배할지어다." 그런데 무함마드는 악령(Jinn)에 사로잡힌 것으로 생각하여 두려워했다. 그러나 부인 카디자의 사랑과 신뢰에 용기를 얻었고, 기독교를 알고 있는 아내의 사촌 와라까 이븐 나우팔(Waraqa Ibn Nau-fal)이 그 계시자는 "무싸(모세)에게 임하여 나무스(namus, 율법)를 주었던 그 천사"라고 가르쳐주었다.

08 계속된 계시체험을 통해 계시자는 알라요 자신은 최후의 예언자라고 주장하기 시작했다.

무함마드는 다시 천사 가브리엘의 환상을 체험하게 된다. 이후 자신에게 계시를 준 신의 이름을 카바 신전에서 최고의 신으로 숭배되던 '알라'라고 붙이고, 알라 신은 유일한 존재이며 자신은 "아브라함, 모세, 예수" 등과 같이 '알라'의 선택 받은 최후의 예언자로서 인간들에게 '알라'를 최종적으로 그리고 정확하게 알려야 할 사명을 받았다고 주장하기 시작했다. 첫 신자는 아내 카디자이고, 두 번째 신자는 그의 집에서 함께 살던 그의 14살짜리 사촌 알리였으며, 세 번째 신찌나, 무함마드의 딸 파티마였고(나중에 5촌 당숙인 알리와 결혼함), 네 번째 신자는 그 집의 종으로 있다가 무함마드가 해방시켜 주고 양자로 삼은 자이드였다. 이후에 카디자의 친척 중에서 몇 사람이 더 믿게 되었는데 아브 바크르(Abu Bakr)였다. 바크르는 후일에 자신의 9살짜리 딸을 무함마드에게 주었다.

09 이 알라의 계시를 모아 〈꾸란〉을 만들었는데 초기 내용에는 타락한 인간의 회개촉구, 고통스런 심판의 날에 대한 경고, 감각적 쾌락이 기다리는 천국의 소망 등이 들어 있었다.

무슬림들은 꾸란의 모든 구절들을 천사장 가브리엘에 의해 무함마드에게 전달된 알라 신의 '바로 그 말씀'(Ipsissima Verba)이라고 믿는다. 처음에 무함마드가 신의 계시라고 제시한 말씀들은 인간의 타락에 대해 회개를 촉구하는 것, 신의 고통스런 심판의 날에 대한 경고, 그리고 장차 신자들이 맞이하게 될 감각적 쾌락으로 충만한 천국에 대한 소망들이 주를 이루었다. 그러나 차차 시간이 지나면서 기존의 유일신 종교를 믿는 유대인들과 기독교인들에 대한 대응을 고려하다보니 점차 창조주의 단일성과 초월성 등의 논리가 정리되어가는 방향으로 계시가 이루어졌다.

10 메카에서는 유대인의 관습을 받아들이는 자세를 취하였다.

당시 카바 신전에 모여들던 순례자들을 상대로 생계유지를 하던 많은 메카 주민들은 무함마드의 포교활동에 즉각적으로 반발했다. 이때 그는 초기에는 다수의 유대인들의 교리와 관습을 받아들이는 등의 우호적인 조치를 취했다. ① 유대교와 기독교의 하나님은 알라와 같은 신이다(꾸란 29:46; 3:64). ② 신구약 성경은 진리이다. 자신은 새로운 계시를 가져온 사람이 아니며, 다만 신구약 성경이 진리라는 것을 아랍지역에 확증시켜 주기 위해서 알라께서 자신을 보냈다(꾸란 46:9,12). ③ 같은 창조주를 믿는 형제들이며 그들과 결혼해도 좋다(꾸란 5:5). 종교는 강제로 하지 말라(꾸란 2:256)고 하며 부드럽고 평화로운 메시지를 선포했다. 이 부드러운 계시를 '메카 계시'(Mecca Revelation)라고 부른다.

11 무함마드는 스스로 계시자로 자처하였으나 성경에 무지함이 드러나면서 계시의 진정성이 의심을 받았다.

무함마드가 자신을 알라가 보내신 예언자라고 역설하며 구약의 사건들과 이름에 대해 부정확하게 말하자, 유대인들과 기독교인들은 그를 의심하여 사기꾼으로 선언하며 처음과는 달리 등을 돌렸다. ① 그는 예수의 모친 마리아와 모세와 아론의 누이인 미리암을 같은 인물로 보고 "아론의 누이 마리얌이 예수를 낳았다"(꾸란 19:28) 하였고, ② "이집트의 파라오가 이스라엘 백성을 괴롭히기 위해서 하늘까지 닿는 탑을 쌓으라고 하만 장군에게 명했다"(꾸란 28:38)라고 하였으며, ③ "예수의 신성도 부인하고 십자가와 부활과 삼위일체도 부인하는"(꾸란 4:171) 것이었다. 이런 주장들은 무함마드가 성경 지식이 없다고 하기보다는 오히려 그가 받았다는 계시의 근원을 의심할 수밖에 없었다.

12 서기 622년 자신을 지지하는 추종자들이 사는 메디나로 이주하여 전 아랍지역을 지배하는 정치지도자로 인정받으면서 "아카바 6

홍 "서야"을 만들고 교세확장에 주력했다.

무함마드는 알라 외에 다른 신이 없으며 스스로 알라의 메신저라는 말을 퍼뜨리고 다니자 고향의 쿠라이쉬 족장들은 그를 불러다 꾸짖었다. 그러나 그는 은밀하게 다니며 사람들을 설득하였고, 특히 카바 신전에 제사 드리기 위해 온 메디나 사람들을 설득하여 7명이 그에게 충성을 약속하고 돌아갔다. 이듬 해에는 70명의 무리가 무함마드를 자신들의 메신저로 인정하고 충성을 맹세했다. 이 소식을 들은 쿠라이쉬 족장들은 그를 더욱 핍박하였다. 무함마드는 타협안을 제시했으나 자신의 추종자들이 계속 박해를 받게 되자 그들을 데리고 모친의 고향인 메디나(Medinah)로 이주하였다. 이때가 주후 622년 7월 16일인데, 메디나 이주는 신정통치의 이슬람 공동체인 '움마'(Umma)의 출발점이었으며, 이 메디나 이주를 '히즈라'(Hijrah)라고 불렀고, 후일 이슬람력의 기원이 되었다. 오아시스 농업지역인 메디나는 무함마드가 설교하기에는 메카보다 훨씬 나았다. 무함마드는 메디나를 본거지로 삼아 교세확장에 전력하였다. 여기에서 '아카바 6중 서약'(the sixfold pledge of Akaba)을 제정하였다(꾸란 118). ① 한 분 알라만 경배하며 ② 도적질하지 않고 ③ 음행하지 않으며 ④ 영아살해를 아니하고 ⑤ 남을 비방하지 않으며 ⑥ 선지자에게 불순종하지 않는다는 것이었다.

13 624년 메디나 계시를 선포하여 자신을 인정하지 않는 유대인과 기독교인을 핍박하기 시작했다.

메디나에서의 무함마드는 놀라운 변신을 이루어냈다. 메카에서 미움 받던 설교자에서 메디나에서는 아랍인 전체를 지배하는 정치가가 된 것이다. 메카에서처럼 유대인들이 예루살렘 성전을 향해 기도하는 것을 보고, 지금까지는 메카의 카바 신전을 향해 기도했으나 거기는 360개 우상이 있는 장소이므로 기도방향을 예루살렘으로 바꾸라고 가르쳤다(꾸란 2:142). 실제로 무함마드와 추종자들은 18개월이나 예루살렘을 향해 기도했다.

그러나 정치적인 힘과 군사적인 힘을 가지게 된 그는 624년 새해에 자신은 창조주 알라로부터 계시를 받았고, 성경은 거짓이라고 주장하기 시작했다. 이때부터 그는 유대인들에 대한 추방 혹은 대학살을 단행했고, 메디나 이주 초기에 따르던 유대인의 관습을 아랍식으로 수정하였다. 또 메카 계시에 따라 우호적으로 대하던 기독교인들도 세 신을 믿는 다신교도들이며, 그들과 상종하는 사람들은 믿음을 버린 자들이라고 정죄하고, 기독교와 유대교가 가진 경전은 변질되어 진리가 아니라고 했다. 그 이유는 무함마드가 받은 계시인 꾸란이 거짓말인 것을 분별할 수 있는 사람들은 성경을 미리 읽어 본 유대인과 기독교인들밖에는 없었기 때문이다. 이때부터 살벌한 '메디나 계시'(Medinah Revelation)가 시작되었다(유대인과 기독교인들을 "책의 사람들"이라고 불렀다.). ① 기독교인들은 세 신을 믿는 다신교도들이다(꾸란 5:72-73). 기독교인들이 알라와 예수와 그의 모친 마리얌을 세 신으로 섬긴다(꾸란 5:116). [그러나 어떤 그리스도인도 이렇게 삼위일체를 말하지 않는다.] ② 유대인들은 에스라를 하나님의 아들이라고 믿는 자들이다(꾸란 9:30). [유대인들은 유일신 신앙이어서 하나님이 자식이 있다고 결코 말하지 않는다.] ③ 유대인들은 자신들이 메시아를 죽였다고 주장한다(꾸란 4:157). [유대인들은 메시아가 오지도 않았다고 믿는데 메시아를 죽였다고 말할 수 없나] ④ 유대인들과 기독교인들은 변질된 성경을 가지고 있다 (꾸란 2:79; 3:78). [메카에서는 성경을 진리라고 말하더니 언제 변질되었는지는 밝히지 못한다]

그는 유대교와 기독교와의 결별을 결심하고, 624년부터는 기도의 방향(Qibula)을 예루살렘에서 카바 신전으로 바꾸었다. 갑자기 기도의 방향을 바꾼 3가지 이유를 꾸란 2:142-150에서 설명하였다. ① 알라는 동에도 계시고 서에도 계시니 바꾸어도 된다(2:142). ② 너희들이 정말 알라와 메신저를 따르나 혹은 따르는 척하는 위선자들인가를 확인하기 위해서다(2:143). ③ 알라는 전능하시니 바꿀 수 있다(2:148). ④ 유대인과 기독교인들을 친구로 사귀는 자들은 이미 믿음을 버린 자들이다(5:51).

14 625년 무함마드는 유대인 부족을 정복하기 시작했다. 이때 처형된 유대인의 미망인들을 취하기 시작하면서 일부다처제를 제도화하기 시작했다.

무함마드는 메디나 부근의 유대인 부족인 나이디르(Naydir) 족을 쫓아내고, 꾸라이자 족을 공격하여 수백 명을 죽이고, 카이바르 족 마을로 도망간 유대인들을 무참히 정복하였다(628년). 무함마드는 유대인 남자들을 모아놓고 거대한 구멍을 파게 하여 구덩이 앞으로 걸어가게 한 다음, 한 사람씩 목을 쳐 죽여 구덩이에 밀어 넣었다. 카이바르 족을 함락한 후 남편을 잃은 아름다운 여인 가운데 한 사람을 자신의 노예로 삼기도 했다. 그 유대인 여인의 이름은 레이하나(Raihana)였다. 무함마드는 점령한 도시의 여인들과 재물 등의 전리품이 처음에는 모두 자신의 것이라고 주장하였다가(꾸란 8:1) 나

중에는 그 규모가 커지자 무슬림들이 전리품을 나누어 가지게 했고, 그중 5분의 1만 자신의 몫으로 챙겼다(꾸란 8:41). 또한, 포로 된 여인들을 오른손이 소유하는 것이라 칭하면서 동침이 허용된 노예로 삼거나(꾸란 4:24; 4:3) 돈을 받고 석방하거나 매춘에 이용하는 것을 묵인하였다(꾸란 8:67-71; 24:33). 이와 같이 이슬람은 태생부터 무지와 거짓, 그리고 살상으로 출발하였다.

무함마드는 부인 카디쟈에게 상당한 심리적 압박을 받았고, 그녀가 세상을 떠난 후 여성들에 대한 독특한 편력을 드러냈다. 카디자가 65세로 죽던 해 무함마드는 50세이었다. 이후부터 무함마드는 모두 10번의 결혼식을 하여 많은 아내를 거느리므로 일부다처제를 시작하였다. 심지어 53세 때에는 9살짜리 신부를 맞기도 했다.

15 628년 메카의 부족들과 평화불가침을 약속하는 후다이비야 조약을 맺었다.

그는 메카의 쿠라이쉬 부족과 여러 차례의 전쟁을 치렀으나 승리가 어렵다는 것을 알고, 메카의 족장들과 10년간 평화불가침 조약을 맺었다(628년). 이것을 메디나와 메카 사이의 최초 계약인 '후다이비야'(Hudaibiyah) 조약이라 부른다. 이 조약에 성립되므로 무함마드는 메카를 비무장으로 방문하여 카바 신전에 제사를 드릴 수 있게 되었다.

16 630년 무함마드는 1만 명의 군사로 메카를 점령하고 카바 신전을 알라의 신전으로 만들었다.

그러나 평화조약을 맺은 무함마드는 1만 명의 군사를 모집하여 훈

텐시기때시 밀요한 개정을 대상 행렬을 습격하여 충당했다. 이슬람 역사가들은 무함마드가 직접 진두지휘한 전쟁이 27회나 된다고 말한다. 메디나 군사들은 조약에 따라 2회에 걸쳐 평화롭게 메카에 들어가 제사를 드렸다. 그후 메카의 힘이 약화된 것을 알게 된 무함마드는 630년에 1만 명을 이끌고 자신을 핍박한 메카로 진군했다. 엄청난 대군을 대적할 군사력이 없던 쿠라이쉬 부족은 무조건 항복을 하였다. 메카의 장군인 아부 수프얀(Abu Sufyan)과 화친을 맺고 무혈 입성한 무함마드는 메카를 이슬람화 하는 데 성공했다. 그리고 카바 신전의 360개의 우상을 모두 깨뜨리고, "알라 외에 다른 신은 없다. 알라는 더 위대하다."라고 외쳤다. 이후로 카바 신전은 '알라'가 머무는 무슬림들의 순례와 신앙의 중심지이자 영적 고향이 되었다.

17 632년 전체 아라비아 반도가 무함마드에 의해 통일되었다.
　　메카 주변의 360개 종족에서 가장 강력한 쿠라이쉬 부족을 정복한 무함마드는 일생의 남은 두 해(631-632년)를 다른 아랍 부족들에 대한 지배력을 확장하고, 필요시에는 복종 및 개종시키기 위해 군사적 행동도 강행하였다. 무함마드는 모든 우상들을 폐지하고 유대교와 기독교를 압박하여 이슬람에 종속 흡수하고자 하였다. 또한, 그리스 페르시아 이집트 등지에 사절단을 파송하여 이슬람 신앙을 수용할 것을 요구하였다. 모든 법률은 종교적 법률이며, 불신앙은 곧 죽음의 형벌로 다스렸다. 이리하여 무함마드가 사망할 당시인 632년에 전 아라비아 반도가 이슬람교의 세력 하에 통일되었다.

18 633년 중년의 무함마드는 열병을 앓다가 죽고 말았다.

주후 633년, 무함마드는 메디나에서 열병을 앓다가 애첩 아이샤 (aisha)의 품에 안겨 "주여 나를 용서하소서. 나를 그 높은 곳 반려 단에 가입시켜 주소서! 낙원에…영원!…용서!…높은 곳에 그 복된 곳에"라는 기도를 남기고 죽었다.

19 이후로 무함마드는 계승자(Caliph)를 지목하지 않아 순니파 (쿠란과 무함마드의 모범인 순나를 따르는 자들)와 시아파(무함마드의 혈통만이 이슬람의 지도자가 될 수 있음을 주장함)의 분열의 씨를 낳았다.

무함마드는 특정한 인물을 후계자로 지목하지 않고 죽었다. 그가 세운 나라는 신정국가였으므로 누군가가 그의 뒤를 계승해야만 했다. 그 계승자는 율법을 준수한 사람이라기보다 율법을 강력히 시행할 사람이어야 했으며, 전쟁을 지휘하고 평화로 인도할 사람이어야 했다. 무함마드의 첫 추종자인 연로한 아부 바크르(Abu Bakr)는 후계자로 지목된 후 2년을 채 넘기지 못하고 죽었다. 그가 죽은 후 우마르 이븐 알 카타브(Umar ibn al Khattab)가 제2대 칼리프가 되었는데 그가 통치하는 동안에 이슬람 제국의 영토는 크게 확장되었다.

20 통일신라 시대에 이슬람 상인들이 한반도에 들어왔다.

서기 845년, 「왕국과 도로 총람」에 중국을 통하여 이슬람 상인들이 들어왔다는 기록이 있다. 고려시대의 사서 「고려사」「고려사절요」에서는 이슬람을 "회회교," 무슬림을 "회회인"이라고 부르고 있으며, 귀화 무슬림인 '장순룡'이 고위관직을 역임했다는 기록과 이슬람 사원격위 대조회송축 예궁에서 예배를 드렸다는 기록이 있다. 또한, 고려시대의 가요인 「쌍화점」이란 노래의 가사에도 회교도를 뜻하는 "회회아비"가 등장하고 있다. "쌍화점(호떡집)에 쌍화 사러 갔더니 회회아비 내 손목 잡는구려."

또한, 일제 강점기에 만주로 강제 이주된 한국인들 중 극소수가 그곳에 정착한 중국인, 무슬림과 접촉하였다고 한다. 1945년 광복 이후에 이들이 귀국하면서 이슬람을 전해 준 것으로 알려진다. 이슬람의 본격적인 한국전파는 한국전쟁에 참전한 16개국 중, 터키 병사들인 주베르 코치와 압둘라흐만 형제가 북한군과 전투를 하면서 한편으로 천막으로 이슬람 성원을 세우고 포교하였다. 터키군의 지원으로 서울 동대문구 이문동에 퀸세트 임시성원과 텐트 3동으로 청진학원을 개원하고 예배하였으며, 정규 중학교에 진학하지 못한 불우 청소년 120여 명에게 중등과정 교육과 이슬람 교육을 병행하였다고 한다. 1955년 9월 15일에 "한국이슬람협회"를 결성하였고, 1961년에 문교부에 '한국이슬람교협회'라는 사회단체로 등록했으며, 1965년 격월간지 「이슬람의 소리」를 창간하여 세계 267개의 무슬림 단체에 무료로 배포하고 국제적 지위를 다지기도 하였다. 1970년에 용산구 한남동에 이슬람 성원인 모스크를 건립함으로써 한국 이슬람교가 본격적으로 정착하기 시작했다.

◆ 이슬람은 어떻게 시작되었나요?

① 발생지인 아라비안 반도는 다신숭배 지역인데 정령숭배물이나 카바신전이 있었다.

② 알라는 초승달의 신인데 무함마드의 쿠라이쉬족의 신이다.

③ 그 지역은 디아스포라 유대인이나 기독교인들이 살았는데 네스토리안이나 단성론자 혹은 금욕주의자들였다.

④ 무함마드는 570년 메카에서 출생하여 가난한 무역상인 삼촌이 양육하였다.

⑤ 무함마드는 당시 사회나 종교의 병폐를 해결할 완전한 유일신교를 창시하려고 했다.

⑥ 25세에 돈 많은 과부요 네스토리안 신자인 40세의 카디자와 결혼하였다.

⑦ 메카 사막을 거닐며 히라 동굴에서 명상하던 중 가브리엘 천사로부터 계시를 받았다.

⑧ 계속된 계시를 통해 계시자는 알라요 자신은 최후의 예언자라고 주장하기 시작했다.

⑨ 이 알라의 계시를 모아 꾸란을 만들었는데 초기에는 타락한 인간의 회개촉구, 고통스런 심판의 날에 대한 경   고, 감각적 쾌락이 기다리는 천국의 소망 등이었다.

⑩ 메카에서는 유대인의 관습을 받아들이는 자세를 취했다.

⑪ 계시자로 자처하였으나 성경에 무지함이 드러나면서 계시의 진정성이 의심을 받았다.

⑫ 622년 메디나로 이주하여 전 아랍지역을 지배하는 정치지도자가 되면서 아카바 6중 서약을 만들고 교세확장   에 주력했다.

⑬ 624년 메디나 계시를 선포하여 유대인과 기독교인을 핍박하기 시작했다.

⑭ 625년 무함마드는 유대인 부족을 정복하기 시작했다(일부다처제의 출발).

⑮ 628년 메카의 부족들과 평화불가침을 약속하는 후다이비야 조약을 맺었다.

⑯ 630년 무함마드는 1만 명의 군사로 메카를 점령하고 카바신전을 알라신전으로 만들었다.

⑰ 632년 전 아라비아 반도가 무함마드에 의해 통일되었다.

⑱ 633년 무함마드는 열병을 앓다가 죽었다.

⑲ 무함마드는 계승자(Caliph)를 지목하지 않아 순니파와 시아파의 분열의 씨를 낳았다.

3 이슬람은 어떤 분파들이 있나요?

  무함마드의 사후 후계자 계승에 관한 문제는 이슬람교 분열의 요소가 되었다. 결국 권력투쟁은 후계자 선출방법에 있어서 분쟁으로 발전했다. 칼리프는 이슬람 지도자로부터 선출되어야 한다는 입장과 무함마드의 하나뿐인 딸 파티마와 결혼한 무함마드의 사위 알리의 계보로 계승되어야 한다는 입장이 맞서서 격렬한 분쟁을 낳았다. 이로 인해 오늘날에도 분쟁하고 있는 순니파(Sunnites)와 시아파(Shiites), 그리고 수피파(Sufis)로 나뉘었다.

  01 구전된 무함마드의 가르침을 중시하고 계승자인 칼리프는 선거제도를 통해 선출되어야 한다고 주장하는 순니파는 사우디아라비아와 터키에 흩어져 있으며 이슬람의 90%에 해당한다.
  순니파는 무슬림 공동체, 즉 움마의 순나(Sunna, 구전된 무함마드의 생애와 교훈)를 추종하는 사람들로서 선거제도에 의해서 칼리프가 선출되어야 한다고 주장하는 파이다. 오늘날 이슬람의 대부분이 순니파이다. 순니파는 꾸란, 하디스(Hadith, 전승들과 순나의 해석, 주석)에 표현된 무함마드의 행위들을 다 받아들이고 이슬람의 기본적인 네 개의 율법, 샤리아(Sharia)를 인정하고 있다. 이 샤리아는 꾸란, 하디스, 이즈마(이슬람 공동체의 동의), 쿠야스(Quyas,

분석적 추리)로 이루어져 있다. 순니파는 가장 고전적이고 전통적인 이슬람 종파로서 무슬림의 90%를 차지하며 사우디아라비아와 터키를 중심으로 분포한다.

02 무함마드의 직계후손만이 칼리프가 될 수 있다고 주장하는 시아파는 이란에 집중하여 살고 있으며 4번째 칼리프인 알리의 차남 후세인의 고통을 기억하여 자해행위 행사를 한다.

소수종파인데 무함마드의 네 번째 칼리프는 이슬람 초기의 신자이며 무함마드의 사위인 알리였는데, 스스로 후계자라고 주장하던 무아위야에 의해 암살당한 일이 계기가 되어 시작된 분파이다. 알리의 지지자들은 다른 사람이 아닌 무함마드의 직계 후손만이 정통적인 계승자가 될 수 있으며, 단지 그들만이 이슬람의 통치권을 이어받을 수 있는 자격이 있다고 주장했다. 그러므로 알리파는 혈통주의 종파이다. 알리파의 모든 혈통적인 지도자들은 이맘 마흐디(imam mahdi)로서, 이들은 거룩하게 지목되고 초자연적으로 인도를 받는 영적 지도자들이며, 알라신으로부터 특별한 지식과 통찰력을 부여받은 자들로 추앙 받는다. 오늘날 시아파는 이란을 완전히 통치하고 있는데 아야툴라 호메이니가 그들의 지도자였다. 이들은 1년에 한 번씩 알리의 차남 후세인의 제삿날에 길거리로 나와 행렬을 지어 후세인의 고통을 몸소 체험하려고 자해행위를 한다.

03 직접적인 종교체험이나 신인합일을 추구하는 신비주의 수피파는 점성술이나 마술 부적 그리고 알라의 이름을 암송하면 신비한 힘이 생긴다고 믿는다. 주로 아시아 지역에 분포하고 힌두교나 불교에

영향을 주었다,

가장 널리 알려진 이슬람의 신비주의인 수피파는 정통 이슬람에 대한 반발로 생겨났다. 그들은 환상, 치유, 기도에 치중하면서 알라 신과의 신비한 합일을 목표로 한다. 그들 중 일부는 가장 근본주의적인 특성을 지닌 율법주의자들이다. 또한 직접적인 종교체험에 강조점을 두므로 결국 신에게 헌신하며 금욕주의를 추구하고 거룩함을 추구하는 신비주의가 출현하게 된 것이다. 수피파는 민속 이슬람 사상과 신비주의 사상이 결합하여 이슬람의 문화를 꽃피웠다. 그들은 무함마드를 신격화하고 점성술, 마술을 인정하고 부적을 사용하며 알라의 9가지 이름을 외우면 굉장한 신비의 힘이 솟아난다고 믿는다. 그들은 인도나 파키스탄, 인도네시아, 말레이시아, 필리핀 등의 아시아 지역에 주로 진출하였고 힌두교와 불교에도 영향을 미쳤다.

04 이맘을 중심으로 하는 이스마일파, 예수의 실제 무덤이 있다고 주장하는 아히미디아파, 그리고 이슬람 정신의 회복운동인 와히야파가 있다.

① 이스마일 파

무함마드의 영적 후계자이며 제6대 시아파의 이맘인 자파르 아스사디크의 사망과 더불어 시작되었다. 자파르의 장남 이스마일은 자파르가 아직 생존해 있을 때에 죽었지만, 그의 추종자들은 이스마일을 자파르의 후계자로 명명했다. 8세기 말, 9세기 초에 정립된 이스마일파의 교리는 꾸란 해석에서의 이중성, 즉 비전적 요서와 공개적 요서가 동시에 존재한다고 했다. 이스마일파는 이맘을 정점으로 하는 위계조직을 형성하고 이맘을 최고 선교사로 간주했다. 이집트의 카이로에 칼리프 제도를 세웠지만 다시 여러 계열로 분파되었다.

② 아하미디아파

아하미디아파는 신흥종교의 성격을 가지고 있다. 아하미디아파는 신약 복음서의 예수의 행적에 대해 전적으로 부정한다. 그들은 예수의 무덤이 타시미라는 곳에 실제로 존재하고 있다고 주장한다. 아하미디아파의 중심은 파키스탄이다.

③ 와하비파

와하비파는 이슬람의 부흥운동이며 18세기 이후 서구의 팽창정책을 저지하는 운동으로서 이슬람 정신의 회복운동이며 저항운동의 한 갈래이다.

05 이슬람의 세속화를 반대하고 전통과 문자적 교리에 대한 철저한 복종을 중시하는 이슬람 근본주의(원리주의)가 있다.

이슬람 근본주의는 이슬람이 점차 쇠퇴해가던 13세기에 이른 타이미야(Ibn Taymiyyah)에 의해 시작된 이슬람 교리를 정치 사회 질서의 기본으로 삼아 이슬람의 본래 신앙으로 되돌아갈 것을 주장하는 '살라피즘'(Salafism)이 기원이다. 타이미야는 외부 이교도들의 침입이 아닌 시아파 이슬람, 정통이라 불리는 이슬람 학파들, 수피즘의 이슬람 해석과 실천 등이 초기 이슬람의 가르침에서 벗어났기 때문에 이슬람이 위기에 봉착한 것이라고 보았다.

근대에 들어서 서구의 눈부신 발전은 이슬람 세계에 강력한 도전이 됐다. 이슬람인들 중 일부는 하나님의 최후 예언자인 무함마드를 믿는 자신들이 제일 발전해야 하는데도 서구에 뒤지는 이유가 무함마드의 교리를 정확히 따르지 않았기 때문이라고 생각했다. 이에 따라 무하마드의 기본정신으로 돌아가는 것이 바른 길이라는 "근본주의"(fundamentalism)가 생겨나기 시작했다. 특히, 이란에서 시아파 호메이니 혁명이 일어난 뒤 원리주의자들의 주장이 강해졌다. 이슬람 원리주의는 "전 세계의 이슬람화"를 목표로 한다. 이를 위해서 폭력과 테러를 정당화한다. 이슬람 원리주의는, 무력 사용은 물론 반민주주의, 여성비하, 경전의 임의적 해석, 반근대, 반과학주의, 비합리적 사고 등의 문제들을 안고 있다. 이슬람 내부 개혁운동과 함께 원리주의 운동이 본격적으로 시작됐는데 공통점은 급진적 사회변혁과 함께 이슬람 신앙 회복이라는 명분하에 "지하드"(Jihad, 성전)를 강조한다. 지하드는 모든 무슬림의 삶에서 벌어지는 내적 갈등을 다루는 "대지하드"(Jihad akbar)와 공동체를 위협하는 자들에게 대항하는 정치적 성향의 "소지하드"(Jihad asghar)로 나뉜다. 많은 무슬림은 소지하드보다 대지하드를 경험하며 살지만 이슬람 근본주의자들은 정치적 행동을 통한 소지하드에 집중하는 경향이 있다.

◆ 이슬람은 어떤 분파들이 있나요?

① 구전된 무함마드의 가르침을 중시하고 계승자인 칼리프는 선거제도를 통해 선출되어야 한다고 주장하는 순니파, 사우디아라비아와 터키에 흩어져 있으며 이슬람의 90%에 해당한다.
② 무함마드의 직계후손만이 칼리프가 될수 있다고 주장하는 시아파. 이란에 집중하여 살고 있으며 4번째 칼리프인 알리의 차남 후세인의 고통을 기억하여 자해행위 행사를 한다.
③ 직접적인 종교체험이나 신인합일을 추구하는 신비주의 수피파. 점성술이나

마술 부적 그리고 알라의 이름을 암송하면 신비한 힘이 생긴다고 믿는다. 주로 아시아 지역에 분포하고 힌두교나 불교에 영향을 주었다.

④ 이맘을 중심으로 하는 이스마일파, 예수의 실제 무덤이 있다고 주장하는 아히미디아파, 이슬람 정신의 회복운동인 와히야파가 있다.

⑤ 무함마드의 가르침대로 살아야 한다는 회복·재건운동을 강조하는데, 그 방법으로서 지하드를 정당화하는 이슬람 근본주의(원리주의)가 있다.

4

Christian's Nine Questions on the Religion of Islam
이슬람의 기본신앙은 무엇인가요?

1. **꾸란(Quran, 알라신의 계시)**

01 이슬람의 경전은 꾸란이다. 꾸란은 순나(Sunna, 관습)와 하디스(Hadith, 전통)가 있는데, 전자는 무함마드의 생애와 교훈 그 자체를 말하고, 후자는 순나를 해석한 주석서이다. 유대교 경전으로 말하자면, 순나는 모세오경에 해당하고 하디스는 탈무드에 해당한다.

02 꾸란은 신약성경의 4/5 정도이고 구약성경의 1/4 분량인데 모두 114장으로 구성되어 있고, 각 장의 길이가 긴 것부터 배열되어 있다. 각 장마다 이름이 붙어 있는데 장과 장 사이의 필연적인 연결 관계도 없이 배열하였다.

03 각 장의 이름들에는 달, 별, 아브라함, 세례 요한, 예수, 천국 등이 등장한다. 특히 천국이나 지옥에 대해 기이한 수식어들이 등장한다. 천국의 한복판에는 생명나무가 있고, 그 가지가 동서남북 사방으로 뻗어 있는데 항상 꽃이 피어있고 열매가 익어있고 열매 맺힌 가지가 늘어져 손을 대지 않아도 저절로 입에 와 닿는다고 한다. 또한 "지옥의 중앙에는 사망나무가 한 그루 있는데 열매가 주렁주렁 맺

혀 있다."고 하였다.

04 꾸란은 아랍어로 기록되어 있는데 그들은 꾸란을 읊거나 읽을 때에는 아랍어로 읽어야 구원이 있고 외국어로 번역하여 읽으면 안 된다고 믿는다. 그들은 꾸란을 점진적 계시에서 가장 완전한 것으로 본다. 무함마드가 23년간 받은 계시를 타비트라는 비서가 주후 632-34년 사이에 받아 쓴 것이다. 사후에 후계자 아부 바크르의 지휘하에 편집된 것이 초간본인데, 644년경 제3대 칼리프 오트만이 초간본과 자료문헌들을 모두 파기하고 수정본 꾸란을 편찬하였는데 그것이 현재에 사용하는 꾸란이다.

05 꾸란은 거룩한 경전이며 신의 계시로서 모든 이슬람교도들의 신앙과 생활의 지침이 된다. 경전 중에는 토라(Torah, 모세의 율법), 수후프(Suhuf, 선지자들의 글), 자불(Zabur, 다윗의 시편), 인질(Injil, 예수의 복음서) 등이 포함되어 있다. 그러나 무함마드의 말을 기록한 꾸란은 다른 계시들보다 월등하고, 원전으로 보존되고 있는 유일한 교훈이요, 다른 계시들은 원형이 손상되고 거의 알아볼 수 없을 정도로 마모되었다고 주장한다. 따라서 오직 꾸란만이 절대적으로 신뢰할 수 있고, 이슬람교도들이 따라야 할 길이라고 말한다.

06 꾸란은 이슬람교도들의 일상생활을 인도하는 지침서이며 출생으로부터 죽음에 이르기까지 광범위한 삶의 행위를 규정하고 있다.

진정한 경건함은 당신들이 얼굴을 동쪽과 서쪽으로 돌리는 것이

이니라 경건한 종교심이란 알라와 최후의 심판과 천사와 경전과 예
언자들을 믿고 친척, 고아, 빈민, 여행자, 거지에게 재산을 나누어
주고 노예를 자유롭게 하고 예배를 지켜 드리고 희사를 행하는 것이
며 일단 약속을 하면 약속을 지키고 불행이나 곤궁한 역경에 처하여
서도 인내하는 자이다(꾸란 2:177).

낭비하는 자는 사단의 동포이다. 사단은 주의 은혜를 모른다(꾸
란 17:24)

알라를 위하여 당신들을 적대시하는 자와 싸워라. 그러나 불의를
행하여 도를 넘어서는 안 된다. 알라께서는 도를 넘는 자를 좋아하
시지 않으신다(꾸란 2:190).

너희들 믿는 자들이여! 모든 의무를 다할지어다. 너희들에게 허
락된 음식은 네 발 달린 짐승이다. 그러나 다음의 예의와 또 성지순
례시의 금기상태에서 수렵은 금지한다. 알라께서는 마음에 드시는
대로 율을 정하신다...시체, 피, 돼지고기, 알라 이외의 이름으로
타살된 것...너희들에게 허락된 것은 깨끗하고 좋은 음식, 알라의
가르침을 따라 너희들이 훈련시킨 짐승이 너희들을 위하여 잡아 온
것은 먹어도 좋다...알라는 계산이 빠르신 분이시다(꾸란 5:1-5).

믿는 사람들이여 술, 화살내기, 우상, 활, 점 등은 어느 것이나
사단의 소행이다. 그런고로 이것을 피하라... 알라의 말씀에 순종하
고 사도의 말씀에 순종하라(꾸란 5:90-92).

2. 신앙체계

이슬람의 신앙은 "이만"(iman, 믿음), "이바다트"(ibadat, 修身), "이흐삼"(ihsam, 德行)으로 구분한다. 이만과 이를 시행하는 이바다트는 개인적 수련이기 때문에 이흐삼을 하기 위해서 먼저 갖추어야만 한다. 이만은 이슬람 신앙이 진리라고 마음으로 믿고 혀로 고백하는 것으로서 이슬람 교인들은 공식적인 신앙선언의 6가지 항목, 곧 알라, 천사, 성서, 예언자, 최후 부활과 심판, 정명(定命, 인샤알라)을 믿어야 한다. 그리고 이바다트에는 5가지의 수련, 곧 신앙고백, 예배, 자선, 단식, 성지순례가 있다.

01 '알라 외에는 신이 없다.'며 유일신을 믿는다. 우주만물을 창조한 절대주 알라를 믿는 것이 기본 중의 기본이다. 그래서 입교할 때 "라 일라 일할라"(La illa ilhala) 즉 "알라 외에는 신이 없다"라고 고백해야 한다. 그런데 이슬람의 알라(Allah)는 기독교의 하나님(Yahweh)과 전혀 다르다. 본래, 알라는 무함마드 고향의 부족신앙으로서 초승달의 신에 불과했다. 또한, 하나님과 알라의 차이는 알라에게 자비의 속성이 없다는 점이다. 이슬람은 알라의 유일성에 강조점을 둔다. 더 나아가 알라에게는 99가지 아름다운 이름들이 있는데 이 이름들을 다 암송하는 자가 낙원에 들어간다고 가르친다.

02 천사의 존재를 믿는다. 이슬람에서 경배의 대상은 알라뿐이다. 꾸란 1장에서 "우리는 당신만을 경배하고 당신에게만 구원을 청합니다."라는 구절이 있다. 그러나 천사와 진, 사탄 등의 영적 존재

를 믿는다. 무함마드두 천사와 영혼의 존재를 믿어야 한다고 했지만 그들에게 경배하여 구원을 호소하는 것은 금지하였다. 이슬람에 따르면 천사는 빛으로 창조되었고 한다. 이슬람의 경전 쿠란(Quran)에는 4명의 천사장(지브라일-진리의 천사, 미카일-이스라엘 호위 천사, 이스라필-심판의 날 나팔 부는 천사, 이즈라일-죽음의 천사)이 있으며, 예수를 이싸(Isa)로 부르고 그는 동정녀 마리아에게서 태어났지만(쿠란 3:42, 47) 아버지는 천사장 가브리엘이라고 한다. 그 외에도 10종류의 천사들이 있다고 하는데 천국문을 관장하는 리드완 천사, 지옥문을 관장하는 수문장인 말라카 천사, 선행의 기록을 담당하는 라킵 천사, 악행을 기록하는 업무를 담당하는 아띠드 천사, 죽은 자의 종교를 묻는 문카르 천사 등이 있다고 믿는다.

천사들 외에 이 우주에는 또 다른 영적 존재들이 활동하고 있는데, 신이 창조한 진(Jinn, 요정 혹은 정령)이라는 번식하는 존재가 있다 (꾸란 15:26-27). 이들은 선과 악에 대한 선택의 자유를 가진 지적 피조물이라고 가르친다. 특히 타락한 천사인 사단 이블리스(Iblis)는 진들의 우두머리라고 본다. 성경에 나타난 영적 존재에 대한 지식이 왜곡되었다.

03 성서를 믿는다. 그러나 쿠란을 최종 계시로 믿는다. 이슬람은 알라가 계시한 총 104권의 경전 중 "토라와 다윗의 시편, 예수의 복음 및 쿠란" 등 4개만 남았는데, 현재의 성서는 원본과 달리 왜곡되었기 때문에 "쿠란"만 읽고 행하라고 가르친다.

이슬람의 전승에 의하면 여러 예언자와 선지자에게 계시된 것들이 있다고 본다. 즉 알라가 인류에게 104권의 경전을 주었는데, 아담에게 10권, 셋에게 50권, 에녹에게 30권, 아브라함에게 10권이 주어졌는데 모두 소실되고 4권의 경전만이 존재한다고 믿는다. 모세에게 계시된 타우라(토라-모세오경), 다윗에게 계시된 자부르(다윗의 시편), 예수에게 계시된 인질(복음서), 그리고 여기에 무함마드에게 계시된 꾸란을 포함한다. 처음에는 모세, 다윗, 예수의 책을 인정하다가(수라 10:95) 유대인과 대립하게 되면서 기독교인의 성경이 변질되고 부패했다고 비난했다(4:46). 이슬람은 꾸란 외에도 무함마드의 언행록인 「하디스」와 「순나」를 믿고 따른다. 전자는 무함마드 생전의 언행에 대한 목격자들의 증언록이고, 후자는 무함마드의 행위 모범을 비롯한 이슬람 이전의 아랍 사회와 개인을 구속하는 관습과 규범집이다.

04 신의 예언자를 믿는다. 아담, 노아, 아브라함, 모세, 예수, 무함마드 등 6명의 예언자들이 있었는데, 무함마드가 마지막 예언자라고 주장한다.

이슬람의 전승에는 예언자의 수가 인류의 시조인 아담으로부터 시작하여 마지막 무함마드까지 모두 12만 4천 명이라고 한다. 그런데 꾸란에 언급된 예언자는 28명이고, 그 중에서 6명 즉 아담, 노아, 아브라함, 모세, 예수, 그리고 무함마드가 대표적 사자라고 주장한다. 이슬람에서 예언자는 아랍어로 나비(nabi)이고 사자는 라술(Rasul)이라고 한다. 꾸란은 이들 사이에 차별을 두는 것을 금지하고 모든 사자나 예언자의 위치는 동등하다고 본다. 그러나 사자는 알라의 계시를 전하는 역할 이외에도 인류를 이끌 책임까지 맡은 예언자를 말하며, 사자들 중에서 모세, 예수, 무함마드가 이에 속한다고 구깃힌다. 그런데 마지막 사도는 예수가 아니라 무함마드이고, 그를 완전한 인간이라고 가르친다.

05 최후 부활의 날과 심판을 믿는다. 이슬람은 신이 이 세상의 피조물들을 창조하셨기 때문에 피조물들의 심판도 신의 권한이라고 믿는다(꾸란 18:50). 부활의 날에 신이 각자 행위대로 심판하는데 큰 저울에 올려놓고 어디로 기울어지는가에 따라서 낙원과 지옥이 결정된다고 가르친다. 또한, 인간이 죽으면 부활할 시점까지 바르자크라는 곳에 있게 되며, 마지막 심판의 날에는 육체와 영혼이 재결합하는 부활이 있고, 모든 인류가 심판대에 설 것으로 본다. 그러나 무슬림들은 심판의 날까지 누구도 구원의 확신을 가지지 못한다고 주장한다. 꾸란의 14%가 종말과 심판에 대한 기록이다. 심판은 천년 동안 지속될 것이며 심판 날에 사람의 선행과 악행을 저울에 달아 그 무게를 잰다는 것이다. 종말의 심판 날에는 예수가 다시 돌아와 자신이 무슬림이라고 선언하고 사람들에게 이슬람으로 개종하라고 촉구할 때가 곧 종말이라고 한다(하디스 8:50).

06 알라의 뜻(인샤알라)을 믿는다. 무슨 일이든지 알라의 뜻에 따른 것이며, 인간의 모든 운명은 영원 전부터 이미 정해져 있다고 믿는다.

이슬람은 인간의 행운과 불행은 모두 알라의 손에 달려 있다고 믿는다. 내가 이 세상에 태어나고 죽는 것도 알라의 의지에 달려 있고, 이 세상에 일어나는 모든 일도 알라의 계획에 의해 일어나고 있다. 인간의 모든 행위에 대해서 그것이 선하든지 악하든지 전적으로 그 책임이 알라에게 달려 있다는 말이다(꾸란 14:4; 54:49). 그러므로 창조주의 섭리와 "까드르"(qadar, 정명)를 믿어야 한다는 것이다. 그러나 일부 분파에서는 인간이 자기 행위에 대해 어느 정도 책임이 있다고 믿는다.

3. 신앙의 실천(5대 행위기둥)

01 신앙고백(shahada): "신은 알라뿐이고, 무함마드는 알라가 보낸 예언자다."를 암송해야 한다.

무슬림이 되고자 하면 두 가지 신앙고백을 해야 한다. 즉 "알라 외에 다른 신은 없다"(라 일라 일할라), "무함마드는 알라의 사도이다"(무함마둔 라술 룰라)"라는 구절을 아랍어로 증언해야 한다. 아이가 태어났을 때와 임종 시에 읊는 구절이기도 하다. 이 구절은 예배 시간을 알리는 아잔과 예배 시작을 알리는 이까마를 통하여 최소한 10번 이상을 암송하게 된다. 이슬람 신앙은 다른 종교와는 달리 신자가 되는 것이 매우 간편하다. 이 두 구절만 믿으면, 명목상으로 누구나 무슬림이 되는 것이다(꾸란 4:136). 이것이 IS의 자폭현장에서 "알라 후 아크바르"(알라는 위대하다)를 외치는 이유이다.

02 기도(Salat): 무슬림은 하루에 5번씩 기도해야 한다.

무함마드는 예배(salah)를 천막을 떠받들고 있는 기둥이라고 했다. 무슬림은 매일 정해진 시간에 맞추어서 메카를 향해(키블라) 5번 정해진 동작을 따라 기도해야 한다. 즉 파즈르 기도(여명이 트기 전 새

벽 4시경), 주흐르(정오 12시 경), 아스르(오후 해지기 전 4시경), 마그리브(해지는 시간부터 일몰 전 5시 30분경), 이샤(일몰 후 부터 한밤 이전 8시경)이다. 모든 남성 무슬림은 거주지역의 성원(사원)에 모여 이슬람 공동체의 최고 지도자를 대신한 이맘의 인도하에 기도의식을 행하고, 그의 설교를 듣는다. 이 예배의식이 유목민적이고 자유방임적인 아랍족에게 절제 있는 질서의식 확립에 크게 공헌을 했으며, 혈연적 연대의식을 높여 주었다. 예배 시간을 알리는 신호는 무엣진(예배하러 오도록 부르는 사람)이 이슬람 성원의 뾰족탑에 올라 신자들의 집합을 알리는 구절을 큰 소리를 읊는다. 예배하기 전에는 반드시 정결의식(Wudu)을 행하는데, 그것은 사지(인간의 행동을 뜻함)를 정화하고, 신에게 예배하는 것 외에 다른 일체의 생각들을 떨쳐 버렸음을 뜻한다. 이들은 "알라는 위대하다" 외치고, '샤하다'(신앙의 증언)를 읊은 후, 꾸란 제1장 파티하아 다른 장을 외운 후 허리를 굽혀 절하고, 다음에는 앉아서 이마가 바닥에 닿도록 두 번 큰 절을 한 후 다시 일어선다. 경건하게 서 있는 자세는 자비를 호소하는 것이고, 허리굽혀 절하는 것은 신의 위엄에 압도당한다는 뜻이다. 이 과정 전체를 라카트(Rakat, 엎드림)라 부른다. 무슬림들은 매일 일정한 기도시간에 최소한 17번 알라를 부른다.

03 자선(Zakat): 의무적으로 소득의 2.5%를 내야하는데 자발적으로 바치게 한다.

꾸란은 신실성에 대한 외적 징표이며 구원의 수단으로써 "자카트"를 정기적으로 낼 것을 명령한다. 자카트는 자선과 빈민구제를 위한 세금이다(꾸란 2:43). 이것은 무슬림 사회의 부를 공평하게 분배하기 위한 목적으로 의무화된 제도라 할 수 있다. 자카트를 통해 무슬림들은 자신의 물질이 신의 것이라고 인정한다. 특히 중동의 유목민들에게 전리품을 빼앗았으면 소득의 일부, 곧 40분의 1인 2.5%를 알라에게 바쳐야 한다. 여기에는 개인의 의사에 따라 자발적으로 내는 "사다까"(sadaqah, 자선)와 의무적인 "자카"(zakah, 연말정산에 따라 일정량을 바치는 종교구빈세)가 있다. 자카트는 세금이 아니라 신에 대한 대여라고 말하지만, 실제로는 국가에 의해 징수되고 이슬람의 목적에 사용되는 일종의 세금이다. 이것으로 빈민이나 과부나 고아를 구제하고 노예가 자유를 사는 것을 돕고, 성전을 위한 병사를 양성하는 데 사용한다. 자카트의 언어적 의미는 재물을 깨끗하게 하여 정당한 재산을 만든다는 것이다. 자카트는 현금만 해당되는 것이 아니라 금과 은, 농산물 등 현물도 가능하다. 모든 부채를 갚은 후 잔액이 15불 이상이 되면, 그 금액의 최소한 2.5%를 자카트로 내야 한다.

04 단식(Sawon): 이슬람 달력 9번째 라마단 월에는 해가 뜰 때부터 해가 질 때까지 어떤 음식이나 음료수도 먹지 않고 부부 관계도 금한다. 월경 중인 여자나 환자는 연기되고, 정신병자, 노인, 임신부, 간호사는 면제되지만 중동지역에서는 불이행하면 감옥에 갈 정도로 이를 철저히 지킨다.

단식은 이슬람에서 원래 '절제와 금욕'을 뜻한다. 단식은 이슬람력으로 아홉 번째 달인 라마단 한 달 동안 동트기 전부터 해질녘까지 음식, 음료, 성교, 그리고 흡연을 완전히 삼가는 것을 말한다. "라마단"은 무함마드가 꾸란의 계시를 최초로 받은 달이며, 예언자의 군대기 메카이 저에게 첫 승리를 거둔 달이기도 하다. 이 단식의 의무는 어린이, 병자, 오랜 여행을 하고 있는 자를 제외한 모든 무슬림에게 적용되고, 단식 기간에는 음식 일체를 금하고 이성 접촉도 피해야 한다. 이때에 물도 먹어서는 안 된다. 그야말로 폭염 속에서 인간의 인내를 시험하는 고행이다. 단식은 개인적으로 알라에 대한 순종과 그의 은총에 대한 감사를 표시하는 정신적 훈련이며, 사회적으로는 가난한 사람과 약한 사람에 대한 동정과 모든 무슬림의 연대의식과 동등의식을 권장하는 집단훈련이며, 또한 개인의 의지를 강화하는 도덕적 훈련이어서 그것을 통해 자제력을 키우며, 굶주림과 목마름을 이겨내는 육체적 훈련을 하는 것이다.

05 성지순례(Haji): 아랍의 관습에 따라 '카바 신전'(직사각형의 검은 돌을 모신 이슬람 신전)을 7번 돌거나 검은 돌에 입맞춤, '잠잠'이란 샘물을 마시고 악마에게 돌을 던지는 행위, 그리고 양이나 염소의 제물을 바치는 행위를 한다. 무슬림은 일생에 한 번은 반드시 성지순례를 해야 한다.

하짓월은 이슬람의 12월로서 한 해를 마감하는 의미도 있으나, 전 세계에 흩어져 있는 무슬림들이 종교적 단합을 과시하는 행사이기도 하다. 모든 지역에서 무수한 신자가 메카에 몰려드는 이슬람의 동포애와, 같은 복장을 한 순례자들에게 신 앞에서는 빈부귀천, 인종에 관계 없이 평등하다는 것을 상기시키게 된다. 순례의식의 첫날인 이슬람력 12월 8일에 메카에 들어간 순례자들은 곧장 카바 신전에 가서, 그 검은 돌에 입을 맞추고 신을 찬양하는 기도문을 외우면서 신전 주위를 7번 돌고나서 가까이 있는 두 개의 작은 언덕 사이를 일곱

번 달리기를 왕복한다. 9일에는 순례 중 가장 중요한 의식인 메카에서 조금 떨어진 아라파트 평원에서 거행되는데, 아브라함이 우상숭배자들을 반대하여 취한 엄숙한 의례를 행한다. 10일에 거행되는 희생제는 전 세계의 무슬림에 의해 경축되며 이것이 끝나면 다시 메카로 귀환하여 카바를 7번 돌고 부근의 언덕을 7번 달리면 끝나게 된다. 이렇게 순례를 다녀온 신자들은 고향에서 "하지"(hajji)라는 칭호를 얻어 공동체의 존경을 받게 된다. 따라서 경제력이 있고 성인된 무슬림은 평생에 한 번은 무함마드가 하던 대로 메카를 순례를 해야 한다. 해마다 100만 명 이상의 무슬림들이 순례를 하는데, 순례를 행할 만큼 경제적인 여유가 없는 사람은 면제된다.

5 이슬람과 기독교 교리의 차이는 무엇인가요?

01 신관

이슬람은 신의 유일성에 가장 큰 강조점을 둔다. "알라는 한 분이며 모든 것이 그에 의존하며 그는 나지도 않았으며 낳지도 않으며 그와 같은 이가 없다고 말하라"(꾸란 112장, 연합의 장 1-4장)라고 꾸란에 쓰여 있다. 또한, 무슬림들은 알라가 인간으로부터 너무 초월해 존재하기 때문에 알 수 없는 존재라고 믿는다. 전통에 의하면 무함마드의 수행원 중의 한 사람인 아브 후러이라는 "진실로 신에게는 99가지 신의 이름이 있는데 누구든지 그 이름을 계속 낭송하면 낙원에 들어간다."라고 무함마드가 말하였다고 전했다.

그러나 이슬람의 알라는 기독교의 하나님과 전혀 다르다. 유대인과 기독교인이 섬기는 "여호와 하나님"과 무슬림들이 섬기는 "알라"가 같은 신이라는 말은 이슬람의 거짓 주장이다. 이슬람의 알라는 원수를 용서하고 사랑하라며 십자가로 인류를 구원하시기를 원하시는 기독교의 하나님과는 전혀 다른 신이다.

02 예수관

이슬람은 동정녀 탄생을 인정하지만 하나님의 아들이라는 표현은 금기이다. "마리아의 아들"이라는 표현은 사용하는데, 꾸란의 원문에는 "마리얌의 아들"이라고 잘못 기록하고 있다. 예수는 단지 기적을 베푸는 선지자에 불과하다. 이슬람이 예수에 대해 사용한 표기법인 「이싸」와 기독교의 예수는 전혀 다르다.

> 꾸란 5:75 "이싸(메시아)는 마리얌의 아들로서 선지자일 뿐 이는 이전에 기나긴 선지자들과 같음이니라. 그의 어머니는 진실하였으며 그들은 매일 양식을 먹었노라."
> 꾸란 5:116-117 "알라께서 마리얌의 아들 이싸야 네가 백성에게 말하여 알라를 제외하고 나 이싸와 나의 어머니를 경배하라 하였느뇨 하시니 영광을 받으소서 결코 그렇게 말하지 아니했으며 그렇게 할 권리도 없나이다. 저는 다만 내 주님이시며 너희의 주님인 알라만을 숭배하라는 말 이외에는 아무것도 그들에게 말하지 않았습니다."
> 꾸란 4:172 "그리스도는 알라의 종 됨 이상으로 자만하지 아니했으니 가까이 있는 천사들도 그랬노라."
> 꾸란 9:31 "마리얌의 아들 이샤를 그들의 주님으로 경배하니 알라 외에는 경배하지 말라 그분 외에는 신이 없노라."
> 꾸란 19:92-93 "알라는 자손을 가질 필요가 없으시매 천지의 모든 것이 종으로써 알라께로 오기 때문이다."

꾸란은 예수께서 성자 하나님이심을 부인하며 예수 그리스도를 단지 알라의 종으로만 인식한다. 이슬람은 신의 명칭을 "하나님"으로 호칭하며 그 신을 창조자이며 유일신이라고 한다.

위에서 언급한 것처럼 꾸란은 이스라엘 여인인 성모 마리아와 이집트 여인으로서 모세의 누이인 미리암을 동일 인물로 만들어 놓았다.

꾸란 3:35-36 "요한의 어머니 엘리자베스는 예수(이싸)를 낳은 마리얌의 사촌이었으므로 요한과 마리얌은 한 핏줄을 이어받은 사촌 간이었다. 엘리자베스는 아론의 딸이었고 아론은 무싸(모세)의 형이며 무싸는 아므란의 아들이다…마리얌의 어머니는 한나라고 불리워졌으며 그녀의 아버지는 아므란이라고 불리워졌다…한나는 아므란의 부인으로 아므란 성직자의 한 가정을 이루었다."

그리고 꾸란은 예수 그리스도의 십자가와 부활을 아래와 같이 부정한다.

꾸란 4:157 "마리얌의 아들이며 알라의 선지자 이싸 알 마씨를 우리가 살해하였다라고 그들이 주장하더라. 그러나 그들은 그를 살해하지 아니하였고 십자가에 못 박지 아니했으며 그와 같은 형상을 만들었을 뿐이라. 이에 의견을 달리하는 자들은 의심이며 그들이 알지 못하고 그렇게 추측을 할 뿐 그를 살해하지 아니했노라."

03 구원관

이슬람은 사람이 죽으면 일단 지옥에 가게 되고 거기서 알라가 선택한 자는 건짐을 받는다고 가르친다. 그리고 지하드(성전)에서 순교하는 것을 제외하고는 지옥행을 면제 받을 수 없다. 구원은 각자의 책임이고 남의 도움을 받거나 남을 위해 희생할 수 없다고 가르친다.

따라서 이슬람의 구원과 기독교의 구원은 전혀 다르다. 우선 예수 그리스도의 대속을 통한 죄사함을 부정한다(꾸란 6:164). 그리고 그리스도의 대속의 은총과는 달리 알라 신은 인간에게 용서와 사랑이 아닌 보복의 법을 주었다(꾸란 5:45)고 강조한다.

꾸란 5:45 "알라는 그들에게 명령하여 생명은 생명으로 눈은 눈으로 코는 코로 귀는 귀로 이는 이로 상처는 상처로 대하라 했으니..."

더 나아가, 꾸란은 알라가 심판 날에 인간의 모든 행위를 저울에 달아 계산한다고 말한다.

꾸란 21:47 "알라는 심판의 날 공정한 저울을 준비하나니 어느 누구도 불공평한 대우를 받지 않도록 함이라. 비록 겨자씨만한 무게일지라도 그분은 그것을 계산하리니 계산은 알라만으로 충분하니라."

꾸란 101:6-11 "그날 그의 선행이 무거운 자는 안락한 삶을 영위할 것이나 그의 선행이 가벼운 자는 불지옥의 함정에 있게 되리라."

원래 무함마드는 상인이었다. 그래서 이슬람의 윤리도 지불과 보상이라는 상업적 원리를 따른다. 선행은 갑절(꾸란 4:4)로 보상된다. 그러므로 알라의 구원을 받으려면 알라에게 선행(자선)을 지불해야 한다(꾸란 35:29). 하디스에는 이슬람에서 공동체기도(금요예배)는 개인기도보다 27배나 더 좋으며, 그리고 결혼한 사람이 두 번(기도의식의 통일체) 절하는 것이 독신자가 70번 절하는 것과 오랜 금식보다 알라의 마음에 더 든다고 가르친다.

두 천사가 각기 선행과 악행을 저울에 달아 본다. 선행이 많으면 구원에 도움이 되지만 보장되는 것은 아니다. 구원은 철저히 알라의 뜻에 달려 있다. 5가지의 요구를 다 지켜도 보장은 없다. 오직 알라의 호의를 얻으려는 노력에 불과하다. 그러므로 모든 행위를 저울에 달아볼 때까지 자신이 구원을 받았는지 못 받았는지 알 수 없다.

꾸란은 오직 성전(불신자와의 전쟁)하는 도중에 순교를 당하면 천

궤으로 기행한다고 확신하게 가르친다 이슬람에서 순교는 가장 큰 보상이며 알라의 심판을 받지 않고 인간이 지은 모든 죄를 다 용서받는다고 한다(꾸란 3:169, 196). 이때 전사자들은 강물이 흐르는 아름다운 천국에 들어간다(꾸란 61:11-12).

천국에서도 일부다처주의가 계속된다. 꾸란 55:56에 천국에는 어떤 인간과 진(Jinn, 영마)도 접촉하여 보지 못한 배우자들이 있고, 알라가 무슬림들에게 허락한 눈이 크고 아름다운 배우자들과 결합하게 된다(꾸란 44:54; 56:35-37). 하디스, 티르미디에는 천국에 들어가는 사람마다 72명의 처녀를 하사받을 것이요, 100명의 남자가 갖고 있는 정력과 같은 정력을 받는다고 기록되어 있다(꾸란 55:72). 지옥은 7등급이며 지한남(Jihanam)은 연옥 개념에 흡사하다. 곧 천국에 갈 자를 위한 영혼의 정화장소이다. 죄의 정도에 따라 지옥에는 차이가 있다.

그러나 기독교의 성경에는 천국에서 백성들은 결혼하지 않는다(마 22:30). 예수님이 신랑이시고 성도들은 그리스도의 신부가 되어 육체적 관계가 아닌 거룩한 영적 관계에 들어간다(마 25:1-13; 고후 11:28; 엡 5:32). 음부에 들어간 영혼은 영원한 형벌을 기다릴 뿐이지 정화과정을 거치지 않는다.

04 성령관

이슬람의 성령과 기독교의 성령은 전혀 다르다. 꾸란에서는 성령을 지브리일(가브리엘 천사)과 동일시한다. 그래서 모든 무슬림들은 성령을 가브리엘 천사로 알고 있다. 그러나 무함마드의 계시 체험은 삼위일체 하나님 자신의 영인 성령이 아니라, '한 영'에 의한 것이다.

꾸란은 "이 밤에 천사들과 지브리일 천사가 주님의 명령을 받아 강림하였다"(꾸란 97:4)고 말한다. 계시 첫째 날 밤에 위와 같이 무함마드에게 나타난 지브리일 천사는 원래 아랍어 꾸란에는 없었고, 다만 '그 영'(al-ruh)으로 기록되어 있다. 이 지브리일 천사라는 이름은 메카에서 계시를 받았던 12년간 단 한 번도 지브리일이라고 소개한 적이 없었고 지브리일이라는 단어조차도 나오지 않는다. 다만, 필요에 의해 주석가들이 이름을 밝히지 않은 이 영을 지브리일이라고 주석하였을 뿐이다. 메카에서 무함마드에게 12년 동안 나타나던 이 영은 이름 없는 '그 영'(꾸란 97:4), '한 영' 또는 '우리의 영'(꾸란 19:16-22)이었다. 오히려 메디나로 이주한 후에 받았다는 '계시' 중에 꾸란 2장과 66장에서만 '지브리일'이라는 이름으로 나온다(꾸란 2:97-98; 66:4).

꾸란에 따르면 인간의 영혼만이 아니라 성령도 다 알라의 피조물이다. 꾸란의 '성령'(ruah)과 '영혼'(rafs)은 서로 교체할 수 있는 단어인 '루흐'이다. 따라서 꾸란에는 성령이라는 단어도 없고 영이라는 단어는 있지만, 그것은 알라 자신의 영은 아니다. 또한, 꾸란에 '거룩함의 영'(ruh al-qudus)이란 단어가 있다. 무슬림들은 그것을 알라의 피조물, 성령 혹은 지브리일로 이해하고 있다. 그러므로 꾸란은 하나님의 성령과 인간의 영혼을 다 알라의 피조물로 봄으로써 성령을 인간의 영과 같은 차원으로 끌어내리고 있다.

「성 꾸란 의미의 한국어 번역」에서 이싸 알 마씨가 장차 무함마드가 올 것에 대해서 예언했다고 주장한다. 꾸란은 '보혜사 성령'인 "파라클레토스"를 무함마드를 의미하는 '아흐맏' 즉 "페리클리토스"(찬양 받을 자)가 잘못 발음된 것이라고 주장한다. 그러나 헬라어에는 이 되어지기 없다.

> 꾸란 61:6 "마리얌의 아들 이싸가 이스라엘 자손이여 실로 나는 너희에게 보내어진 선지자로서 내 앞에 온 구약과 내 후에 올 아흐맏 이란 이름을 가진 한 선지자의 복음을 확증하노라."

무함마드의 언행록인 「하디스」는 주후 610년에 40세로 알라의 첫 계시를 체험한 무함마드와 이 계시자에 관해서 설명하며 인기척 없는 적막한 사막의 동굴로 예고 없이 나타났다가 돌연히 사라져 버린 이 방문자는 악령의 통념적 관념과 혼합이 되어 그를 경악시켰다. 무함마드 자신도 처음에는 이 방문자를 악령으로 생각하였던 것이다. 꾸란 113장과 114장에 의하면 무함마드는 진과 사탄을 두려워하였다. 무함마드는 평범한 베두인들처럼 한 죄인이었던 것이다.
꾸란과 무함마드는 성령에 관해서 무지하다. 그는 하나님 자신의 영인 성령을 받은 적이 없다.

> 꾸란 17:85 "그들의 성령에 관해서 그대에게 물으리라 일러 가로되 성령은 주님 외에는 알지 못하는 것이며 너희가 아는 것은 미량에 불과하니라."

그러나 그리스도인들은 회개하고 죄사함 받고 하나님께서 거듭 약속하신 성령을 받는다. 성령을 받으면 공포가 아니라 의와 평강과 희락을 경험한다(롬 14:17). 성령을 받지 못한 사람은 버리운 자이다 (고후 13:5). 기독교의 성경은 아래와 같이 성령의 강림과 그의 역할을 증거한다.

① 성령은 사랑의 은사를 부어주신다(고후 5:5; 고전 13장).
② 사람은 예수 그리스도의 대속의 은혜와 회개를 통해서만 성령을
   받게 된다(행 2:38).
③ 성령은 우리가 하나님의 자녀가 되는 법을 가르쳐 준다(요 1:12;
   3:16). 그리고 그는 우리가 하나님의 자녀임을 증거한다(롬
   8:14-16). 하나님의 자녀란 생물학적 개념이 아니라 하나님과
   의 친밀성 개념이다.
④ 성령의 역할은 예수 그리스도를 증거하는 것이다(요 14:16-17;
   15:26; 16:13-14; 고전 12:3).

▶ 기독교의 진리와 상충되는 교리들

① 인간은 알라에게 묶여 있는 노예이다. 따라서 알라의 명령에 절대 복종해야
   한다.
② 아담은 사단에게 속아서 실수한 것이지 전적인 타락이 아니다. 또한 이 세상
   에 보냄을 받기 전에 이미 용서 받았고, 알라의 대리자로 보내어진 것이므로
   원죄가 없다.
③ 개인의 행동에 따라 큰 죄와 작은 죄가 있다.
④ 인간의 선행이 죄를 보상해 준다.
⑤ 알라와 인간 사이에는 중재자가 없다. 모든 것은 오직 알라만 결정한다.
⑥ 그들은 삼위일체를 알라, 그의 아들 예수, 마리아로 오해하거나 삼위일체 개
   념 자체를 부인한다.
⑦ 성령에 대한 바른 개념이 없어서 천사 지브리일을 성령으로 보고 있다. 또한
   천사와 인간의 중간개념인 진(Jinn)이 있다.

6 이슬람이 문제를 일으키는 교리들은 무엇인가요?

01 지하드(Jihad, 성전)의 목표는 '온 세상을 이슬람화'하는 것이다. 꾸란 9장 5절을 '칼의 구절'이라 부르고 이를 '지하드 명령'이라고 한다. 이슬람을 받아들이지 않으면 죽이라는 것이다. 지하드는 본래 "이슬람을 위한 투쟁"으로서 이슬람을 포교하고 악과 부패에 대항한 다는 뜻인데, 실제로는 "알라를 인정하지 않는 자들에 대한 종교적 처벌"(꾸란 4:74, 8:39)이라고 가르친다. 알라 신의 이름으로 행해 지는 모든 자폭테러 및 인명살상 행위를 합리화하고, 지하드로 순교 하면 확실하게 천국행을 보장받는다고 제안한다. 그렇다면, 이 지하 드는 언제까지 해야 하는가? 무함마드는 지구상에 무슬림 아닌 자가 한 사람도 남지 않을 때까지, 종교가 모두 알라에 속할 때까지 지하 드를 계속하라고 하였다.

꾸란 8:39 "박해가 사라지고 종교가 온전히 알라만의 것이 될 때 까지 성전하라(원 뜻은 '까틸라'는 '죽여라'를 의미한다.). 만일 그들 이 단념한다면 실로 알라는 그들이 행하는 모든 것을 지켜보고 계실 것이라.

지금도 알라의 명령에 맹종하는 것이 낙원을 보장받는 길이라고 생각하는 무슬림들이 인류를 이슬람의 깃발 아래 굴복시키기 위해서 거짓 평화와 폭력과 테러를 수단으로 삼거나 혹은 오일 달러와 정치적 타협과 매스컴과 이민 및 결혼정책을 이용하여 우리 사회나 대학가에 파고들어 세계를 이슬람화하려고 한다. 이런 경우들이 위장된 지하드들이다.

지하드 정신에서 원리주의 무슬림들은 자기 가족 중에는 결코 이교도가 없다는 자존심을 만회하기 위해 개종자들을 살해하는데, 일종의 명예살인의 경우이다. 이런 이유에서 무슬림과 비무슬림 지역을 '평화의 집'(Dar-al Islam)과 '전쟁의 집'(Dar-al Harb)으로 구분한다. 이 세상은 무슬림과 비무슬림의 전쟁터인 셈이다. 꾸란의 원리대로 정확하게 실천하는 무슬림들이 적은 수이지만, 원리주의 무슬림이 증가하면 할수록 온건한 무슬림들을 이끌어가는 강력한 지배세력이 될 수밖에 없다.

그런데 성전의 순교자(전사자)는 알라에게서 속죄를 받는다. 알라는 순교자의 모든 죄악을 속죄해 주고, 그 보상으로 강물이 흐르는 천국으로 직행하게 해준다.

> 꾸란 3:157-158 "알라의 길에서 살해당했거나 죽었다면 알라로부터 관용과 자비가 있을지니 이는 생전에 축적한 것보다 나으니라. 만일 너희가 죽었거나 살해당했다면 너희는 알라께로 돌아가니라."

02 메카 계시와 메디나 계시가 다르다.

무하마드의 입에서 나오는 메카 교리와 메디나 계시의 내용이 전혀 상반된 것으로 바뀌었다. 따라서 알라가 메카 계시처럼 평화의 계시를 내리는 신인가, 그렇지 않으면 메디나 계시처럼 살벌한 계시를 내리는 신인가 하는 의구심이 생긴다. ① 메카 계시에서 기독교인들은 "성서의 사람들"(꾸란 2:136)이라고 하면서 진리를 믿는 사람들이라고 했다가(꾸란 10:93) 메디나에서는 '그들을 친구로 사귀는 자들은 이미 믿음을 버린 자'(꾸란 5:51)라고 바꾸었다. ② 메카에서는 신구약 성경을 인정했다가(꾸란 10:94) 메디나에 와서는 그것이 변질되었다(꾸란 5:13)라고 하였다. 의문들이 생기자 무함마드는 알라의 계시라고 주장하며 "질문금지령"을 내렸다. "믿는 자들이여 분명한 것은 묻지 말라 했으니 그것이 오히려 해롭게 하느니라."(꾸란 5:101).

03 이슬람의 진실성을 의심케 하는 교리가 있다.

질문을 금지해도 사람들의 궁금증은 해결이 안 되므로, 무함마드는 또 새로운 교리를 만들어 냈다. ① 만수크(Mansukh, 취소)는 알라가 계시한 두 구절이 서로 모순되면 이전 계시는 자동 취소된다는 것이다(쿠란 2:106). 꾸란 2장 106절에 "우리가 이전에 계시한 계시를 취소하였거나 혹은 망각하게 했을 경우에 그 이상 또는 그와 동등한 것을 주려고 하고 있다. 알라가 전지전능하시다는 것을 그대는 모르느냐?" 이것은 꾸란에 오류가 없다는 것이다. ② 타끼야(Takiya, 위장)는 이슬람을 좋게 보이게 하려는 목적에서는 미화된 거짓말을 할 수 있다는 것이다(쿠란 16:106). 무함마드는 전쟁에서의 거짓말은 승리를 위한 전략이라고 말했다. 이것은 진실을 숨기고 위장해서 안전을 꾀하자는 교리이다. 혹자는 이것을 시아파에만 있는 특수한 교리라고 주장할지 모른다. 그러나 순니파나 시아파를 막

론하고 꾸란에 기록되어 있는 교리이다. "알라는 비의도적인 맹세는 책망하지 않는다"(꾸란 2:225). "배신한 자는 알라께서 엄한 형벌을 내리지만 속으로 굳게 믿으면서 강요에 의해 배신한 척 한 자는 예외니라"(꾸란 16:106). 신천지의 "모략"처럼 진실성이 없는 비도덕적인 위장전략이다(롬 3:7).

04 이슬람의 천국관은 관능적이다.

천국에 흐르는 요단강 물은 순수한 포도주이며, 강가에서 순전하고 아름다운 72명의 처녀(Houra)들이 천국에 들어온 무슬림들을 위해 온갖 서비스를 다 베풀 것이라고 미혹한다. 역시 천국에서도 무슬림 여성들에게는 마땅한 자리가 설정되어 있지 않다.

05 가장 심각한 인권문제가 이슬람의 여성관에서 발생한다.

이슬람은 4명까지 아내를 허용하는 일부다처주의이다. "좋아하는 여성과 두 번 또는 세 번 또는 네 번[의 결혼]도 좋으리라"(쿠란 4:3). 그러나 그녀들에게 공평을 베풀어 줄 수 없다는 두려움이 있다면 한 여성이거나 너희 오른손이 소유한 것이거늘 그것이 너희를 부정으로부터 보호하여 주는 보다 적합한 것이리라"(꾸란 4:3). 이것은 유대교와 기독교에 대한 초기 정복전쟁 중 적의 부녀자들을 취하던 관습인데, 현재도 일부다처제가 합법화되어 있다. 창시자 무함마드는 알라의 허락에 따라 측근의 딸인 9살 여아를 포함한 12명의 공식 부인을 소유했다고 한다(쿠란 33:50). 최근 무슬림과 결혼하여 중동에 간 한국인 여성들이 일부다처제로 인한 인권피해(각종 학대, 폭행, 성매매, 일방적 이혼)를 호소하고 있다.

06 이혼을 합리화한다.

쿠란은 아내 바꾸기를 허용하며(쿠란 4:20), 한 여자와 2번까지 이혼할 권리가 있다(쿠란 2:229-230)고 가르친다. 심지어 아내를 폭행할 수도 있다. "순종치 아니하고 품행이 단정치 못한 여성에게는 먼저 충고를 하고, 다음으로는 잠자리를 같이 하지 말며, 셋째로는 '가볍게' 때려 줄 것이다."(한국어 쿠란은 아랍어 원문에 없는 "가볍게"를 삽입하여 의미를 축소했다). 폭력이 가능한 경우는 아내가 남편이 원치 않는 복장을 했을 때, 이유 없이 남편의 동침요구를 거절했을 때, 허락 없이 외출했을 때, 기도하려고 부정한 몸을 씻으라고 했는데 거절할 때 남편은 아내를 합법적으로 때릴 수 있다.

2001년 "MBC창사 특집"에서 이슬람은 이런 여성에 대한 태도가 남녀차별이 아닌 남녀유별이라고 설명했으나, 오히려 극단적인 남녀차별 문화이다. 예를 들면, 법정에서 한 남자는 두 여성의 증거에 해당한다(꾸란 2:282). 부인이 유산을 받을 때 남자나 아들의 절반을 받는다(꾸란 4:11). 이슬람에서 여성은 남성의 절반의 가치일 뿐이다. 철저하게 여성의 인권이 거부되고 있다.

07 명예살인이 정당화되고 있다.

가족의 명예보존이란 관습적인 이유로 여성에 대한 명예살인이 흔히 발생한다. 매년 5,000명의 사람들이 명예살인으로 목숨을 잃고 있다. 기독교인 남편을 따라 개종했다는 이유로 임신 3개월 상태인 딸을 친정 가족들이 돌과 몽둥이로 살해하고, 친오빠에게 강간당한 여동생을 가족들이 살해하거나, 임신한 언니를 도우러 갔다가 형부에게 강간당한 여동생을 오빠가 총을 쏴 죽이는 반인륜적인 비극이 일어나기도 했다.

▶ 문제가 되는 꾸란 구절들

1. 사춘기 시작 안 한 여자 아이를 강간, 결혼, 그리고 이혼해도 된다(꾸란 65:4).
2. 다른 사람을 성노예와 노동 노예로 만들어도 된다(꾸란 4:3; 4:24; 5:89; 33:50; 58:3; 70:30).
3. 노예와 아내는 때려도 된다(꾸란 4:43).
4. 강간을 증명하기 위해서는 4명의 이슬람교 남성이 필요하다(꾸란 24:4).
5. 유대인과 기독교인이 이슬람교로 안 바꾸면 그들을 죽이던지 세금을 내게 한다(꾸란 9:29).
6. 이슬람교가 아닌 사람을 죽이면 천국에서 72명의 처녀를 상으로 받는다(꾸란 9:111).
7. 이슬람교가 아닌 사람은 십자가에 못 박아 죽이든지 손과 발을 절단시켜라(꾸란 8:12; 47:4).
8. 이슬람교를 떠나는 사람은 죽여라(꾸란 2:217; 4:89).
9. 이슬람교가 아닌 사람들은 목을 베어 죽여라(꾸란 8:12; 47:4).
10. 알라신을 위해서 죽이고 순교하라(꾸란 9:5).
11. 이슬람교가 아닌 사람들을 위협하라(꾸란 8:12; 8:60).
12. 이슬람교가 아닌 사람들을 훔쳐라(꾸란 8장).
13. 이슬람을 강화하기 위하여 거짓말을 하라(꾸란 3:26; 3:54; 9:3; 16:106; 40:28).

7 이슬람의 침투전략을 알고 있나요?

1. 이미 한국사회에 이슬람이 침투한 사실을 알고 있나요?

01 선교전략으로 쿠란 읽기를 위한 아랍어 배우기와 이슬람 강의를 통해 포교한다. 2002년부터 중·고등학교에서 아랍어를 제2외국어로 선택하도록 교육법이 변경되었다. 학교에서 아랍어 교사채용이 필수적이고, 이로 인한 이슬람 확산이 예상된다.

① 2002년부터 아랍어가 제2외국어가 되어 학교장의 재량에 따라 과목을 개설하게 되었으며 이미 2005년 수능시험에 531명(0.4%)이 응시했고, 그 응시자의 수는 꾸준히 증가하여 2012학년도 시험부터는 거의 절반의 제2외국어 응시자가 아랍어를 선택하고 있다.

② 외국인 근로자들 중 아랍계 무슬림이 들어오고 한국인과 결혼하여 수많은 자녀들이 출생 성장하고 있는데, 이들이 고등학생이 되고 제2외국어 수업을 위해 원어민 선생을 요구하게 되면 자연스럽게 무슬림선교사들이 한국 학교의 월급을 받으며 들어와 포교하게 되는 것이다.

02 문화전략으로 언론사와 매스컴을 활용하고 있다. 2004년

EBS 방송을 통해 13부작의 이슬람 홍보영상을 방영했고, 2006년 언론사 종교담당 기자단을 일괄 초청하여 홍보하였다.

이는 2006년부터 이슬람 중앙회 선교위원회 사역의 일환으로 매스컴과 인터넷에서의 포교가 매우 강력한 힘을 발하고 있다. 또한 한국 이슬람선교위원회는 각 언론이 종교담당 기자들을 초청하여 특별 강연을 벌이는 한편 교육방송(EBS)과의 긴밀한 협조를 통해 13개의 이슬람 국가를 돌며 '이슬람 13부작'을 만들어 방영했고, 이 다큐멘터리는 한국의 이슬람 포교를 위해 목숨을 바치겠다고 선언한 한양대학교 교수 이희수 씨가 감수했으며, 2005년 "방송프로듀서 상"을 받은 바가 있다.

03 법률전략으로는 이슬람 법 〈샤리아〉를 홍보하고 세계화에 나서고 있다. 미국에서는 범죄자가 이슬람 신자라면 미국법이 아닌 샤리아 법정을 별도로 설치하여 재판한다. 한양대학교 이희수 교수는 법조계에서 이슬람의 법과 문화를 확산시키는 데 앞장서고 있다. 그는 사법연수원에서 이슬람학 강의를 한다.

이슬람은 종교와 법이 분리되지 않았다. 그들은 꾸란과 하디스를 해석하여 새로운 이슬람 법을 만들었다(순례방법, 금지된 것과 허락된 것, 옳고 그름의 판결 등). 한국 무슬림의 리더 격인 한양대학교의 이희수 교수는 터키 이스탄불 대학교에서 역사학 박사학위를 취득한 이슬람 학자이다. 그는 2007년 법관연수에서 총 5회, 단독판사 연수에서 1회, 2008년 연수원 교수세미나에서 1회 강연을 하였고 같은 해 헌법재판소에서 백송아카데미 특강 1회, 법제처에서 "이슬람법과 문화"를 강연하기도 했다. 특히 2007년에 사법연수원 선태과목으로 "이슬람법과 문화"를 개설하는 등 활발하게 활동하고 있다. 이런 활동으로 2008년에 사법연수원생 30명이 "이슬람법 학회"를 자체 결성하였다.

04 경제전략으로 샤리아 법 준수를 전제조건으로 삼는 이슬람 금융〈수쿠크 법〉이 있다. 이것은 이집트 무슬림형제단이 고안한 제도인데, 돈을 빌려주고 이자를 받지 않는다고 홍보하지만 실제로는 원금과 이자에 못지않은 현물거래 방식을 취한다. 특히, 오일 달러의 힘에 의존한 이슬람 확산이 주목적이다.

이슬람 금융은 이슬람 율법인 샤리아 법을 준수해야 하며 샤리아 위원회가 결정권을 가진다. 이슬람 금융은 1920년대 이집트의 '무슬림 형제단'이 고안했다. 2010년에는 이슬람 금융자산이 모두 1조 달러에 달한다고 보고되었다. 한국의 금융위원회과 금융감독원은 "08 이슬람금융 서비스 위원회"에 옵저버 회원 자격으로 가입하였다. 이슬람 금융의 큰 특징은 금융거래를 하는 동안에는 이자(riba)를 받지 않고 실물거래를 한다는 것이다. 이 「수쿠크」 법은 이슬람금융 계약을 기초로 유통이 가능한 채권의 형태로 발행되는 구조화 금융상품을 말한다. 이슬람 금융은 사업자가 일정한 금액으로 현물을 매입한 후 재판매하는 형식을 취하므로 현상적으로는 이자가 없어 보이지만, 모든 이자와 세금은 재매입하는 상품에 이미 적용되어 있는 것이다. 이와 같이 이슬람은 오일 달러의 힘을 가지고 이슬람의 확산에 주력하고 있는 현실이다.

이슬람권에서 사역하는 기독교 선교사들은 늘 테러와 죽음의 공포와 싸우며 귀국하여 교회를 돌아가며 얼마 되지 않는 선교비를 모금하는 동안 무슬림의 포교 센타(Dawah Center)로 엄청난 액수의 오일 머니가 국가적 지원으로 쏟아져 들어온다. 길거리에서 기독교인들이 전도만 해도 광신자 취급을 하는 사람들이 이슬람의 포교에 대해서는 동정과 동경의 눈빛을 보내고 있는 것이 우리의 현실이다. 현재 약 30조 원 정도의 중동 자본이 국내에서 운용되고 있다고 한다.

연도별	'05	'06	'07	'08	'09
중동자본	9.49조	14조	20조	17.8조	26.1조

가장 주의가 요구되는 것은 이슬람 채권인 수쿠크이다. 꾸란에 보면 이자를 받는 자는 알라의 사랑을 받을 수 없으며(꾸란 276장) 알라의 징벌이 있을 것이라(꾸란 4:161)고 기록되어 있다. 그렇지만 과연 이슬람권에서 정말 이자 수수를 금하고 있을까? 이집트 카이로에 있는 세계 최고의 이슬람 학부인 알 아즈하르 대학교의 쉐이크 탄타위(Sheikh Tantawi) 이슬람 연구소장은 2007년 10월 꾸란에서 리바(Riba, 이자)를 금한 것은 고리대금업을 통해 부정한 폭리를 취하는 것을 금한 것이며 합리적인 규모의 이자를 금하는 것은 아니라고 유권해석을 내렸다.

가장 위협적인 것은 자금의 투명성이다. 이들의 송금은 '하월라'라 불리는 방식으로 이루어지는데 자금의 출처와 송금처를 추적하지 못하도록 송금 후 즉시 근거 서류를 폐기하는 것이다. 이자 혹은 임대료로 지불된 천문학적인 자금이 어디로 흘러가는지를 알 수 없게 하는 것이다. 오일 달러를 미끼로 나라 전체를 이슬람 율법인 샤리아 아래 굴복시키겠다는 소위 '금융 지하드'인 셈이다.

05 교육전략으로 한국에 각급 〈이슬람학교〉 설립을 서두르고 있다. 1989년, 이슬람역사 바로잡기 명목으로 서울지역 중·고교 역사 담당 교사들을 초청하여 이슬람강연회를 개최했다. 2006년, 이대 부설 중등교육원 연수교사들이 서울중앙성원을 방문하여 황의갑 박사(중앙회 사무총장)의 강의를 들었다. 중·고교 교과서 편찬위원회에도 침투하여 이슬람에 대한 부정적인 내용들은 걷어내고 평화의 종교로만 부각시키고 있다.

1989년 9월에 '이슬람역사 바로잡기'라는 주제 아래 제1회 강연회를 시작한 이래로 매년 1, 2회에 거쳐 중고교 사회 및 역사과 교사들을 초청하여 '이슬람 문화이해'라는 강의를 하고 있다. 이를 통하여 젊은 교사들로 하여금 이슬람에 대한 우호적 자세를 갖게 하며 이슬람을 비판적으로 바라보지 못하게 하는 작업이다. 실제로 기독교를 서구문화의 산물로 선전하며 미국을 비롯한 서방국가는 중동지역을 침략한 세력들로 반면 중동의 무슬림 지배자들은 침략자들을 대항하여 거룩한 방어전쟁을 수행하는 피해자들로 만들어가 폭력과 압제, 테러와 공멸의 자살폭탄을 마치 독립운동이나 되는 것처럼 합리화하려는 시도이다.

2. 이슬람 포교의 전초기지가 "한국"인 것을 아시나요?

2005년 10월, 〈한국 이슬람 전래 50주년 기념대회〉에서 '비전 2020'을 발표했다. 2020년까지 한국을 이슬람 국가로 만들어 동북아 지역포교의 전초기지(hub)로 삼겠다는 〈7대 전략〉이 제시되었다.

01 마스지드(성원)의 건립을 추진한다. 현재, 서울 중앙성원을 비롯하여 전국에 9개 이슬람 성원이 있으며, 4개의 이슬람 센터와 50여 개의 임시 예배소에는 국내외 15만 명의 무슬림이 출석하고 있다.

모스크는 무슬림의 삶의 중심지이다. 그것은 단지 공동예배를 드리기 위한 지역의 건물 정도로 생각하지만 그 이상의 의미가 있다. 즉 "모스크는 한국 영토에 공식적으로 세워진 이슬람의 영토이다." 특히 기도처(Mussala)는 불법 체류자들의 피난처이자 정보교환과 만남의 장소로 활용되고 있다. 2010년의 통계로는 성원이 7곳, 센터 7곳, 임시 예배소 60여 곳 등이다. 그런데 시아파 무슬림들은 자체적으로 모이기 때문에 이를 합하면 예배장소는 더 많아질 것으로 본다(거의 3,000곳 추정). 한국 내 외국인 근로자 50만 명 중에서 20%에 해당하는 10만 명 이상이 이슬람권에서 온 사람들이다. 이들 중 20-30%가 전문 포교자들로 추정된다.

02 국제 이슬람 학교를 설립한다. 교육시설을 건립하여 무슬림 자녀들을 양육한다는 명목으로 영어 조기교육, 초등학교, 유치원, 어린이집을 세웠다. 오일달러를 지원받아 최고의 시설을 갖추고 거의 절반 값으로 이런 학교들을 운영한다.

이슬람은 오일 달러의 힘을 십분 활용하여 국제 이슬람 학교의 설립을 서두르고 있다. 2006년에는 국제 어린이 영어교육이라는 명목으로 센터들을 세우더니 2009년에는 이슬람어, 꾸란 교육을 한다고 대대적으로 홍보하는 전단지를 배포하고 있다.

03 이슬람 문화센터를 건립한다. 이는 다와 센터(Da'wah Cen-

ter)로 불리며 서울에 개원하여 한국사회에 이슬람을 뿌리내리는 데 중요한 역할을 담당한다. 또한, 인터넷 콘텐츠를 지속적으로 모니터 링하면서 이슬람을 혐오하는 기사들을 모두 삭제하고 있다.

04 꾸란 한국어 번역위원회를 조직하였다. 한국어 꾸란의 번역을 다듬고 내용의 오류를 수정하는 번역위원들의 정기모임을 가진다.

아랍어 원어를 외국어로 번역을 하지 않는 그들은 꾸란을 한국에 서는 두 번이나 번역하였다. 1981년 김용선 씨가 번역한 꾸란에서 는 알라를 알라로 표기하였으나, 1997년 최영길 씨의 번역본에는 알라를 하나님으로 번역하였다. 국립국어원의 정의를 따르면 하느님 으로 번역하여야 하는 것이 원칙이지만 개신교가 사용하는 '하나님'의 용어를 사용하고 있다. 또한 그들의 사원 내 지도자를 이르는 말인 이 맘(Imam)도 '목사'라고 번역하는 것을 보면, 그들이 누구를 포교의 대상으로 하고 있는가를 공공연히 드러내고 있는 것이다. 꾸란 이외 에도 포교용 33종과 이슬람을 홍보하는 200여 종의 도서를 발간하 였고, 이 중에 많은 도서들이 좋은 책으로 선정되어 읽히고 있다.

05 이슬람대학을 건립한다. 1977년 쿠웨이트 사업가 압둘라 알 리 알무타와가 한국 이슬람중앙회에 제안한 계획으로서 1980년 최 규하 대통령이 용인에 43만 평방미터 부지를 기증함으로 구체화되 었다. 현재는 인천 송도에 이슬람대학을 건립하려고 시도하고 있다.

현재 한국에는 한국외대 명지대 단국대 부산외대 조선대 등 5개의 종합대학에 10개의 이슬람 관련 학과가 있고 2006년 1,466명이던 무슬림 유학생의 수는 2013년 현재 348%가 증가되었다.

년 구분	'06	'07	'08	'09	'11	'12	'13.12
유학생수	1,466	2,049	2,124	2,914	3,841	4,360	5,106

한국 무슬림은 1979년 용인에 이슬람대학용 부지 13만 평을 확보했다가 2007년 용인시가 140억 원에 수용했고, 2009년에 경기도 연천에 약 9만여 평의 토지를 매입하여 종합대학을 건축하였다. 초기 '이슬람선교대학'으로 불렸지만 '이슬람 문화대학'으로 개명하여 개교하였다. 최고의 시설과 엄청난 장학혜택들이 주어지고 유능한 인재들에게 졸업 후 취직을 보장하게 될 것이다. 이 대학은 이슬람 신학대학이 아니라 이슬람이 세운 종합대학이 될 것이라는 것을 유념해야 한다. 무슬림의 포교는 개인을 향한 것이라기보다는 정치의 통치체제를 뒤집는 것이라는 것을 생각할 때 이는 매우 위협적인 것이다.

06 이슬람 관련 서적출판위원회를 조직한다. 한국에 문맹자가 거의 없다는 점을 고려하여 이슬람을 미화한 자료들을 출판하고 홍보하는 문서포교 전략이다.

07 한국여성들과의 결혼 및 출산 전략을 세운다. 이슬람권 이주자들이 합법적 체류자격을 획득하기 쉬운 방법이 한국여성과 결혼하는 방법이다. 결혼상대자의 개종과 다자녀 출산으로 무슬림의 확산에 기여할 것으로 생각한다.

이슬람의 가장 확실한 거룩한 전쟁(Jihad)의 현장 중 하나가 아이를 잉태하는 여인의 자궁이다. 무슬림은 합법적으로 4명의 부인을 둘 수 있다. 한국에 일하러 온 근로자들이 대한민국 영주권과 시민권을 취득하는 가장 손쉬운 방법은 한국 여자와 결혼하는 것이다. 자신의 본국에 엄연히 아내가 있는 것은 전혀 문제되지 않는다. 그들은 자신들의 포교와 아내를 얻는 일에는 거짓말을 하는 것도 용인되기 때문이다.

3. 오늘날 한국사회와 이슬람의 만남은 매우 부정적이다.

01 이슬람 절대국가를 지향하는 IS의 등장으로 〈이슬람혐오증〉이 확산되고 있다. 서구사회의 이슬람화 확산과 인터넷을 통한 지구촌 연대의 용이함이 원인이다.

02 이슬람권 이주민들의 증가와 웰빙 붐을 타고 〈할랄〉(Halal, 할랠은 허용된 것, Haram은 금지된 것을 말함, 이맘의 허락을 받아 도축한 것) 식품이 인기를 끌고 있다. 글로벌 식품시장에서 약 16%를 차지하고, 시장규모는 6,320억 달러에 달한다. 2009년, 한국관광공사는 외국인 대상 전문식당 153개소 중 11곳을 할랄식당으로 지정했다. 2016년, 정부가 익산에 '할랄식품 전용단지' 조성 계획을 발표하자 경제적 효과도 없고 무슬림 유입에 따른 IS테러의 동북아 기지가 될 것을 우려하는 지역 시민단체와 종교단체들의 조직적 반대에 부딪혀 무산되었다.

포교전략에는 속하지 않지만 매우 중요한 사실이다. 할랄(Halal)

이란 음식과 생활에서 허용된 것을 말한다. 넓은 의미로는 이자, 음주, 도박, 음란물, 마약 등은 알라가 금지(Haram)한 것인데 이를 제외하고 허용된 생활지침을 말한다. 좁은 의미로는 이슬람 율법에 따라 도축한 동물의 고기를 지칭한다. 2009년 3월 13일부터 한국 이슬람교 중앙회에서 매주 발표하고 있다. 과자는 51종, 음료는 25종이다. 할랄 식품이 글로벌 식품시장에서 약 16%를 차지하고 있으며, 세례 할랄 식품 시장규모는 6,320억 달러에 달한다고 알려진다. 2009년 한국관광공사는 외래관광객 대상의 전문식당 153개소에서 11곳을 할랄 식당으로 지정하였다. 한국의 식품기업들도 할랄 식품을 앞다투어 내놓고 있다.

8 이슬람이 평화의 종교가 맞나요?

1. 꾸란에서

01 꾸란에서는 불신자(kafir)는 신이 내리는 벌을 받고 지옥에 갈 것이라고 위협한다. 무슬림들이 박해를 받았을 때 스스로를 방어하기 위하여 불신자를 살해할 수 있다고 가르친다.

"신의 길을 위하여 싸움을 거는 자들과 싸우되 [먼저] 공격하지는 말라 신은 범죄자를 좋아하지 않는다. 그들을 볼 때마다 죽이고 너희들을 축출한 곳에서 그들을 쫓아내라 박해는 살인보다 더 엄중하다. 그러나 신성한 모스크에서는 그들이 싸움을 걸지 않는 한 싸우지 말라 만일 싸움을 걸면 죽여라 이는 불신자들에 대한 보상이다. 그러나 그들이 그친다면 신은 모든 것을 용서하시고 자비를 베푸신다"(꾸란 2:190-192).

02 전쟁에서 불신자와 싸울 때는 목을 쳐 죽이라고 한다.

"불신자를 만나면 목을 쳐 죽여라 그들을 죽인 후 노예로 잡아 전쟁이 끝날 때까지 은혜를 베풀거나 몸값을 받아라"(꾸란 47:4).

03 꾸란에서는 배교자(Murtadd)는 저승에서 고통을 받을 것이라고 밝힌다.

배교를 뜻하는 단어는 이르티다드(irtidad)와 릿다(riddah)가 나오는데 대신에 야르다두(yartaddu)가 배교행위를 의미하는 말로 2회 등장한다.

"너희들 중 누구든 종교로부터 등을 돌리면"(꾸란 2:217, 5:54)

"너희들 중 누구든 종교로부터 등을 돌린 채 죽는 사람은 이 세상과 저 세상에서 실패한 것이다. 지옥의 거주민이 되어 그곳에서 평생 머무르리라"(꾸란 2:217).

"강요로 인해 믿지 않고 마음은 여전히 믿음에 있는 사람을 제외하고 신을 믿었다가 믿지 않고 불신의 마음이 커진 사람에게는 누구나 신의 분노가 내리고 엄청난 징벌이 기다릴 것이다. 그들은 다가올 세상보다 현세를 더 좋아하노니 신은 믿지 않는 사람들을 인도하시지 않는다"(꾸란 16:106-107)

04 꾸란에서 경전의 백성(Ahl al-Kitab), 곧 유대인과 그리스도인들에 대항하여 싸우라고 가르친다.

"신과 최후의 심판을 믿지 않고 신과 신의 사도가 금한 것을 금하지 않으며 경전을 받았으나 진리의 종교를 따르지 않는 이들과 싸워라 겸손해져 종교세를 낼 때까지"(꾸란 9:29).

경전의 백성이 무슬림의 지배를 받아들여 종교세(jizya)를 낼 때

05 꾸란에서 다신숭배자(Mushrik)에 대해서는 무엇인가를 신에게 붙이는 사람을 뜻하는데 다신숭배는 헛것이라고 가르친다.

"루끄만이 아들을 꾸짖으며 말하길 아들아 신에게게 다른 것을 갖다 붙이지 말거라 신에게 다른 것을 갖다 붙이는 것은 커다란 죄다"(꾸란 31:13).

"너희들이 불러도 그들은 기도를 들어주지 않을 것이다 듣는다 해도 응답하지 못할 것이다 부활의 날 너희들의 시르크를 거부하리니"(꾸란 35:14).

06 꾸란에서 다신숭배는 최악의 범죄행위이다.

"성스러운 달이 끝나며 다신숭배자들은 발견하는 대로 죽이고, 잡고, 포위하고, 곳곳에서 매복하여 기다려서라 그러나 만일 회개하여 예배를 하고 구빈세를 내면 그들의 길을 가게 하라 진실로 신은 용서하시고 자비로우시니"(꾸란 9:5).

"신에게 다른 것을 갖다 붙이는 사람은 엄청난 죄를 짓는 것이다"(꾸란 4:48,116).

"명백히 지옥 불에 떨어진다는 것을 알고 난 후에 예언자와 믿는 자들이 다신숭배자들을 위해 용서를 구해서는 안 된다. 설령 그들이 친족이라 할지라도"(꾸란 9:113).

"경전의 백성들과 다신숭배자들 중에서 믿지 않는 자들은 지옥 불에 영원히 머물 것이다 그들은 최악의 피조물이다"(꾸란 98:6).

07 꾸란은 나와 다른 종교를 가진 사람에 대해서 관용하는 것 같으나 실제로는 그렇지 않다.

"종교에는 강요가 없다"(꾸란 2:256).
"너에게는 너의 종교, 나에게는 나의 종교이다"(꾸란 109:6).

2. 이슬람에 의해 살해된 사람들

금지된 달이 지나면 너희가 발견하는 불신자들마다 살해하고 그들을 포로로 잡거나 그들을 포위할 것이며 그들에 대비하여 복병하라 그러나 그들이 회개하고 예배를 드리며 이슬람 세를 낼 때는 그들을 위해 길을 열어 주리니 실로 하나님(알라)은 관용과 자비로 충만하심이라. (꾸란 9:5)

01. 1989년 영국에서 인도 출신 소설가인 살만 루시디가 '악마의 시'라는 작품을 출간했다. 당시 이 작품이 이슬람의 예언자 무함마드에게 모욕을 주었다고 유럽에 살고 있는 무슬림들의 시위가 일어나 루시디가 살해 협박을 받으면서, 이슬람 문제는 유럽에서 새롭게 부각되기 시작했다.

02 1989년은 프랑스 이슬람에게 있어서 분수령이었다. 3명의 중

학생들이 교실에서 베일을 썼다는 이유로 퇴학당하는 일이 벌어졌다. 2004년 3월 11일 마드리드 열차의 폭탄 테러로 인하여 192명이 숨지고 1,240명이 부상을 당했다. 이어서 영국에서 태어나고 교육받은 무슬림 2세들에 의하여 벌어진 2005년 7월 7일 런던 폭탄 테러로 56명이 사망했고, 700여 명이 부상을 당했다.

03 2001년 9월 11일, 미국에서는 이슬람 근본주의자들에 의해 항공기 납치 동시다발 자살 테러가 발생했다. 이로 인해 뉴욕의 110층짜리 세계무역센터(WTO) 쌍둥이 빌딩이 붕괴되고 버지니아 주 알링턴의 미국 국방부 펜타곤이 공격받아 일부가 파괴되었으며, 약 2,996명의 사람이 사망하고 최소 6천 명 이상의 부상자가 발생하였다.

04 2004년 11월 네덜란드의 다큐멘터리 감독인 데오 반 고흐(Theo van Gogh, 화가의 후손)가 '굴종'(Submission)이라는 작품을 제작했다는 이유로 네덜란드에서 태어난 모로코 무슬림 2세 무함마드 부바리(Mohammsd Bouyeri)에 의하여 살해되면서, 유럽의 이슬람은 새로운 국면을 맞이하였다.

05 2005년 9월 덴마크 언론(Jyllands-Posten)의 무함마드 만평 사건으로 인하여 중동의 덴마크 대사관에서는 테러 및 방화가 발생하고, 이슬람 국가들은 덴마크 제품 불매운동을 벌였다. 이 논란은 전 유럽의 무슬림들을 자극했다. 2005년 11월 프랑스의 북부 아프리카 이주민 2세 청소년들이 소동을 일으켜서, 두 달 동안 350개

의 도시에서 300여 채의 건물과 6,400대의 차량을 불태우는 등 혼란한 상황이 지속되었다.

06 2015년 프랑스의 풍자 주간지 샤를리 엡도(Charlie Hebdo)가 만평에서 무함마드를 모독했다는 이유로, 무슬림 무장 괴한들에게 잡지사의 편집장을 비롯하여 12명이 목숨을 잃는 테러가 발생했다. 그리고 지난 11월 13일, 프랑스 파리에서 130명이 사망하고 340명이 부상당하는 테러가 발생했다. 니제르에서, 이슬람 테러단체 보코하람에 선동된 무슬림 폭도들이 무함마드 만화에 반발하여 약 45개의 교회들, 한 개의 기독교 학교와 고아원, 두 개의 수녀원, 목사의 사택을 불태웠다. 그 과정에 적어도 10명의 사람들이 살해당하였다. 파키스탄에서, 쇠파이프와 각목으로 무장하고 반-기독교 구호들을 외치는 약 300명의 무슬림 학생들이 무함마드 만화에 대한 보복으로 한 기독교 남학교를 공격하여서 기독교인 학생 4명에게 상해를 입혔다. 목격자들에 따르면, 그 학교를 경비하기 위하여 파견된 경찰 3명은 서서 구경하였다.

07 미국 공화당의 한 의원이 이슬람을 비판하는 내용의 동영상이 유튜브에 올라갔다. 이후 이 의원은 무슬림들에게 살해협박을 받고 있고, 영국을 방문하려 했으나 무슬림의 폭동을 우려한 영국 정부로부터 거절당했다.

08 한국에 거주 중인 무슬림들은 한국 여성과 결혼 구실로 접근하고 개종시킨 뒤 결혼 후에는 폭력을 휘둘렀다. 물론 개종한 한국 여

서득이 이슬람을 벗어나려고 한다면 살해당할 수도 있다.

09 이 밖에 기독교로 개종했다가 목이 잘린 이슬람 소녀, 체포당한 사우디 청년 등 이슬람의 이름으로 자행되고 있는 종교폭력을 다 설명하자면 책 한 권으로도 모자랄 것이다. 우간다에서 무슬림 아버지이며 이맘 또는 예배 인도자가 기독교로 개종한 것 때문에 자신의 15세 딸을 때려죽였고 역시 기독교를 위하여 이슬람을 버렸다는 이유로 상처받고 입원한 그녀의 12세 자매를 살해하려고 시도하였다고 보도되었다.

3. 고용허가제와 다문화정책

이OO 선교사는 많은 이슬람 국가가 기독교 선교를 금지하고, 교회 건축을 불허하며 기독교인을 박해하는 것을 지적하며 "이슬람 국가를 상대로 상호 형평의 원리를 적용해야 한다."고 말했다. 국내에 이미 20만 명 이상의 무슬림이 있고, 그 수가 계속 증가하는 데 대해 우려를 표한 그는 "무슬림들은 한국에서 적극적으로 포교하고 모스크를 세우는데, 자국에서는 선교 활동을 법으로 금지하고 있다."며 "인간의 기본권도 인정하지 않는 국가들에서 인력을 많이 받을 필요가 있는지 정부의 다문화 정책을 재고해야 한다."고 주장했다.

또한 그는 "한국정부가 2006년에는 파키스탄, 2007년에는 방글라데시를 고용허가제를 통한 인력송출 가능 국가로 선정했는데, 이곳 사람들은 특히 한국 여성들에게 폭력, 학대 등 노골적으로 가장 큰 피해를 입히고 있다."고 말했다. 이 선교사는 "유럽 선진국들이 최고의 복지정책과 풍부한 재정으로 편안하게 살 수 있도록 보장해 주었지만, 무슬림들은 그 혜택을 모두 누리고 이용하면서도 유럽 심장부에 테러를 가하고 사회를 어지럽히고 있다."며 "독일 메르켈 총리는 '다문화 정책은 이슬람 때문에 철저히 실패했다', 영국 캐머런 총리는 '우리가 그들을 보호해주는 동안 그들은 우리 가운데서 원리주의 이슬람을 키워나갔다.', 프랑스 사르코지 전직 대통령은 '무슬림들에게 모든 것을 양보해 주다 보니 우리 것을 다 잃어버렸다.'고 말했다."고 밝혔다.

▶ 이슬람의 정체성에 대한 분별

1. 이슬람은 지난 1세기 동안 500%의 신자 증가율을 보였다.
2. 유럽으로 흘러 들어간 무슬림들은 그들만의 거주구역을 만들어 점점 증가하고 있다. 영국의 런던은 무슬림의 비율이 10%를 넘는다.
3. 유럽의 무슬림들은 도시를 슬럼화시키고 범죄, 폭동 등으로 사회문제를 일으킨다. 2005년 프랑스에서 일어난 폭동이 대표적이다.
4. 샤리아 법(이슬람 종교법)에 의하면 무슬림에게 타종교를 전도하는 것은 금지되어 있으며 무슬림이 다른 종교로 개종할 경우 가차 없이 응징한다(이는 꾸란의 교리를 따르는 것).
5. 이슬람은 절대적인 남성위주 종교이며 남자가 천국에 가면 72명의 아름다운 숫처녀와 매일 성교할 수 있다. 반면 여자에 대한 천국 교리는 전무하다.
6. 알라는 기독교의 하나님이 아니다. 교조 무함마드가 소속된 꾸라이쉬 부족의 달의 신(月神)이다 (이슬람을 상징하는 초승달을 상기하라).
7. 코란은 신학적으로 봤을 때 모순이 심하다. 애굽(이집트)의 왕 바로(파라오)가 페르시아에 바벨탑을 세웠다는 내용은 물론, 예수의 어머니 마리아와 미

리암을 혼농하고 있다.

8. 코란의 모순을 해결하기 위해 그들은 상충되는 교리가 있을 경우 앞의 내용을 폐기하고 뒤의 내용을 진리로 받든다. 보통 우리가 이슬람 평화의 교리라고 하는 것은 폐기된 앞의 교리들이다.

9. 샤리아 법의 '지나'라는 항목을 보면 여자가 강간피해를 입증하지 못하면 혼외정사로 구속된다. 또 여자가 임신했을 경우 남자의 강간죄는 성립되지 않는다.

9

이슬람에 대한 한국교회의 대책은 무엇인가요?

1. 한국교회 현장에서의 대책

01 건강한 교회 세우기에 힘써야 한다. 모든 이단이나 유사종교의 유입과 포교에 대한 대처로 가장 우선 되고 기본적인 것은 복음에 근거한 건강한 교회를 세우고 지키는 것이다. 온 성도들에게 그리스도의 성육신 십자가 부활 승천 그리고 재림의 케리그마를 분명히 함으로 구원의 유일한 길 되시는 예수 그리스도로 성도들을 무장시켜야 한다.

02 가장 중요한 사실은 이슬람과 무슬림을 구별해야 한다는 점이다. 이슬람은 폭력성을 띤 종교를 말하고 확실하게 방어해야 하지만 무슬림은 하나님의 사랑과 부르심을 입은 우리의 선교대상자라는 사실이다. 선교하는 사람들이 선교 대상자와 좋은 관계를 형성하여 마음의 문을 여는 것은 어떤 종교적 배경을 가진 사람이냐에 관계없이 중요하다. 무슬림들은 꾸란에 등장하는 선지자(nabi) '이싸'의 개념으로 예수를 알고 있다. 그러나 그들은 기독교인에 대하여 매우 좋지 않은 인상과 적대감을 가지고 있다. 역사적으로 십자군 전쟁들을 통해 무슬림 지역을 유린한 침략자들이라고 세뇌되어 왔기 때문이다.

기독교인들을 향한 경계심과 적대감의 빗장을 열게 하는 것은 복음 전도에 필수적이다. 이러한 맥락에서 두렵고 무서운 신인 '알라'를 향한 절대 복종을 태어나면서부터 강요받아 온 무슬림으로 하여금 우리를 사랑하시며 독생자 예수를 보내신 아버지 하나님의 사랑을 비교하며 느낄 수 있는 기회를 제공하려는 것으로부터 선교의 노력이 시작되어야 한다. 우리는 이 땅에서 나그네 되어 사는 무슬림에게 사랑을 베풀되 동정의 개념으로 접근하지 말아야 한다. 이주하여 온 외국인 무슬림들에게 아직 마음이 열리기 전에 그들의 신앙을 비판하거나 자존감을 손상시키는 것은 매우 어리석은 일이다. 오히려 무슬림 문화에 대해 배우기 원한다는 학습자의 자세로 그들을 존중하며 마음의 문을 열게 하여야 한다. 설사 복음을 전할 기회를 갖지 못했다 하더라도 기독교인들에 대한 부정적인 이미지가 그들의 마음에서 걷히고 유대가 형성되었다면 그들의 영혼을 구하기 위한 발판이 마련된 것이다.

03 이슬람 신자들에 대한 긍휼사역을 실천해야 한다. 나그네 되어 사는 사람들에게 실직, 질병, 사고 등 돌발적으로 발생하는 위기상황은 복음전파의 위대한 기회가 되기도 한다. 한 영혼은 천하보다 귀한 것이며 이 영혼을 건지기 위해 선한 사마리아인의 마음으로 긍휼을 베풀 수 있을 때 힘을 다하여야 한다. 그러나 긍휼을 베푸는 것은 그 자체로 의미를 가지지만 그 사역 자체로서 선교의 일을 다했다고 할 수는 없다. 선교의 일차적 목표는 이방인의 회심에 있기 때문이다. 우리가 베풀 수 있는 최고의 긍휼은 그들에게 예수 그리스도의 복음을 통한 영생을 알게 하는 것이다. 현재 우리나라에도 많은 외국

인 선교단체가 일하고 있다. 어떤 단체는 환란을 당한 자에게 도움을 주는 것으로 선교의 일을 다한 것처럼 긍휼사역에만 몰두하고 있고, 어떤 단체들은 소외된 자로서 외국인의 사회적 권익을 보호하는 일에 모든 노력을 기울이는 것 같다. 그러나 긍휼을 베푸는 일과 함께 복음을 전하여 전인적 구원을 이루는 것이 선교의 본분임을 기억해야 한다. 긍휼사역과 복음사역의 균형과 조화를 이루는 일이 각 선교단체에 필요하다.

　04 복음서 읽기를 권한다. 그렇다면 어떻게 복음을 전할 수 있을까? 초기에 무함마드도 인정한 거룩한 책의 하나인 인질(Injil)을 읽게 하는 것이다. 다른 종교를 가진 사람들도 그러하지만 많은 무슬림들은 복음을 들어 볼 기회를 갖지 못했으며 기독교에 대한 거짓된 정보들로 가득 차 있다. 무슬림들은 모세오경(Taurat)과 다윗의 시편(Mazmur 혹은 Jabur), 예수의 복음서(Injil)와 꾸란(Quran)을 거룩한(Al) 책(kitab)으로 인정하고 있다. 이러한 사실도 모르는 무슬림들이 많이 있지만 그들에게 복음서 읽기를 권하여 예수 그리스도에 대한 바른 복음을 접하게 해야 한다. 이렇게 하면 잘못된 가르침들에 의해 왜곡된 예수님과 그리스도인들에 대한 오해를 스스로 깨닫게 할 수 있고 그리스도의 복음 자체가 가지는 생명력을 발견하게 할 수 있으며 대화를 전하는 복음 전도의 현장에서의 논쟁을 피할 수 있다는 장점이 있다. 인도네시아어, 우르드어, 페르시아어, 러시아어, 말레이시아어, 아랍어 성경은 대한성서공회를 통해 성경 구입이 가능하다.

05 오류를 온유함으로 바로 잡아준다(논쟁 금지). 무슬림들은 자주 기독교인들의 복음은 조작된 것이라고 배워왔다. 신약성경에 네 가지의 복음이 존재하는 것은 한 사람에 대하여 네 사람이나 서로 다른 증언을 하고 있다는 것이다. 자신들은 무함마드 한 사람을 통하여 계시된 말씀만을 믿는다고 말한다. 네 사람이 하나님의 영에 감동되어 기록한 네 복음서는 일관되게 한 사람의 예수 그리스도의 이야기를 서로 보완하며 사실이고 진리임을 입증하는 것이라고 설명하며, 온유한 마음을 잃지 않는 것이 중요하다. 복음의 왜곡된 부분을 접하게 될 때 온유함으로 바로 잡아주는 것이 중요하다. 여기서 가장 중요한 일은 논쟁에 빠지지 않는 것이다. 선교는 우리의 논리나 논쟁이 아니라 예수 그리스도의 이름의 권세와 성령의 감동으로 이루어지는 일이라는 사실을 기억해야 한다. 논쟁에서 이기고 그들의 마음에 적개심의 빗장을 걸게 하는 우를 범하지 말아야 한다.

06 성령의 사역을 통한 능력 대결(power encounter)을 의식해야 한다. 능력 사역은 인위적으로 만드는 사역이 아니라 성령의 인도하심에 따라 사역의 현장에 임하게 된다. 긍휼을 베풀며 사랑으로 관계를 유지하는 가운데 질병이나 사고 등 인력으로 불가능한 한계 상황을 만난 사람들에게 예수 그리스도의 이름의 능력과 권세를 체험하게 하는 것은 우리가 전하는 복음을 확실하게 검증하는 것이다. 한계적 상황을 만나게 되면 그들도 기도한다. 그러나 그 기도는 막연하고 확신이 없어 곧 체념하게 된다. 이러한 때에 기독교인들이 합심하여 기도하며 예수 그리스도의 사랑의 능력이 초자연적으로 일하시게 하는 능력 사역을 감당한다면 이는 자연스러운 능력대결의 현장이 된

다. 그저 복종하라는 것 이외에 어떠한 초자연적인 은총도 베풀 수 없는 자신들이 복종해 온 신앙의 대상과, 기독교인 성도들의 기도에 응답하여 사랑의 기적을 공급하시는 하나님을 체험하여 보게 되면 마음이 열리게 된다. 그러나 표적은 복음전파의 사역에 동반되는 것이지 목적이 될 수 없다는 사실도 기억해야 한다(막 16:20).

07 결신초청을 할 때 1대 1로 하여야 한다. 무슬림들이 가지고 있는 죄에 대한 인식은 다음과 같다. 죄의 개념 중 가장 큰 죄는 양심을 어기는 것이 아니라 공동체를 이탈하고 공동체의 이익을 훼손하는 것이다. 또한 그들은 다른 신을 주로 받아들이는 것은 영원히 용서받지 못할 죄악이라고 배워왔기 때문에 마음으로는 믿지만 다른 사람들 앞에서 자신의 믿음을 용기 있게 나타내는 것을 매우 두려워 한다. 개인의 은사를 존중하고 그에 대해 공격하지 않는 개인주의 문화에 익숙한 서양인들에게는 이해하기 어려운 부분이기도 하다. 이 땅에서도 무리지어 있는 무슬림 대중에게 공격적이고 변증적으로 복음을 제시하는 것은 지혜롭지 않아 보인다. 감동보다는 적개심을 일으키기 때문이다. 스스로 깨닫게 하는 일이 중요하다. 또한 복음을 제시하고 예수 그리스도를 주와 구주로 영접하게 할 때는 반드시 일대일로 할 것을 권한다.

2. 이슬람권 선교현장에서의 대책

01 NGO, 개발사역 등 긴급한 필요를(Felt needs) 채워주는 접

촉점을 개발하라. 어떤 이슬람 국가도 기독교인들에게 선교 사역을 하도록 비자를 내어주지 않는다. 이러한 국가에는 창의적인 접근이 필요하다. 이는 일단은 그 나라에서 체재하며 사역하기 위한 것이며 나아가 영혼을 구원하는 사역의 접촉점을 이루는 것이기도 하고 구원 얻은 하나님의 백성들이 생존하며 자립하게 하기 위한 것이기도 하다. 복음을 전하여 영생을 얻었다 하더라도 회심 후 이슬람 사회로부터 배척되고 추방되는 것이 대부분의 상황이며 이들을 방치하는 것은 막 출생한 아이를 광야에 버리는 것과도 흡사한 일이 될 것이다. 오랜 가뭄과 전쟁 등으로 피폐한 환경에 사는 사람들에게 깨끗한 물과 공기와 전기 등을 제공하고 병을 치료하고 교육하여 자립할 수 있는 공동체를 만드는 일 등 참으로 많은 분야에서 도움과 헌신의 손길이 필요하다. 한국인들은 서방 사람들에 비해 문화적으로 환경적으로 적응력이 높을 뿐 아니라 역사적으로도 침략을 한 경험이 없어 선교지 사람들의 마음에 경계심을 조장하지 않는다는 장점이 있다. 이러한 관점에서 복음으로 무장되고 전문적인 기술을 가진 전문인들의 헌신이 절실히 요청되고 있다. 또한 이러한 전문인 선교에 헌신할 사람들에게 복음 전도, 제자화, 교회개척 등의 신학적, 선교학적 소양을 갖추게 하고 선교지 문화적응을 하게 하기 위한 선교사 훈련이 절실하다.

02 회심 후 생존을 위한 신앙공동체를 형성하라. 이슬람은 사변적인 종교나 철학이 아니라 일상의 삶을 지배하는 문화이며, 삶 자체이다. 예수 그리스도를 주로 영접하여 구원을 얻은 사람을 공격적이고 위협적인 삶의 현장에 두고 떠나는 것은 이제 막 태어난 신생아를

유기하는 것이나 다를 바 없다. 구원 얻은 개종자들이 자립할 수 있는 공동체를 만들어주거나 이미 형성된 기독교 공동체로 옮기는 것이 필수적이다. 삶이 곧 이슬람이었던 개종자들에게 관념적인 신앙을 유지하라고 말하는 것은 매우 어리석은 일이다. 예를 들어 샤머니즘의 문화에 젖어 있다가 회심한 한국의 선교 1세기 성도들은 매일 새벽마다 정한수를 떠 놓고 천지신명께 복을 빌던 새벽기도의 관습을 교회에서 모이는 새벽기도가 아름답게 대체해 준 것 같이 하루 다섯 번 자신들의 신에게 기도하던 무슬림들에게 모이는 새벽기도는 반드시 필요한 것 중 하나이다. 선교사들에게 있어서 이러한 맥락에서의 유연성과 창의성이 필요하다. 선교사가 새롭게 시도하려는 사역 혹은 신설하려는 제도가 자신의 몸에 익숙해진 문화의 소산인가? 아니면 성경이 가르치고 있는 하나님의 뜻인가를 아는 일도 참으로 중요하다. 의식하지 못하는 중에 성경이 아닌 한국의 문화를 하나님의 가르침인 것으로 주입시키는 경우가 빈번하기 때문이다. 그 땅의 사람들에게 가장 적절한 방법으로 복음을 설명하고 그 땅의 사람들이 가장 잘 섬길 수 있는 방법으로 하나님 경외하기를 가르치는 유연성과 창의성이 성령의 도우심으로 발휘되어야 한다.

03 현장 선교사와 연대를 형성하라. 현재 국내에는 외국인들을 섬기는 많은 단체와 교회들이 있다. 한국에서 주님을 만나 영생을 얻은 후 일이나 공부를 마치고 귀국하는 회심자들(MBB Muslim background Believers)에게 가장 필요한 것은 무엇일까? 그것은 귀국한 후에도 기독교인 공동체 안에서 신앙을 성장시키며 그리스도인의 삶을 살게 하는 것이다. 현장에서 사역하는 한국 선교사들에게 연결

시켜 중요로 하나님 섬기기를 계속하게 할 수 있다면 본인의 신앙 성장에 유익할 뿐만 아니라 현장의 선교사에게는 소중한 동역자와 조력자를 얻게 되는 참으로 유익한 만남이 될 것이다. 실제로 회심하여 이곳에서 신학 수업과 제자훈련을 받다가 자신의 나라로 들어가서 계속 교육을 받으며 제자의 길을 걷는 사람들이 많이 있고 보안이 유지될 수만 있다면 안식년을 맞아 본국 사역 중인 선교사들이 시간을 할애하여 이곳의 무슬림 형제들을 섬기고 선교지로 귀임할 때 그들을 동반하는 것도 바람직한 방법일 수 있다.

3. 성령의 역사로 인한 복음전파

01 2010년 북아프리카 튀니지를 중심으로 일어난 재스민혁명을 계기로 지금 무슬림권은 심한 진통을 겪고 있다. 극렬한 이슬람 원리주의자들과 경제를 살리려하는 세속주의자들 사이의 갈등으로 도처에서 무슬림은 패닉을 경험하고 있으며 선교사들도 조석으로 변하는 대외국인 정책에 안정된 사역의 기반을 잃게 되는 경우가 빈번하다. 그러나 선교의 주관자이신 성령께서는 강력히 일하고 계신다. 집단회심의 일들은 이슬람 선교가 절대로 불가능한 일이 아니며 성령께서 주도하고 계신다. 그 동안에는 전혀 불가능할 것으로 여겨지던 일들이 실제로 능력 사역을 하는 대형집회를 통해 나타난다. 각양의 기적이 나타나고 종족 단위로 주께로 나아오는 일이 아프리카와 구 소련권 등의 이슬람 세계에서 일어나고 있다.

02 위성 TV 방송과 라디오를 통해서 복음전파가 이루어지고 있다. 전파는 참으로 수많은 방해와 장벽을 뚫고 들어간다. 예를 들어 키프러스에 소재한 위성방송 SAT-7은 중동, 북아프리카, 중앙아시아, 유럽 거주 이슬람권 내 기독교인 및 무슬림 대상 24시간 방송을 하며 4개 채널을 통해 아랍어 이란어 터어키어들 3개 언어로 방송되고 있는데 약 1억 2천만의 가청권에 매주 천만 명 정도가 시청하고 있으며 방송되는 간증과 전도 메시지를 통해 수많은 심령이 예수께 돌아오고 있다. 이 방송의 영향으로 2010년 한 해에만 페이스북과 다른 SNS를 통해 37,466건의 상담과 복음전파가 이루어졌다. 핀란드에 소재하고 있는 키 미디어는 유럽과 아랍권을 가청권으로 하여 복음을 송출하며 우편 이메일 전화 등을 통해 연간 50만 건의 상담이 이루어지고 있다. 또한 우리나라의 CGN-TV도 호주를 제외하고 전 세계에 매일 30분씩 아랍어 방송을 송출하고 있으며 한국 극동방송의 지사격인 인도네시아 극동방송은 수마트라에 복음을 송출하여 큰 결실을 거두고 있다.

03 이슬람권에 대한 인터넷 선교가 이루어지고 있다. 이집트인 자카리아 보트로스(Zakaria Botros)는 알 카에다가 공식적으로 6,000만 불의 현상금을 건 이집트 콥트교의 인도자인데 죽음의 고비를 넘어 서방으로 망명하였고 그가 유투브를 통해 복음을 전하고 전도책자를 발간하며 무슬림 전도용 웹싸이트를 개설하여 수백만이 그리스도에게로 돌아오고 있다. 한국에서 '세계인터넷선교학회(SWIM)'도 전도용 아랍어 홈페이지를 운영 중이다. 이 방면에 많은 개발과 투자가 요청된다.

01 무슬림들이 실제로 꿈과 환상을 통해 복음을 접하고 있나

2010년 이후에 가장 두드러진 현상의 무슬림들이 직접 보는 꿈과 환상이다. 선교사들의 선교가 어려워지자 성령이 직접 인도하시는 것이다. 환상이 이끄는 대로 가 보니 수백 명의 기독교인 공동체가 찬양을 하며 예배하고 있었고 자신들도 이내 그 공동체의 일원이 되었다는 간증을 어렵지 않게 듣고 있다.

4. 개인적인 이슬람 선교행동

01 한국교회는 무슬림의 영혼을 위해 간절히 기도해야 한다. 무슬림은 세계복음화의 장애물이 아니라 예수 그리스도의 복음을 전해주어야 할 전도대상자이다. 적어도 80%의 무슬림들은 단지 이슬람 문화권에서 태어났기 때문에 무조건 이슬람을 받아들인 피해자들이다. 사랑과 친절로 성경의 예수를 바로 전하여 영혼구원의 지상명령을 수행해야 한다.

02 무슬림과의 결혼은 신중하게 판단해야 한다.
① 신중해야 할 이유는 다산이 이슬람의 확장에 기여하기 때문이다. 무슬림 여인들은 1인당 평균 6명의 아이를 낳는다. 1930년 2억 3백만이었던 전 세계 이슬람 인구는 오늘날 15억으로 불어났다. 1970년에 이슬람 인구는 세계 인구의 15%를 차지했지만, 2000년 들어 20%로 5%나 늘어났다. 반면에 기독교는 1970년 34%에서 2000년 33%로 1% 감소했다.

② 결혼에 의한 개종이 필수적이기 때문이다. 무슬림 여인은 반드시 무슬림 남자와 결혼을 해야 하지만 무슬림 남성은 자유롭게 결혼할 수 있다. 여성이 무슬림 남성과 결혼을 할 때 이슬람 신앙고백을 해야 하며, 무슬림과의 사이에서 아이를 낳게 되면 그 아이는 자동적으로 무슬림이 된다.

03 무슬림의 개종을 위한 실질적인 전략이 필요하다. 서구사회에서 이슬람으로 개종하는 사람들의 80%가 기독교인이다. 반면에 아프리카에서는 매년 무슬림 신자 600만 명이 기독교로 귀의하고 있다. 최근 IS를 피해 망명한 무슬림들이 기독교로 개종하고 있다.

04 무슬림들에게도 복음을 전해 주어야 한다. 왜 그들에게 전도해야 하는가?
① 무슬림은 80%가 복음을 들어보지 못했다.
② 이슬람은 세계에서 가장 빠르게 성장하는 종교이다.
③ 이슬람은 기독교에 대한 역사적인 피해의식을 가지고 있다.
④ 이슬람은 과거 기독교 지역에서 성장하고 있다.
⑤ 꾸란은 예수님에 대해서 잘못 전하고 있다.
⑥ 이슬람은 성경의 신빙성에 대해서 잘못 전하고 있다.
⑦ 이슬람은 평화의 종교라고 선전하나 전쟁을 허용하는 종교이다.
⑧ 이슬람은 과거의 잘못된 기독교를 고치기 위한 종교라고 주장한다.
⑨ 예수님은 바로 그들을 위해서도 세상에 오셨다.
⑩ 무슬림들에게 복음을 전하는 것은 예수님의 지상명령이다.

05 각 교단마다 이슬람 특별대책위원회를 구성하고, 긴밀연구를 위한 연합기관들을 설립하며, 초교파적으로 연대하는 네트워킹이 필요하다. 2009년, 한국기독교총연합회에서는 "이슬람이 몰려온다"(Coming Islam)라는 동영상을 제작하여 배포하기도 했다.

5. 이슬람 지역의 복음화

01 지난 2004년 한 해 동안 이슬람 근본주의자들이 장악하고 있는 알제리(무슬림 인구 100%)에만 약 80만 권의 성경책이 배포되었다. 그 많은 하나님의 거룩한 말씀이 어디론가 나누어져 지금도 놀라운 역사가 속속 나타나고 있다.

02 이집트에도 7천여 명의 개신교인들이 모이는 장로교회가 있는가 하면 콥틱 교회에서(이슬람 원리주의자들의 공격대상이 되고 있음) 성령을 경험한 카리스마틱 그룹들이 한국의 오순절 교회 못지않은 뜨거운 열기로 예수 그리스도를 찬양하며 예배한다. 한 오순절 교단의 신학생들은 100여 명이나 되었다.

03 시아파 이슬람의 종주국이자 가장 완벽한 이슬람식 신정일치 체제를 추구하는 이란에서만 하루 평균 300여 명의 무슬림이 기독교를 받아들인다. 놀라운 것은 주로 꿈과 환상 속에서 예수 그리스도를 만나고 있다는 것이다. 도저히 기독교를 받아들일 것 같지 않은 사우디아라비아에서 2007년 한 해 동안 기독교를 받아들이고, 예수

그리스도를 영접한 무슬림 숫자가 10만 명을 헤아린다.

04 복음적 기독교인이 전 인구의 0.5%에 불과하고 국왕이 무함마드의 직계 후손이라는 자부심을 가진 국가 요르단에서는 400번 이상 경찰의 가택수색을 당하면서도 굴하지 않고 그리스도의 복음을 전하며 제자를 키우는 당당한 사역자가 있다. 그는 처음 예수를 믿은 신자들에게 어떻게 겁먹지 않고 합법적으로 종교 경찰을 대할 것인가를 교육한다고 했다. 그가 직접 관리하는 무슬림에서 기독교로 개종한 제자들 중 400명 이상이 매년 모여서 믿음을 키워가는 컨퍼런스를 하고 있다.

05 이슬람에 대한 지나친 혐오감이나 공포심을 갖는 것은 결코 바람직하지 않다. 그들도 우리와 같은 죄인으로서 하나님의 사랑과 구원의 대상이다. 따라서 21세기에 이슬람 지역에서 일어나는 놀라운 하나님의 구원 역사를 목격하면서 복음선교 사역에 보다 더 지혜롭게 임해야 하겠다.

정리

이슬람은 그저 평범한 작은 종교가 아니라 급속히 성장하고 있으며 이런 속도라면 2025년에 무슬림 인구는 인류의 1/3에 육박할 것이며, 세계 최대의 종교가 될 것이다. 이슬람은 기독교와 비슷해 보이는 종교인데도 불구하고, 기독교의 핵심교리인 삼위일체의 하나님과 성자 예수 그리스도와 그의 십자가와 부활과 하나님 자신의 성령을 철저히 부정하는 반기독교적 특징이 있고 사랑과 은혜와 용서의 기독교 복음과는 달리 세계 선교를 위한 살해, 보복 그리고 일부다처를 가르치는 종교이다. 특히 원리주의자들의 폭행과 살해행위는 이슬람의 폭발적인 증가와 병행하여 더욱 강도를 높여갈 것이다. 그러나 성도들은 더욱 무슬림의 영혼들을 사랑하고 그들도 하나님의 사랑과 용서와 구원을 받도록 힘을 다해 기도하며 예수 그리스도의 복음을 전해주어야 한다(마 5:44).

이슬람과 기독교의 닮은 점은 두 종교는 모두 유대교에 그 근원을 두고 있으며, 유일신에 대한 믿음을 가지고, 모두 윤리와 종교의 가치를 기반으로 하여 교리신조를 표현하고 있다는 것이다. 반면에 이슬람과 기독교는 신앙적 차이점이 뚜렷하다.

첫째로 하나님 이해에 대해 서로 다르다. 이슬람은 신의 본질과 인격의 단일성을 주장한다. 그들은 신은 오직 유일한 알라밖에 없다고 주장하는데, 그가 너무 위대하여 그의 피조물과는 단절된 스스로 단일체로 존재하는 비인격적 신이라고 주장한다. 특히 아버지로 호칭하는 것은 육체적인 것으로 제한해야 하므로 알라를 아버지로 부르는 것은 불경스런 일이 되고 만다. 아버지라는 개념은 엄격하고 정서적이지 못하며 사랑을 표현하지 않는 것이다. 따라서 이슬람의 알라는 사랑, 거룩함, 은총의 속성이 매우 희박하다. 그러나 성경의 하나님은 그 속성 가운데 자비가 있고, 거룩하시고, 의로우시며, 선하시며 긍휼과 은혜와 사랑이 넘치는 하나님이다.

둘째로 성경에 대한 태도에 차이가 있다. 이슬람의 경전에는 모세오경, 선지서, 다윗의 시편, 예수의 복음서, 그리고 무함마드의 교훈들이 포함된다. 그러나 이슬람은 앞의 모든 교훈들은 상실되고 손상되었지만 무함마드의 계시인 꾸란은 아무런 손상 없이 잘 보존되어 있다고 믿는다. 그러므로 그들의 경전은 기독교의 성경과 다르다.

셋째로 그리스도에 대하여 그 차이점이 분명하다. 이슬람은 예수 그리스도가 하나님의 아들인 것과 죽음에서 부활한 것을 받아들이지 않는다. 예수님이 십자가에 못 박히셨다는 사실도 믿지 않고 예수 대신 가룟 유다가 십자가에 못 박혔다고 믿는다. 그들은 예수님이 무함마드만큼 위대한 선지자는 아니지만 죄 없는 선지자라고 믿는다. 또한 장님을 보게 하고 문둥병을 고치며 죽은 사람을 살리는 기적들을 행사하였다고 인정한다. 그러나 예수님은 신이 보내신 독생자가 아니고, 성령은 신의 능력을 대신한 한 천사라고 생각한다. 그러나 성경은 "말씀이 육신이 되어 우리 가운데 거하시매 우리가 그 영광을 보니 아버지의 독생자의 영광이요 은혜와 진리가 충만하더라...내가 보고 그가 하나님의 아들이심을 증거하였노라"(요 1:14, 34) 등 언하고 있다. 특히 예수님은 "나와 아버지는 하나이다."라고 선언하셨다(요 10:30).

넷째로 죄와 구원에 대해 차이점을 가지고 있다. 이슬람과 기독교의 불일치는 죄의 본성을 이해하는 점에서 현격하게 드러난다. 이슬람은 율법 체제하에서 살아야 하며 그래서 자신의 구원을 이룬다고 본다. 즉 신앙의 요소들을 지켜야 하고 이슬람의 다섯 기둥을 따라야만 한다. 그들에게 죄란 알라에 대한 불복종이다. 그러므로 인간은 본성이 죄악스러운 것이 아니라 행위로 인해 죄를 짓게 된다고 하였다. 그러나 사도 바울은 "모든 사람이 죄를 범하였으매 하나님의 영광에 이르지 못하더니"(롬 3:23)라고 하여 인간은 본성적으로 죄 지은 존재라고 가르친다.

문명세계의 사람들이 일으킨 전쟁에서 무고한 아프리카의 무슬림들이 희생한 것에 대한 보상심리로 아프리카계 무슬림들에게 비자를 내주며 유럽의 도시들에 정착하게 하였다. 백색 유럽인 코카서스 인종들의 출생률이 현격하게 떨어지는 반면 블랙 무슬림들의 출생은 기하급수적으로 늘고 있고 지역주민의 교체 현상이 일어나고 있고 이슬람의 법 샤리아에 따라 할랄(Halal) 음식만을 고집하고 있어 백색 유럽인의 문화가 잠식되는 양상이 많이 일어나고 있다.

프린스턴 대학의 중동 전문가 버나드 루이스 교수는 이 세기가 끝나기 전에 무슬림의 숫자가 기독교인의 숫자를 능가할 것이라고 예견하고 있고 인구의 통계를 보면 2050년경이면 대부분의 서방 국가에서 아프리카계 무슬림의 숫자가 백색 유럽인들을 상회할 것이 분명해 보인다. 공공연히 자국의 다문화 정책이 실패했음을 말하는 영국과 프랑스의 예를 보고 무슬림 유입을 철저히 제한하는 일본의 다문화 정책을 비교하여 우리나라는 타산지석으로 삼아야한다.

이슬람은 기독교와 비슷해 보이는 종교인데도 불구하고, 기독교의 핵심교리인 삼위일체의 하나님과 성자 예수 그리스도와 그의 십자가와 부활과 하나님 자신의 성령을 철저히 부정하는 반기독교적 특징이 있고 사랑과 은혜와 용서의 기독교 복음과는 달리 세계 선교를 위한 살해, 보복 그리고 일부다처를 가르치는 종교이다. 특히 원리주의자들의 폭행과 살해행위는 이슬람의 폭발적인 증가와 병행하여 더욱 강도를 높여갈 것이다. 그러나 성도들은 더욱 무슬림의 영혼들을 사랑하고 그들도 하나님의 사랑과 용서와 구원을 받도록 힘을 다해 기도하며 예수 그리스도의 복음을 전해주어야 한다(마 5:44).

따라서 선교전략은 다음과 같이 세울 수 있다. 첫째로, 이슬람교에서는 자비와 사랑을 교리적으로 강조하기 때문에 기독교가 이것을 접촉점으로 사용할 수 있다. 이슬람권을 향한 선교차원에서 연합하여 이슬람 난민들에게 의료, 식량, 구제, 생필품 지원, 개발, 교육 등을 통해서 사랑을 보여주어야 한다. 둘째로, 이슬람권 내에도 호메이니 혁명 이후 시아파가 적극 세력을 확장하고 있어서 이에 주목해야 한다. 이슬람권 내에서 분열과 갈등에 희생되어 세상에서 위로받을 길 없이 상처받고 고통당하는 무슬림에게 접근하여 하나님의 사랑을 전하고 그들에게 필요한 도움을 제공하여 줌으로써 선교 접촉점을 열어가야 한다. 셋째로, 이슬람권 유학생이나 기술자를 선발하여 장학금을 주어 공부하도록 돕고, 그리스도의 사랑으로 전도해서 개종시킨 후 자기 동족에게 선교사로 파송하는 것이다. 넷째로, 해외에 근로자로 와서 사는 무슬림들을 따듯한 사랑으로 도우면서 그리스도인들과 관계를 맺게 하여 개종시키면 무슬림 속에서 그리스도인의 수가 점점 증가할 것이다. 다섯째로, 이슬람 선교를 위한 지원시설에 투자하는 것이 선행되어야 한다. 이슬람어로 성경을 번역하는 일이 급선무이다. 여섯째로, 아시아 지역에서의 구체적인 선교전략이 수립되어야 한다. 일곱째로, 유럽 여러 나라에 퍼져 있는 무슬림들에 대한 선교전략이다. 특히 무슬림 2세들은 갈 곳을 몰라 방황하고 있다. 이런 무슬림 2세들에게 그들의 정체성을 찾아주고 사랑을 베풀 수 있는 선교전략이 필요하다.

참고도서

잭 버드, 『이슬람이란 무엇인가』, 중동선교회 역. 서울: 예루살
     렘, 1992.

최한우, 『이슬람의 실체』, 서울: KUIS Press, 2010.

장훈태, 『최근 이슬람의 상황과 선교의 이슈』, 서울: 도서출판 대
     서, 2011.

쇼캣 모우캐리, 『기독교와 이슬람의 대화』, 서울: 예영커큐니케이
     션, 2003.

김정위 편, 『이슬람 입문』, 서울: 한국외국어대학교 출판부,
     1993.

이단피해대책조사연구위원회 편, 『이단대책 및 이단상담(교리)세
     미나』, 서울: 대한예수교장로총회 교육진흥국, 2013.

이단사이비대책위원회 편, 『이단사이비를 경계하라(개정판)』, 서
     울: 기독교대한성결교회 총회교육국, 2015.